LES ROIS DE L'OCÉAN

LES AVENTURIERS

F. ROY, éditeur, 222, boulevard Saint-Germain, Paris.

LES

AVENTURIERS

SCEAUX. — IMPRIMERIE CHARAIRE ET Cie

LES

AVENTURIERS

PAR

GUSTAVE AIMARD

PARIS
F. ROY, LIBRAIRE-ÉDITEUR
222, BOULEVARD SAINT-GERMAIN, 222

1891

LES ROIS DE L'OCÉAN
LES AVENTURIERS

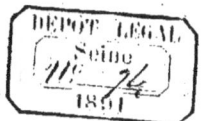

Son épée disparut tout entière dans la poitrine de son adversaire.

LES AVENTURIERS

I

L'AUBERGE DE LA COUR DE FRANCE

Bien que, de Chanceaux, où elle naît, jusqu'au Havre, où elle se jette dans la mer, la Seine ne compte que huit cents kilomètres au plus, cependant, malgré ce parcours, comparativement restreint, ce fleuve est un des plus importants du monde; car il a vu, depuis César jusqu'à nos jours, se décider sur ses rives toutes les grandes questions sociales qui ont agité les temps modernes.

Les touristes, les peintres et les voyageurs qui vont bien loin chercher des sites, ne sauraient rencontrer rien de plus pittoresque et de plus capricieusement accidenté que les rives sinueuses de ce fleuve frangé en amont et en aval de villes commerçantes et de gracieux villages coquettement étagés à droite et à gauche sur les flancs de vallons verdoyants, ou disparaissant à demi au milieu des taillis épais de ses accores.

C'est dans un de ces villages, situé à quelques lieues à peine de Paris, que commence notre histoire, le 26 mars 1641.

Ce village, dont l'origine remonte aux premiers temps de la monarchie française, était alors à peu près ce qu'il est aujourd'hui : contrairement à tous les hameaux qui l'entourent, il est demeuré stationnaire; on croirait à le voir que les siècles pour lui n'ont pas marché ; lorsque les hameaux voisins devenaient villages et finalement se transformaient en gros bourgs et même en villes, lui allait toujours s'amoindrissant, si bien que sa population atteint à peine aujourd'hui le chiffre de quatre cents habitants.

Et pourtant sa situation est des plus heureuses : traversé par une rivière et bordé par un fleuve, possédant un château historique et formant une station importante d'une de nos grandes lignes de chemin de fer, il semblait destiné à devenir un centre industriel, d'autant plus que ses habitants sont laborieux et intelligents.

Mais la fatalité est sur lui. Les grands propriétaires qui se sont succédé dans le pays, enrichis pour la plupart, un peu au hasard, dans les commotions politiques ou dans des spéculations hasardeuses, se sont tacitement donné le mot pour entraver par tous les moyens les aspirations industrielles de la population, et ont toujours égoïstement sacrifié l'intérêt public à leur bien-être particulier.

Ainsi ce château historique dont nous parlons est aujourd'hui tombé entre les mains d'un homme qui, sorti de rien et se sentant étouffer dans ses murailles, les laisse se lézarder et s'émietter sous l'effort du temps, et, pour économiser un jardinier, fait semer de l'avoine dans les allées majestueuses d'un parc dessiné par Le Nôtre, et dont l'aspect grandiose frappe d'admiration le voyageur qui l'aperçoit de loin, emporté par le convoi du chemin de fer.

Il en est ainsi pour tout dans ce malheureux hameau condamné à mourir d'inanition au milieu de l'abondance de ses voisins.

Ce village se composait, à l'époque de notre récit, d'une seule rue, longue et étroite, qui descendait du sommet d'une montagne assez escarpée, traversait une petite rivière et venait se terminer à quelques pas à peine de la Seine.

Cette rue, dans tout son parcours, était bordée de maisons basses et informes, serrées les unes contre les autres comme pour se soutenir mutuellement, et servant pour la plupart d'auberges aux charretiers, aux rouliers et autres gens qui, à cette époque où le grand réseau de nos routes royales n'était pas encore construit, traversaient continuellement ce village et s'y abritaient pour la nuit.

Le haut de la rue était occupé par une communauté religieuse fort riche, près de laquelle s'élevait un grand bâtiment caché au fond d'un vaste jardin et servant d'hôtellerie aux personnes riches que leurs affaires ou leurs plaisirs conduisaient à cet endroit entouré à dix lieues à la ronde de luxueuses demeures seigneuriales.

Rien au dehors ne faisait reconnaître cette construction pour une auberge ; une porte basse donnait accès dans le jardin, et ce n'était qu'après l'avoir traversé dans toute sa longueur qu'on se trouvait devant la maison.

Cependant elle avait une autre entrée donnant sur une route alors assez peu fréquentée et par laquelle pénétraient les chevaux et les voitures, lorsque le voyageur était parvenu à se faire admettre par le maître du lieu.

Bien que cette maison, ainsi que nous l'avons dit, fût une auberge, cependant son propriétaire ne recevait pas tous les étrangers qui se présentaient pour y loger ; il était au contraire fort difficile sur le choix de ses hôtes, prétendant, à tort ou à raison, qu'une hôtellerie, honorée à plusieurs reprises déjà, de la présence du roi et de monseigneur le cardinal-ministre, ne devait servir d'asile ni à des vagabonds, ni à des coureurs de nuit.

Pour justifier le droit qu'il s'arrogeait, l'aubergiste avait depuis quelques mois fait badigeonner par un peintre de hasard les armes de France sur une plaque de tôle, avait fait écrire au-dessous en lettres d'or : *A la Cour de France*, et avait appendu cette enseigne au-dessus de sa porte.

L'auberge de la *Cour de France* jouissait d'une grande réputation, non seulement dans le pays, mais encore dans toutes les contrées environnantes et même jusqu'à Paris : réputation, hâtons-nous de le dire, bien méritée, car si l'hôtelier était difficile sur le choix de ses hôtes, lorsque ceux-ci étaient parvenus à entrer chez lui, il les soignait, gens et bêtes, avec un soin tout particulier et qui avait quelque chose de paternel.

Bien qu'on fût à la fin de mars et que, d'après le calendrier, le printemps fût commencé depuis quelques jours déjà, cependant le froid était vif, les arbres chargés de givre découpaient tristement leurs maigres silhouettes sur le ciel gris, et une neige épaisse et durcie couvrait la terre à une certaine profondeur.

Quoiqu'il fût dix heures du soir à peu près, la nuit était claire et la lune, nageant dans des nuages roussâtres, déversait à profusion ses rayons blafards qui permettaient de voir presque comme en plein jour.

Tout dormait dans le village, ou du moins semblait dormir; seule, l'auberge de la *Cour de France* laissait, par les fenêtres grillées de son rez-de-chaussée, s'échapper de larges bandes de lumière qui montraient que là du moins on veillait.

Cependant l'auberge ne renfermait aucun voyageur.

Tous ceux qui, pendant la journée et depuis que la nuit était tombée, s'étaient présentés avaient été impitoyablement évincés par l'hôtelier, gros homme à la face rubiconde, aux traits intelligents et au sourire narquois, qui marchait en ce moment, d'un air préoccupé, de long en large, dans son immense cuisine, en jetant parfois un regard distrait sur les apprêts d'un souper dont une partie rôtissait devant une colossale cheminée et le reste était confectionné et surveillé par un cuisinier-chef et plusieurs aides.

Une femme d'un certain âge, petite et rondelette, fit tout à coup irruption et, interpellant brusquement l'hôtelier qui s'était retourné au bruit :

— Est-ce vrai, fit-elle, maître Pilvois, que vous avez ordonné de préparer la chambre du dais, ainsi que l'affirme la Mariette?

Maître Pilvois se redressa.

— Que vous a dit la Mariette? demanda-t-il d'un ton sévère.

— Dame! elle m'a dit de préparer la meilleure chambre.

— Quelle est la meilleure chambre, dame Tiphaine?

— La chambre du dais, maître, puisque c'est celle dans laquelle Sa Majesté...

— Alors, interrompit l'hôtelier d'un ton péremptoire, préparez la chambre du dais.

— Cependant, maître, hasarda dame Tiphaine, qui jouissait d'un certain crédit dans la maison, d'abord comme femme légitime de l'hôtelier lui-même, et ensuite à cause de certaines nuances assez accentuées de son caractère, il me semble, avec tout le respect que je vous dois...

— Avec tout le respect que je vous dois, s'écria-t-il en frappant du pied avec colère, vous êtes une sotte, ma mie; exécutez mes ordres et ne m'échauffez pas davantage les oreilles.

Dame Thiphaine comprit que son seigneur et maître n'était pas ce soir-là d'humeur à être contredit. En femme prudente elle courba la tête et se retira, se réservant *in petto* de prendre plus tard une revanche éclatante de la verte semonce qu'elle avait essuyée.

Satisfait sans doute de son coup d'autorité, maître Pilvois, après avoir lancé un regard triomphant à ses subordonnés, surpris sans oser le paraître de cet acte de vigueur insolite, se dirigea vers la porte qui conduisait dans le jardin; mais au moment où il posait la main sur la serrure, cette porte, poussée vigoureusement du dehors, s'ouvrit au nez de l'hôtelier ébahi qui recula en chancelant jusqu'au milieu de la pièce, et un homme entra dans la cuisine.

— Enfin! s'écria joyeusement l'étranger, en jetant son chapeau empanaché sur une table et se débarrassant de son manteau, vive Dieu! je me croyais presque dans un désert.

Et avant que l'hôtelier, de plus en plus étonné de la désinvolture de ses manières, eût le temps de s'y opposer, il prit un siège et s'installa commodément au coin de la cheminée.

Le nouvel arrivant paraissait avoir vingt-cinq ans au plus; de longs cheveux noirs tombaient en désordre sur ses épaules, ses traits accentués étaient nobles et intelligents; ses yeux noirs, pleins d'éclairs, respiraient le courage et l'habitude du commandement; sa physionomie avait un certain cachet de grandeur, tempéré par le sourire cordial de sa bouche, large, garnie de dents éblouissantes, dont les lèvres rouges et un peu grosses étaient ornées, selon la mode du temps, d'une moustache parfaitement cirée et relevée d'une longue royale qui couvrait son menton carré, signe d'entêtement.

Son costume, sans être riche, était cependant propre, taillé avec goût, et affectait une certaine allure militaire, rendue plus claire encore par les deux pistolets que l'étranger portait à la ceinture, et la longue épée à poignée de fer qui pendait à son côté.

D'ailleurs, sa haute taille, bien prise et vigoureusement charpentée, et l'air d'audace répandu sur toute sa personne, en faisaient un de ces hommes dont la race était alors si commune, et qui, du premier coup, savaient exiger des gens avec lesquels le hasard les mettait en rapport, les égards auxquels, à tort ou à raison, ils croyaient avoir droit.

Cependant l'hôtelier, un peu remis de l'émotion et de la surprise qu'il avait éprouvées, à ce qu'il considérait être une violation de domicile, fit quelques pas vers l'étranger, et le saluant plus bas qu'il n'aurait voulu, tout en retirant son bonnet de coton sous l'éclat du regard que celui-ci fixait sur lui :

— Mon gentilhomme, balbutia-t-il d'une voix peu assurée.

Mais celui-ci l'interrompit sans façon.

— Vous êtes l'hôtelier? lui demanda-t-il brusquement.

— Oui, grommela maître Pilvois en se redressant, tout étonné d'être contraint de répondre, lorsqu'il se préparait à interroger.

— C'est bien! continua l'étranger, voyez à mon cheval que j'ai abandonné je ne sais où, dans votre jardin, faites-le mettre à l'écurie, et recommandez au palefrenier de lui laver le garrot avec un peu d'eau et de vinaigre, je crains qu'il ne s'écorche.

Ces paroles furent prononcées si nonchalamment que l'hôtelier demeura tout ahuri, sans trouver un mot.

— Eh bien! reprit l'étranger, au bout d'un instant, en fronçant légèrement le sourcil, que faites-vous là, imbécile, au lieu d'exécuter mes ordres?

Maître Pilvois, complètement dompté, tourna sur lui-même et sortit en trébuchant comme un homme ivre.

L'étranger le suivit de l'œil en souriant dans sa moustache, et, se tournant vers les valets qui chuchotaient entre eux en le regardant en dessous :

— Çà! qu'on me serve, dit-il; dressez-moi une table là, devant moi, auprès du feu, et donnez-moi à souper; dépêchons, par la mort-diable! je tombe d'inanition.

Les valets, intérieurement charmés de jouer un tour à leur maître, ne se firent pas répéter deux fois cet ordre; en un instant la table fut apportée, le couvert mis, et en rentrant, l'aubergiste trouva le voyageur en train de découper un magnifique perdreau.

Le visage de maître Pilvois prit à cette vue toutes les nuances de l'arc-en-ciel : d'abord pâle, il rougit tellement qu'on en put craindre un coup de sang, tant son émotion fut vive.

— Par exemple, s'écria-t-il en frappant du pied avec colère, c'est trop fort!

— Hein? fit l'étranger en relevant la tête et s'essuyant la moustache, à qui en avez-vous, bonhomme?

— A qui j'en ai? gronda l'aubergiste.

— Oui, et à propos, mon cheval est-il à l'écurie?

— Votre cheval, votre cheval, grommela-t-il, il s'agit bien de lui, vraiment!

— De quoi s'agit-il donc? s'il vous plaît, mon maître, demanda l'étranger en se versant une rasade qu'il vida consciencieusement jusqu'à la dernière goutte; hum! fit-il, en reposant son verre sur la table avec un geste de satisfaction, c'est du Jurançon, je le reconnais.

Cette indifférence et ce laisser-aller poussèrent au comble la fureur de l'aubergiste, et lui firent oublier toute prudence.

— Pardieu! dit-il, en s'emparant résolument du flacon, l'audace est singulière, de s'introduire ainsi dans une maison honnête sans l'autorisation des gens; décampez au plus vite, mon beau seigneur, si vous ne voulez pas qu'il vous arrive mal, et allez chercher ailleurs qui vous héberge; car, pour ce qui est de moi, je ne puis et ne veux le faire.

L'étranger, pendant ce discours, n'avait pas sourcillé; il avait écouté maître Pilvois sans témoigner la plus légère impatience; lorsque l'aubergiste se tut enfin, il se renversa sur son siège et le regardant bien en face :

— Écoutez-moi, à votre tour, mon maître, lui dit-il, et gravez bien mes paroles dans votre étroite cervelle; cette maison est une auberge, n'est-ce pas? donc elle doit être ouverte sans difficulté à tout voyageur qui, moyennant argent, vient y chercher abri et nourriture. Je sais que vous vous arrogez le droit de ne recevoir ici que les gens qui vous conviennent. Si certaines personnes s'arrangent de cette exigence, cela les regarde; quant à moi, je ne suis pas de cet avis; je me trouve bien ici, j'y reste, et j'y resterai tant que ce sera mon bon plaisir; je ne vous défends pas de m'écorcher, c'est votre devoir d'aubergiste, je n'y trouverai rien à redire, mais si je ne suis pas servi poliment et avec dextérité, si vous ne me donnez pas une chambre convenable pour y passer la nuit, en un mot, si vous ne remplissez pas vis-à-vis de moi les devoirs de l'hospitalité comme j'entends que vous le fassiez, je vous promets que je décroche votre enseigne et que je vous pends à sa place, et ceci à la moindre infraction que vous commettrez. Et maintenant, c'est compris, n'est-ce pas, mon hôte? ajouta-t-il, en lui serrant si rudement le poignet que le pauvre diable jeta un cri de douleur, et en l'envoyant, en trébuchant, tomber contre le mur de la cuisine : servez-moi donc et ne discutons plus, vous ne seriez pas le bon marchand de la querelle que vous me susciteriez.

Et, sans plus s'occuper de l'hôtelier, le voyageur reprit tranquillement son souper interrompu.

C'en était fait des velléités de résistance de l'aubergiste; il se sentit vaincu et n'essaya pas une lutte devenue impossible. Confus et humilié, il ne songea plus qu'à satisfaire cet hôte étrange qui, malgré lui, s'était de vive force installé dans sa maison.

Le voyageur n'abusa en aucune façon de sa victoire; satisfait d'avoir obtenu le résultat qu'il ambitionnait, il ne s'en prévalut en aucune sorte.

Si bien que peu à peu, de concession en concession, l'un offrant, l'autre ne refusant pas, ils en vinrent à être dans les meilleurs termes et, vers la fin du souper, hôtelier et voyageur se trouvèrent, sans qu'on sût comment, les plus parfaits amis du monde.

Ils causèrent.

D'abord de la pluie et du beau temps, de la cherté des denrées alimentaires, de la maladie du roi, de celle de Son Éminence le cardinal; puis, s'enhardissant de plus en plus, maître Pilvois versa un grand verre de vin à son convive improvisé, et prenant son courage à deux mains :

— Savez-vous, mon gentilhomme, lui dit-il tout à coup en hochant la tête d'un air contrit, que vous me gênez énormément?

— Bah! répondit l'étranger en buvant le contenu de son verre, et en haussant les épaules, est-ce que nous allons revenir à cette vieille histoire de tantôt, je croyais la question vidée depuis longtemps.

— Hélas! je voudrais qu'elle le fût pour tout le monde comme elle l'est pour moi.

— Qu'est-ce à dire?

— Ne vous emportez pas, je vous en supplie, mon gentilhomme, reprit l'hôtelier avec crainte, je n'ai nullement l'intention de vous insulter

— Alors, expliquez-vous, au nom du diable! mon maître, et venez franchement au fait; je ne comprends pas ce que d'autres que vous ont à voir dans tout ceci.

— Voilà justement où gît le lièvre, fit maître Pilvois, en se grattant la tête.

— Parlez, que diable! je ne suis pas un ogre; que se passe-t-il donc qui vous cause une si grande inquiétude?

L'hôtelier vit qu'il fallait s'exécuter; la peur lui donnant du courage, il prit bravement son parti.

— Monseigneur, dit-il humblement, croyez bien que je connais trop le monde pour jamais me hasarder à être impoli avec un gentilhomme de votre importance...

— Passons, passons, interrompit en souriant l'étranger.

— Mais... continua l'hôte.

— Ah! il y a un *mais*.

— Hélas! monseigneur, il y en a toujours et aujourd'hui plus que jamais.

— Diable! vous m'effrayez, mon maître, fit en ricanant l'étranger; dites-moi vite, je vous prie, quel est ce *mais* si terrible.

— Hélas! monseigneur, le voici: mon hôtellerie tout entière est, depuis sept jours déjà, retenue par une société de gentilshommes; ils doivent arriver dans une heure, dans une demi-heure, peut-être, et...

— Et? fit l'étranger, d'un ton interrogatif, qui donna la chair de poule à l'aubergiste.

— Eh bien! monseigneur, reprit-il d'une voix étranglée, à tort ou à raison, ces gentilshommes prétendent être seuls dans l'hôtellerie, ils m'ont fait jurer de ne recevoir aucun voyageur autre qu'eux-mêmes et m'ont payé en conséquence.

— Fort bien, dit l'étranger d'un air indifférent.

— Comment, fort bien, monseigneur? se récria maître Pilvois.

— Dame! que voulez-vous que je vous dise, moi; vous avez rempli strictement vos engagements, il me semble, et nul n'a de reproches à vous adresser.

— Comment cela, monseigneur?

— A moins que vous n'ayez quelqu'un de caché ici, répondit imperturbablement l'étranger, ce qui, je l'avoue, ne serait nullement loyal de votre part.

— Je n'ai personne.

— Eh bien! alors?

— Mais vous, monseigneur? hasarda-t-il craintivement.

— Oh! moi, répondit en riant l'étranger, c'est une autre affaire; distinguons, s'il vous plaît, mon maître: vous ne m'avez nullement reçu, tant s'en faut; je me suis au contraire bel et bien imposé, vous en convenez, n'est-ce pas?

— Ce n'est que trop vrai.

— Vous le regrettez?

— Loin de là, monseigneur! s'écria-t-il vivement, peu jaloux de réveiller la colère endormie de l'irascible étranger, seulement je constate un fait.

— Très bien, je vois avec plaisir, maître Pilvois, que vous êtes un homme fort sérieux; vous constatez un fait, dites-vous?

— Hélas! soupira le malheureux hôtelier.

— Bon, suivez bien mon raisonnement.

— Je le suis, monseigneur.

— Lorsque ces gentilshommes arriveront, ce qui ne peut tarder, selon votre dire, vous n'aurez qu'une chose à faire.

— Laquelle, monseigneur?

— Leur raconter de point en point ce qui s'est passé entre nous; je me trompe fort, ou cette explication loyale les satisfera; s'il en était autrement...

— S'il en était autrement, monseigneur, que ferais-je?

— Vous me les adresseriez, maître Pilvois, et je me chargerais à mon tour de les convaincre: entre gentilshommes de bonne race, on s'entend parfaitement.

LES ROIS DE L'OCÉAN

— Exécutez mes ordres et ne m'échauffez pas davantage les oreilles.

— Cependant, monseigneur...
— Pas un mot de plus à ce sujet, je vous prie; mais tenez, ajouta-t-il en prêtant l'oreille, je crois que voilà votre compagnie qui arrive; et il se renversa nonchalamment sur le dossier de son siège.

Au dehors, on entendait effectivement un piétinement de chevaux sur la neige durcie, puis plusieurs coups furent frappés à la porte.

— Ce sont eux! murmura l'hôtelier.

— Raison de plus pour ne pas les faire attendre; allez leur ouvrir, mon maître, le froid est vif au dehors.

L'hôtelier hésita un instant, puis il sortit sans répliquer.

L'étranger s'enveloppa avec soin dans son manteau, rabattit sur ses yeux les ailes de son feutre et attendit l'entrée des nouveaux venus, en affectant un air indifférent.

Les valets, réfugiés dans l'angle le plus éloigné de la cuisine, tremblaient à petit bruit, prévoyant un orage.

II

UNE SCÈNE DE FAMILLE

Cependant les arrivants menaient grand bruit sur la route et semblaient s'impatienter du retard apporté à leur introduction dans l'auberge.

Maître Pilvois se décida enfin à leur ouvrir, bien qu'il fût en proie à une appréhension secrète sur les conséquences que pourrait avoir pour lui, malgré les recommandations qui lui avaient été faites, la présence d'un inconnu dans sa maison.

Dès que, sur son ordre, un garçon d'écurie eût tiré les verrous et ouvert la porte charretière, plusieurs cavaliers entrèrent dans la cour, suivis et précédés par un carrosse attelé de quatre chevaux.

A la lueur de la lanterne tenue par son valet, l'aubergiste reconnut que les voyageurs étaient au nombre de sept : trois maîtres, trois domestiques et le cocher qui se tenait sur le siège. Tous étaient enveloppés d'épais manteaux et armés jusqu'aux dents.

Dès que la voiture fut entrée dans la cour, les cavaliers mirent pied à terre; l'un d'eux, qui semblait exercer une certaine autorité sur ses compagnons, s'approcha de l'aubergiste pendant que les autres faisaient tourner le carrosse dans le jardin où se trouvait l'entrée principale de la maison et que les valets refermaient la porte charretière.

— Or çà! maître, dit le voyageur dont nous avons parlé, avec un accent étranger fortement prononcé, bien qu'il s'exprimât très purement en français, mes ordres ont-ils été ponctuellement exécutés?

A cette question assez embarrassante pour lui, maître Pilvois se gratta la tête, puis il répondit, en vrai paysan madré qu'il était:

— Autant que possible, oui, monseigneur.

— Que voulez-vous dire, drôle? reprit durement le voyageur; vos instructions étaient précises cependant.

— Oui, monseigneur, dit humblement l'aubergiste, j'ajouterai même que j'ai grassement été payé d'avance.

— Eh bien alors?

— Alors, répondit maître Pilvois de plus en plus embarrassé, j'ai fait ce que j'ai pu.

— Hum ! c'est-à-dire que vous avez quelqu'un chez vous, n'est-ce pas ?

— Hélas ! oui, monseigneur, répondit l'hôtelier en courbant la tête.

Le voyageur frappa du pied avec colère.

— Sang-Dieu ! s'écria-t-il ; mais, reprenant aussitôt un calme apparent : Quels sont ces gens ? demanda-t-il.

— Il n'y a qu'une seule personne.

— Ah ! fit le voyageur avec satisfaction, s'il n'y a qu'un individu, rien n'est plus facile que de le faire déguerpir.

— Je crains que non, hasarda timidement l'aubergiste : car ce voyageur, que je ne connais pas, je le jure, m'a tout l'air d'un rude gentilhomme et je ne le crois pas disposé à quitter la place.

— Bon, bon, je m'en charge, dit insoucieusement le voyageur. Où est-il ?

— Là, dans la cuisine, monseigneur, se chauffant au feu de l'âtre.

— C'est bien ; la chambre est préparée ?

— Oui, monseigneur.

— Rejoignez ces messieurs et guidez-les vous-même, aucun de vos gens ne doit savoir ce qui va se passer.

L'aubergiste, heureux d'en être quitte à si bon marché, s'inclina respectueusement et se hâta de s'éloigner dans la direction du jardin ; quant au voyageur, après avoir échangé quelques mots à voix basse avec un valet demeuré près de lui, il enfonça son chapeau sur ses yeux, ouvrit la porte et entra résolument dans la cuisine.

Elle était déserte ; l'étranger avait disparu.

Le voyageur jeta un regard soucieux autour de lui ; les valets, selon des ordres probablement reçus de l'hôtelier, s'étaient retirés prudemment dans leurs soupentes.

Après quelques secondes d'hésitation, le voyageur regagna le jardin.

— Eh bien ! lui demanda l'aubergiste, l'avez-vous vu, monseigneur ?

— Non, répondit-il, mais qu'importe ? pas un mot de lui aux personnes qui m'accompagnent ; il sera sans doute parti ; au cas où cela ne serait pas, veillez à ce qu'il ne puisse approcher de l'appartement que vous nous avez destiné.

— Hum ! murmura à part lui l'hôtelier, tout cela n'est pas clair ; et il se retira tout pensif.

Au fond, le brave homme avait peur. Ses hôtes avaient des mines rébarbatives et des manières brusques qui le rassuraient médiocrement, et puis il lui avait semblé entrevoir, à travers les arbres de son jardin, errer des ombres inquiétantes, fait qu'il s'était bien gardé d'approfondir, mais qui ajoutait encore à ses appréhensions secrètes.

Dame Tiphaine, un falot à la main, attendait à la porte de la maison, prête à éclairer les voyageurs et à les conduire à leur appartement ; lorsque le carrosse eut tourné et se fut arrêté, un des voyageurs s'en approcha, ouvrit la portière et aida une dame à descendre.

Cette dame, vêtue avec luxe, paraissait souffrir ; elle marchait avec peine, Cependant, malgré sa faiblesse, elle repoussa d'un geste le bras que lui tendait un des voyageurs pour la soutenir et s'approcha de dame Tiphaine qui, compatissante comme toutes les femmes, se hâta de lui rendre le service qu'elle semblait réclamer d'elle et l'aida à gravir l'escalier un peu roide qui conduisait à la chambre du dais.

Les voyageurs laissèrent le cocher et un domestique à la garde de la voiture qui demeura attelée, et suivirent silencieusement la dame malade.

La chambre du dais, la plus belle de l'auberge, était vaste et meublée avec un certain luxe, un grand feu pétillait dans l'âtre et plusieurs chandelles posées sur des meubles y répandaient une assez vive lumière.

Une porte à demi cachée par la tapisserie communiquait à un cabinet de dégagement qui avait une issue au dehors pour la commodité du service.

Lorsque la dame fut entrée dans la chambre, elle se laissa tomber sur un siège et remercia l'hôtesse d'un signe de tête.

Celle-ci se retira discrètement, étonnée et presque effrayée par les visages sombres des personnes au milieu desquelles elle se trouvait.

— Jésus, Marie! dit-elle à maître Pilvois, qu'elle rencontra se promenant tout soucieux dans le corridor, que va-t-il se passer ici? Ces hommes me font peur. Cette dame est toute tremblante, et le peu que j'ai aperçu de son visage sous son masque, est blanc comme un linge.

— Hélas! soupira maître Pilvois, je suis aussi épeuré que vous, ma mie, mais nous n'y pouvons rien; ce sont de trop grands seigneurs pour nous, des amis de Son Éminence; ils nous broiraient sans pitié. Nous n'avons qu'une chose à faire, c'est de nous retirer dans notre chambre ainsi que nous en avons reçu l'ordre, et de nous tenir cois jusqu'à ce qu'ils réclament nos services; la maison est à eux, en ce moment ils sont les maîtres.

L'hôtelier et sa femme rentrèrent chez eux, et non contents de fermer la porte à double tour, ils la barricadèrent avec tout ce qui leur tomba sous la main.

Ainsi que l'avait dit maître Pilvois à sa femme, les voyageurs étaient bien les maîtres de l'auberge de la *Cour de France*, ou du moins ils le croyaient.

L'étranger, tout en feignant la plus profonde indifférence, avait suivi du coin de l'œil tous les mouvements de l'hôtelier; dès que celui-ci eut quitté la cuisine pour aller ouvrir aux voyageurs, il se leva, jeta une bourse pleine d'or aux cuisiniers en posant un doigt sur sa bouche pour leur recommander le silence et, s'enveloppant avec soin dans son manteau, il sortit de la cuisine.

Les valets de l'aubergiste, avec cette intelligence qui caractérise leur caste, comprirent que cette action de l'étranger cachait certains projets à l'exécution desquels il était de leur intérêt de ne pas se mêler; ils se partagèrent l'argent si généreusement donné, et se rappelant les ordres qu'ils avaient reçus de leur maître, ils décampèrent au plus vite et allèrent sournoisement se blottir dans leurs lits.

L'étranger, pendant que l'aubergiste recevait les voyageurs, s'était enfoncé au plus profond du jardin.

Arrivé près de la petite porte dont nous avons parlé, il siffla doucement.

Presque aussitôt deux hommes semblèrent surgir du milieu des ténèbres et se présentèrent à lui.

Ces deux hommes avaient chacun une longue rapière au côté, des pistolets à la ceinture et une carabine à la main.

— Quoi de nouveau? demanda l'étranger; avez-vous vu quelque chose, Michel?

— Capitaine, répondit celui auquel cette question était adressée, je n'ai rien vu, cependant je redoute un piège.

— Un piège? fit l'étranger.

— Oui, reprit Michel, voilà Vent-en-Panne qui a *relevé* plusieurs gars de mauvaise mine qui semblent vouloir nous *aborder*.

— Bah! vous êtes fou, Michel. Vous aurez vu les voyageurs qui viennent d'arriver à l'auberge.

— Non, capitaine, ils ressemblent, au contraire, comme deux gouttes d'eau, aux deux gaillards qui nous *appuient la chasse* depuis avant-hier, de vrais limiers du cardinal, je le parierais.

L'étranger parut réfléchir.

— Sont-ils loin? demanda-t-il enfin.

— Parle, Vent-en-Panne, mon gars, fit Michel en se tournant vers son compagnon, et ne *ralingue* pas; le capitaine te fait celui de te *héler*.

— Pour lors, capitaine, dit Vent-en-Panne, Breton petit et trapu, à la mine sournoise et futée, je les ai *éventés par la hanche de tribord* aux environs de cinq heures, je me suis *patiné sous mes basses voiles* à seule fin de les distancer, et je crois bien les avoir laissés à la *dérive* à quatre ou cinq *encablures* en arrière.

— Ainsi nous avons une heure devant nous à peu près?

— Environ, oui, capitaine, répondit Vent-en-Panne.

— C'est plus qu'il nous faut; écoutez, mes gars, et jurez-moi sur votre honneur de matelots de m'obéir.

— Il n'y a pas de soin que nous y manquions, capitaine, répondirent-ils.

— Je compte sur vous.

— Parbleu! fit Michel, c'est connu, ça.

— Quoi qu'il arrive, reprit l'étranger, laissez-moi agir seul, à moins que je vous donne expressément l'ordre de me venir en aide. Si, pendant que nous serons là-haut, les limiers du cardinal arrivaient, vous vous sauveriez.

— Nous sauver! exclamèrent les deux marins.

— Il le faut, enfants! Qui me délivrerait si tous trois nous étions prisonniers? reprit l'étranger.

— C'est juste, répondit Michel.

— Ainsi, c'est convenu, n'est-ce pas?

— Oui, capitaine, firent-ils.

— Ah! à propos, si je suis pris, vous aurez besoin d'argent pour me délivrer; prenez ceci.

Il leur mit dans la main une lourde bourse que les matelots acceptèrent sans observation.

— Maintenant suivez-moi et ouvrez *l'œil au bossoir*, les gars.

— Soyez calme, capitaine, répondit Michel; nous veillons.

L'étranger se dirigea alors vers la maison, suivi pas à pas par les deux marins. Il arrivait dans le corridor au bout duquel se trouvait la chambre des voyageurs au moment où maître Pilvois et son épouse s'enfermaient à double tour dans leur appartement.

La voiture, gardée par le cocher et un domestique, stationnait toujours devant la porte principale; mais les trois hommes passèrent sans être aperçus.

Aussitôt que l'hôtelière avait eu quitté la chambre, le voyageur qui semblait jouir d'une certaine autorité sur ses compagnons avait ouvert la porte du cabinet, afin sans doute de s'assurer qu'il ne renfermait aucun espion aux écoutes, puis il avait pris un siège, s'était assis près du feu et avait fait signe à ses compagnons de l'imiter; seuls les deux domestiques étaient restés debout près de la porte, les mains appuyées sur le canon de leur carabine dont la crosse reposait à terre.

Il y eut alors quelques secondes d'un silence funèbre dans cette chambre, où pourtant se trouvaient réunies six personnes.

Enfin le voyageur se décida à prendre la parole, et, s'adressant à la jeune dame, qui gisait sur son siège, la tête penchée et les bras pendants :

— Ma fille, dit-il d'une voix grave, en s'exprimant en langue espagnole, le moment est venu d'une explication claire et catégorique entre nous, car il ne nous reste plus que quatre lieues à peine pour atteindre le terme de notre long voyage. J'ai l'intention de séjourner vingt-quatre heures dans cette hôtellerie afin de vous donner le temps de réparer vos forces et vous mettre en état de paraître convenablement devant celui que je vous destine.

La jeune femme ne répondit à cette sèche allocution que par un sourd gémissement.

Son père continua sans paraître remarquer la prostration complète dans laquelle elle se trouvait :

— Souvenez-vous, ma fille, que si à la prière de vos frères ici présents j'ai consenti à vous pardonner la faute que vous avez commise, c'est à la condition expresse que vous obéirez sans restriction à mes ordres et que vous ferez toutes mes volontés.

— Mon enfant ? murmura-t-elle d'une voix étouffée par la douleur; qu'avez-vous fait de mon enfant?

Le voyageur fronça le sourcil, une pâleur livide couvrit son visage ; mais se remettant aussitôt :

— Encore cette question, dit-il d'une voix sombre. Malheureuse! ne jouez pas avec ma colère en me rappelant votre crime et le déshonneur de ma maison !

A cette parole la jeune fille se redressa subitement, et enlevant d'un geste brusque le loup de velours qui couvrait son visage.

— Je ne suis pas coupable, dit-elle d'une voix fière, en regardant son père en face, et vous le savez bien ! car c'est vous qui m'avez présenté le comte de Barmont, c'est vous qui avez encouragé notre amour, c'est par vos ordres enfin que nous avons été mariés secrètement l'un à l'autre! Osez soutenir le contraire!

— Silence, malheureuse! s'écria le voyageur en se levant avec violence.

— Mon père! s'écrièrent en se jetant au-devant de lui les deux gentilshommes qui jusqu'à ce moment étaient demeurés immobiles et comme étrangers à cet orageux entretien.

— Soit, fit-il en reprenant sa place, je me contiendrai ! Je ne vous adresserai plus qu'une question doña Clara; m'obéirez-vous ?

Elle hésita un instant, puis, paraissant prendre une résolution suprême :

— Écoutez-moi, mon père, répondit-elle d'une voix brève mais ferme, vous l'avez dit vous-même, le moment d'une explication est venu entre nous, soit; expliquons-nous. Moi aussi, qui suis votre fille, je suis jalouse de l'honneur de notre maison; voilà pourquoi j'exige que vous me répondiez sans ambages et sans détours.

En parlant ainsi, soutenue seulement par l'énergie factice que lui donnait la douleur, cette jeune fille, si frêle et si délicate, était d'une beauté suprême : le corps cambré en arrière, la tête fièrement redressée, ses longs et soyeux cheveux noirs tombant en désordre sur ses épaules, et tranchant avec la pâleur marmoréenne de son visage; ses grands yeux brûlés de fièvre, inondés de larmes qui coulaient lentement sur ses joues; la poitrine haletante par l'émotion qui la maîtrisait, elle avait dans toute sa personne quelque chose de fatal qui semblait ne plus appartenir à la terre.

Son père se sentit ému malgré son féroce orgueil, et ce fut d'une voix moins dure qu'il lui répondit :

— Je vous écoute.

— Mon père, reprit-elle, en appuyant la main sur le dossier de son siège afin de se soutenir, je vous ai dit que je ne suis pas coupable et, je vous le répète, le comte de Barmont et moi, nous avons été secrètement unis dans l'église de la Merced à Cadix, et cela par votre ordre. Vous le savez, je n'insisterai donc pas là-dessus; mon enfant est donc bien réellement légitime et j'ai le droit d'en être fière. Comment se fait-il donc que vous, duc de Peñaflor, appartenant à la première grandesse d'Espagne, non content de m'enlever, le jour même de notre mariage, l'époux que vous-même m'aviez choisi, vous l'avez tout à coup chassé de votre présence, et me ravissant mon enfant à l'heure de sa naissance, vous m'accusiez d'avoir commis un crime horrible et que vous prétendiez, mon premier époux encore vivant, m'enchaîner à un autre ! Répondez-moi, mon père, afin que je sache enfin en quoi consiste cet honneur dont vous me parlez si souvent, et quel est le motif qui vous rend si cruel envers une infortunée qui vous doit le jour et qui, depuis qu'elle est au monde, n'a eu pour vous qu'amour et respect.

— C'en est trop! fille dénaturée, s'écria le duc en se levant avec colère, puisque vous ne craignez pas de me braver aussi indignement.

Mais il s'interrompit tout à coup, et demeura immobile, tremblant de fureur et d'épouvante; la porte de la chambre s'était subitement ouverte et un homme avait paru sur le seuil, droit et fier, l'œil ardent et la main sur la garde de son épée.

— Ludovic ! enfin ! s'écria la jeune fille en s'élançant vers lui.

Mais ses frères la retinrent dans leurs bras et la contraignirent de s'asseoir.

— Le comte de Barmont, murmura le duc.

— Moi-même, monsieur le duc de Peñaflor, répondit l'étranger avec une exquise politesse, vous ne m'attendiez pas, il me semble?

Et, faisant quelques pas dans l'intérieur de la chambre pendant que les deux matelots qui l'avaient suivi gardaient la porte, il remit son chapeau sur sa tête et, se croisant les bras :

— Que se passe-t-il donc ici ? dit-il d'une voix fière; et qui ose violenter madame la comtesse de Barmont ?

— La comtesse de Barmont, fit le duc avec mépris,

— C'est vrai, reprit-il ironiquement, j'oubliais que vous attendez d'un moment à l'autre, de la cour de Rome un acte qui déclare mon mariage nul et qui permettra de donner votre fille à l'homme dont le crédit vous a fait nommer vice-roi de la Nouvelle-Espagne.

— Monsieur ! s'écria le duc.

— Eh quoi ! me serais-je trompé ? Non, non, monsieur le duc, mes espions sont aussi bons que les vôtres, je suis bien servi, croyez-le; mais cette indignité ne s'accomplira pas ! grâce à Dieu, je suis arrivé à temps pour l'empêcher ! Place ! fit-il en repoussant d'un geste les deux gentilshommes qui s'opposaient à son passage. Je suis votre mari, madame ; suivez-moi, je saurai vous protéger.

Les deux jeunes gens, abandonnant leur sœur à demie évanouie, s'élancèrent sur le comte et tous deux le frappèrent de leur gant au visage en tirant leur épée.

Le comte, sous cette insulte cruelle, pâlit affreusement; il poussa un rugissement de bête fauve et dégaina.

Les domestiques, tenus en respect par les deux matelots, n'avaient pas fait un mouvement.

Le duc se précipita entre les trois hommes prêts à en venir aux mains.

— Comte, dit-il froidement au plus jeune de ses fils, laissez à votre frère le soin de châtier cet homme.

— Merci, mon père, répondit l'aîné en se mettant en garde, pendant que son puîné rabaissait la pointe de son épée et faisait un pas en arrière.

Doña Clara gisait étendue sans mouvement sur le sol.

Du premier coup, les deux ennemis engagèrent le fer jusqu'à la garde, puis, comme d'un commun accord, ils firent chacun un pas de retraite.

Il y avait quelque chose de sinistre dans l'aspect qu'offrait cette chambre d'auberge en ce moment.

Cette femme qui râlait sur le parquet en proie à une crise nerveuse sans que nul ne songeât à la secourir.

Ce vieillard, les sourcils froncés, les traits crispés par la douleur, assistant impassible, en apparence, au combat de son fils aîné contre son gendre, tandis que son plus jeune fils se mordait les lèvres de colère de ne pouvoir venir en aide à son frère; ces matelots, le pistolet sur la gorge des domestiques pâles de terreur ; et, au milieu de la salle à peine éclairée par quelques chandelles fumeuses, ces deux hommes, l'épée à la main, l'œil dans l'œil, guettant comme deux tigres le moment de s'entr'égorger.

Le combat ne fut pas long : trop de haine animait les adversaires pour

LES ROIS DE L'OCÉAN

Un des voyageurs ouvrit la portière et aida une dame à descendre.

qu'ils perdissent leur temps à se tâter réciproquement. Le fils du duc, plus impatient que le comte, lui portait bottes sur bottes que celui-ci, malgré son extrême habileté, ne parait qu'avec peine ; enfin le jeune homme, se sentant trop engagé, voulut faire un second pas de retraite, mais son pied mal assuré glissa sur le parquet et, malgré lui, il leva un peu son épée ; au même instant le comte se fendit à fond par un mouvement rapide comme la pensée, et son épée disparut tout entière dans la poitrine de son adversaire, puis il fit un saut dans les armes pour éviter la riposte et retomba en garde.

Mais c'en était fait du jeune homme : il roula deux ou trois fois des yeux hagards, étendit les bras en lâchant son épée et tomba de toute sa hauteur sur le parquet sans prononcer une parole.

Il était mort.

— Assassin ! s'écria son frère en se précipitant l'épée à la main sur le comte.

— Traître ! répondit celui-ci en parant le coup qui lui était porté et lui liant l'épée qui sauta au plafond.

— Arrêtez ! arrêtez ! s'écria le duc en s'élançant à demi fou de douleur entre les deux hommes qui s'étaient pris à bras-le-corps et cherchaient à se poignarder réciproquement.

Mais cette tardive intervention fut inutile ; le comte, doué d'une vigueur peu commune, était facilement parvenu à se débarrasser du jeune homme et l'avait renversé sur le sol où il le maintenait le genou sur la poitrine.

Tout à coup un grand bruit d'armes et de chevaux s'éleva dans la maison et l'on entendit les pas pressés de plusieurs hommes qui escaladaient, en courant, les escaliers.

— Ah ! s'écria le duc avec une joie féroce, je crois que voilà la vengeance ; enfin !

Le comte, sans daigner répondre à son ennemi, se tourna vers les matelots.

— Partez, les gars ! leur cria-t-il d'une voix tonnante.

Ceux-ci hésitèrent.

— Partez donc, si vous voulez me sauver, ajouta-t-il.

— *En chasse !* hurla Michel en entraînant son compagnon, et les deux hommes, saisissant leurs carabines par le canon, pour s'en servir en guise de massue en cas de besoin et s'ouvrir un passage, s'élancèrent dans les corridors où ils disparurent.

Le comte prêta anxieusement l'oreille : il entendit des jurons, le bruit d'une lutte acharnée ; puis, au bout d'un instant, un cri lointain, cri d'appel que les marins connaissent si bien, arriva jusqu'à lui.

Alors son visage se rasséréna, il remit son épée au fourreau et attendit froidement les nouveaux venus, en murmurant à part lui :

— Ils sont sauvés ! Il me reste un espoir.

III

L'ARRESTATION

Presque aussitôt dix ou douze hommes firent irruption dans la chambre plutôt qu'ils n'y entrèrent ; le bruit qui continuait au dehors laissait deviner qu'un grand nombre d'autres se tenaient sur les escaliers et dans les corridors, prêts, si besoin était, à venir en aide aux premiers.

Tous ces hommes étaient armés; il était facile, du reste, de les reconnaître pour des gardes du roi ou plutôt de Monsieur le Cardinal.

Seuls, deux d'entre eux, à la mine sournoise et chafouine et aux regards louches, vêtus de noir comme des huissiers, n'avaient pas d'armes apparentes; ceux-ci, selon toute probabilité, étaient plus à craindre que les autres, car sous leur obséquiosité féline, ils cachaient sans doute une volonté implacable de faire le mal.

L'un de ces deux hommes tenait quelques papiers de la main droite; il fit deux ou trois pas en avant, jeta un regard soupçonneux autour de lui, et se découvrant respectueusement:

— Au nom du roi, messieurs! dit-il d'une voix brève et tranchante.

— Que voulez-vous? demanda le comte de Barmont en s'avançant résolument vers lui.

A ce mouvement, qu'il prit pour une démonstration hostile, l'homme noir recula vivement avec un geste de frayeur mal dissimulé; mais, se sentant appuyé par ses acolytes, il reprit aussitôt son sang-froid et répondit avec un sourire de mauvais augure.

— Ah! ah! monsieur le comte Ludovic de Barmont, je crois? fit-il avec un salut ironique.

— Au fait, monsieur; au fait! reprit le gentilhomme avec hauteur. Je suis effectivement le comte de Barmont.

— Capitaine des vaisseaux du roi, continua imperturbablement l'homme noir; commandant pour le présent la frégate de Sa Majesté l'*Érigone*?

— Je vous ai dit, monsieur, que je suis celui que vous cherchez, reprit le comte.

— C'est effectivement à vous que j'ai affaire, monsieur le comte, répondit-il en se redressant. Cordieu! mon gentilhomme, vous n'êtes pas facile à atteindre; voici huit jours que je cours après vous, je désespérais presque d'avoir l'honneur de vous rencontrer.

Tout cela fut dit d'un air obséquieux, d'une voix mielleuse et avec un sourire doucereux à faire damner un saint et, à plus forte raison, celui auquel ce singulier homme s'adressait et qui était doué d'un caractère rien moins qu'endurant.

— Vive Dieu! s'écria-t-il en frappant du pied avec colère, aurez-vous bientôt fini, mon maître?

— Patience, mon gentilhomme, répondit-il du même ton placide, patience! mon Dieu que vous êtes vif! Puis, jetant les yeux sur les papiers qu'il tenait à la main: Donc, puisque, de votre aveu même, vous reconnaissez être bien le comte Ludovic de Barmont, capitaine commandant la frégate de Sa Majesté l'*Érigone*, en vertu des ordres dont je suis porteur, au nom du roi, je vous arrête pour crime de désertion, ayant sans autorisation abandonné votre bâtiment en pays étranger, c'est-à-dire dans le port de Lisbonne en Portugal. Puis, relevant la tête et fixant ses yeux louches sur le gentilhomme: Rendez-moi votre épée, monsieur le comte, ajouta-t-il.

M. de Barmont haussa dédaigneusement les épaules.

— L'épée d'un gentilhomme de ma race ne sera jamais remise aux mains d'un cuistre de ta sorte, dit-il avec mépris ; et, dégaînant son épée, il en brisa froidement la lame sur ses genoux, et jeta les morceaux à travers les vitres qui se brisèrent en éclats.

Puis il saisit les deux pistolets qu'il portait à sa ceinture et les arma.

— Monsieur ! monsieur ! s'écria le sbire en se reculant avec épouvante, c'est rébellion, songez-y, rébellion aux ordres exprès de Sa Majesté et de Son Éminence le cardinal ministre.

Le comte sourit avec mépris, et levant ses pistolets en l'air il les déchargea ; les balles allèrent se loger dans le plafond. Les saisissant ensuite par le canon, il les lança à la volée à travers la fenêtre, puis croisant ses bras sur la poitrine :

— Maintenant, dit-il froidement, faites de moi ce que vous voudrez.

— Vous êtes rendu, monsieur le comte ? demanda le sbire avec une terreur mal dissimulée.

— Oui, dès ce moment, je suis votre prisonnier.

L'homme noir respira ; bien que sans armes, le fier gentilhomme l'effrayait encore.

— Seulement, continua celui-ci, laissez-moi dire deux mots à cette dame, et il désigna du geste doña Clara qui, soignée par dame Tiphaine accourue au bruit malgré les prières et les ordres de son mari, commençait à reprendre connaissance.

— Non, non, pas un mot, pas une syllabe ! s'écria le duc en se jetant entre sa fille et le comte ; emmenez ce misérable, emmenez-le !

Mais le recors, heureux de la facilité avec laquelle le comte s'était rendu à lui, et ne voulant pas exciter sa colère, heureux surtout de faire preuve d'autorité sans courir de risques, s'interposa bravement.

— Permettez, permettez, monsieur, dit-il, ce gentilhomme a à parler à cette dame, laissez-le décharger son cœur.

— Mais cet homme est un assassin ! s'écria le duc avec violence, devant vous gît encore le cadavre de mon malheureux fils, tué par lui.

— Je vous plains, monsieur, répondit le sbire sans s'émouvoir ; à ceci je ne saurais porter remède : adressez-vous à qui de droit pour en avoir raison. Cependant, si cela peut vous être agréable, soyez convaincu que je prends bonne note de l'accusation que vous portez, et que je m'en souviendrai en temps et lieu ; mais vous devez être aussi pressé d'être débarrassé de nous, que nous avons, nous, hâte de partir ; laissez donc ce gentilhomme faire tranquillement ses adieux à la jeune dame, ce ne sera pas long, j'en suis convaincu.

Le duc lança un regard farouche au recors, mais ne voulant pas se compromettre avec un tel drôle, il ne répondit pas et se recula d'un air sombre.

Le comte avait assisté sans témoigner ni impatience ni humeur à cette altercation ; le front pâle, les sourcils froncés, il attendait, prêt à se porter sans doute à quelque extrémité terrible si sa demande ne lui était pas octroyée.

Le recors n'avait eu qu'un regard à jeter sur lui pour deviner ce qui se passait dans son cœur ; aussi, peu jaloux de voir s'élever un nouveau conflit, avait-il prudemment manœuvré pour l'éviter.

— Voyons, dit-il, parlez, mon gentilhomme, nul ne s'y oppose.

— Merci, répondit sourdement le comte, et s'approchant de doña Clara qui le regardait venir en fixant sur lui un regard ardent :

« Clara, lui dit-il d'une voix ferme et profondément accentuée, m'aimez-vous ?

Elle hésita un instant et courba la tête en poussant un profond soupir.

— M'aimez-vous? reprit-il.

— Je vous aime, Ludovic, répondit-elle d'une voix faible et tremblante.

— Vous m'aimez comme votre époux devant Dieu et devant les hommes, et comme le père de votre enfant?

La jeune fille se leva, son œil noir lança un éclair, et étendant les bras devant elle :

— En présence de mon père prêt à me maudire, dit-elle d'une voix étranglée par l'émotion, devant le corps de mon frère mort, à la face des hommes qui m'écoutent, je jure, Ludovic, que je vous aime comme le père de mon enfant, et que, quoi qu'il arrive, je vous serai fidèle.

— Bien, Clara, répondit-il, Dieu a reçu votre serment, il vous viendra en aide pour le tenir; souvenez-vous que, morte ou vivante, vous m'appartenez de même que moi je suis vôtre, et que nulle puissance au monde ne pourra rompre les liens qui nous unissent. Maintenant, adieu, et ayez bon courage.

— Adieu! murmura-t-elle en retombant sur son siège et cachant sa tête dans ses mains.

— Marchons, messieurs! Faites de moi ce qu'il vous plaira, dit le comte en se retournant vers les recors et les gardes émus malgré eux par cette scène.

Le duc s'élança d'un bond de tigre vers sa fille, et lui saisissant d'un geste frénétique le bras droit qu'il meurtrit, il l'obligea à relever vers lui son visage inondé de larmes; et fixant sur elle un regard chargé de toute la rage qui gonflait son cœur :

— Ma fille! s'écria-t-il d'une voix que la fureur rendait sifflante, préparez-vous à épouser sous deux jours l'homme que je vous destine. Quant à votre enfant, vous ne le verrez jamais, il n'existe plus pour vous.

La jeune fille poussa un cri de désespoir et tomba privée de sentiment entre les bras de dame Tiphaine.

Le comte, qui en ce moment sortait de la chambre, s'arrêta court, se retourna vers le duc, et, étendant le bras vers lui :

— Bourreau! s'écria-t-il d'une voix stridente qui glaça de terreur les assistants, sois maudit! Je jure, sur ma foi de gentilhomme, de tirer de toi et des tiens une vengeance si terrible, que le souvenir en demeurera éternel; et si je ne puis t'atteindre, toi, la nation tout entière à laquelle tu appartiens se courbera sous le poids terrible de ma haine implacable. Entre nous maintenant, c'est une guerre de sauvages et de bêtes fauves, sans trêve ni merci. Adieu !

Et laissant l'orgueilleux Espagnol épouvanté de cet effroyable anathème, le gentilhomme sortit d'un pas ferme en lançant un dernier regard d'amour à la femme qu'il aimait et dont peut-être il était séparé pour toujours.

Les corridors, les escaliers et le jardin de l'auberge étaient remplis d'hommes armés : c'était évidemment un miracle que les deux matelots fussent parvenus à s'échapper et à tirer au large sains et saufs; cela donna bon espoir au comte et il descendit d'un pas assuré, surveillé attentivement par son escorte qui ne le perdait pas de vue.

Les gardes avaient été avertis de longue main qu'ils auraient affaire à un officier de marine d'une violence de caractère inouïe, d'une vigueur prodigieuse et d'un courage indomptable ; aussi la résignation de leur prisonnier, résignation qu'ils croyaient feinte, ne leur inspirait-elle qu'une confiance fort médiocre et se tenaient-ils continuellement sur la défensive.

Lorsqu'ils débouchèrent dans le jardin, le chef des recors aperçut le carrosse qui stationnait toujours devant la porte.

— Eh mais, dit-il en ricanant et en se frottant les mains, voici justement notre affaire! Dans la hâte que nous avons mise à arriver, nous avons oublié de nous munir d'un carrosse ; veuillez monter, je vous prie, monsieur le comte, dit-il, en ouvrant la portière.

Le comte monta sans se faire prier. Le recors s'adressa alors au cocher immobile sur son siège.

— Descends, drôle! dit-il d'un ton de commandement ; au nom du roi, je mets ce carrosse en réquisition : affaire d'État! Cède ta place à un de mes hommes! L'Éveillé, ajouta-t-il en se tournant vers un grand coquin à la mine effrontée, si maigre que toujours on le voyait de profil, et qui se tenait auprès de lui, monte sur le siège à la place de cet homme et partons!

Le cocher n'essaya pas de résister à cet ordre péremptoire ; il descendit, et fut aussitôt remplacé par l'Éveillé. Le recors entra alors dans la voiture, s'assit en face de son prisonnier, ferma la portière, et les chevaux, enlevés par un vigoureux coup de fouet, s'élancèrent en avant, entraînant à leur suite le lourd véhicule autour duquel se groupèrent les vingt et quelques soldats de l'escorte.

Pendant assez longtemps le carrosse roula sans qu'un mot fût échangé entre le prisonnier et celui qui le gardait.

Le comte songeait, le recors dormait, ou plutôt feignait de dormir.

Au mois de mars, les nuits sont courtes déjà ; le jour ne tarda pas à paraître et de larges bandes blanchâtres commencèrent à nuancer l'horizon.

Le comte, qui jusqu'à ce moment était demeuré immobile, fit un léger mouvement.

— Est-ce que vous souffrez, monsieur le comte? demanda le recors.

Cette question lui fut adressée avec une intonation si différente de celles employées jusque-là par celui qui l'avait fait prisonnier ; il y avait dans le son de sa voix un accent si réellement doux et compatissant, que le comte tressaillit malgré lui et regarda fixement son singulier interlocuteur ; mais autant qu'il put s'en apercevoir à la faible clarté du jour naissant, l'homme qui se trouvait devant lui avait toujours la même physionomie chafouine et le même sourire ironique stéréotypé sur les lèvres. Le comte crut s'être trompé ; et, se rejetant en arrière, il répondit ce seul mot :

— Non! d'un ton sec, destiné à rompre toute velléité d'entretien entre lui et son garde du corps.

Mais celui-ci était probablement en humeur de causer, car il ne se rebuta pas et, feignant de ne pas remarquer la façon dont ses avances avaient été reçues, il continua :

— Les nuits sont glacées encore, l'air entre de tous les côtés dans ce carrosse et je craignais que le froid vous eût saisi.

— Je suis habitué à souffrir le froid et la chaleur, répondit le comte ; d'ailleurs, il est probable que si mon apprentissage n'est point fait encore, je vais en subir un qui m'habituera à tout endurer sans me plaindre.

— Qui sait, monsieur le comte ? fit le recors en hochant la tête.

— Hein ? dit celui-ci ; ne suis-je donc pas condamné à une longue captivité dans une forteresse ?

— C'est ce que porte l'ordre dont je suis chargé d'assurer l'exécution.

Il y eut un instant de silence ; le comte regardait distraitement la campagne que les premières lueurs du jour commençaient à éclairer ; enfin il se retourna vers le recors.

— Puis-je vous demander où vous me conduisez ? lui dit-il.

— Je n'y vois pas d'inconvénient, reprit celui-ci.

— Et vous répondrez à ma question ?

— Pourquoi pas ? Rien ne s'y oppose.

— Ainsi nous allons ?...

— Aux îles Sainte-Marguerite, monseigneur !

Le comte tressaillit intérieurement. Les îles de Lérins ou Sainte-Marguerite jouissaient, à cette époque déjà, d'une réputation presque aussi terrible que celle qu'elles acquirent plus tard, lorsqu'elles servirent de prison à ce mystérieux Masque de Fer qu'il était défendu même d'entrevoir sous peine de mort.

Le recors le regardait fixement sans parler.

Ce fut encore le comte qui reprit l'entretien.

— Où sommes-nous ici ? demanda-t-il.

Le recors se pencha, regarda au dehors, puis reprit sa place.

— Nous arrivons à Corbeil, dit-il ; on va changer de chevaux.

— Ah ! fit le comte.

— Si vous désirez vous reposer, je puis donner l'ordre d'arrêter une heure. Peut-être éprouvez-vous le besoin de prendre quelque chose ?

Ce singulier homme acquérait peu à peu, aux yeux du comte, tout l'intérêt d'une énigme.

— Soit, dit-il.

Sans répondre, le recors baissa les mantelets.

— L'Éveillé ! cria-t-il.

— Quoi ? demanda celui-ci.

— Tu nous arrêteras à l'auberge du *Lion d'Or*.

— C'est bon !

Dix minutes plus tard, le carrosse faisait halte rue Saint-Spire, devant une porte au-dessus de laquelle criait, sur une tringle de fer, une enseigne représentant un énorme chat tout doré, une des pattes de devant appuyée sur une boule : on était arrivé.

Le recors descendit suivi par le comte, et tous deux entrèrent dans l'auberge ; une partie de l'escorte demeura en selle dans la rue, le reste mit pied à terre et s'installa dans la salle commune.

Sur un signe du recors, qu'il paraissait bien connaître, l'aubergiste le précéda, son bonnet de coton à la main, et le conduisit dans une chambre du premier étage, assez bien meublée, et dans la cheminée de laquelle brûlait un bon feu ; puis il se retira sans prononcer une parole, contre la coutume de ses confrères.

Le comte avait machinalement suivi le recors, et arrivé dans la chambre, il s'était installé sur une chaise auprès du feu, trop préoccupé de ses propres pensées pour attacher grande attention à ce qui se passait autour de lui.

Lorsque l'aubergiste les eut laissés seuls, le recors ferma la porte en dedans en poussant un verrou, et venant se placer devant son prisonnier :

— Maintenant, parlons à cœur ouvert, monsieur le comte ! dit-il.

Celui-ci, étonné de cette brusque interpellation, releva vivement la tête.

— Nous n'avons pas de temps à perdre pour nous entendre, monsieur le comte. Écoutez-moi donc sans m'interrompre, continua le recors. Je suis François Bouillot, le frère cadet de votre père nourricier, me reconnaissez-vous ?

— Non, répondit le comte après l'avoir pendant un instant examiné attentivement.

— Cela ne m'étonne pas, vous n'aviez que huit ans la dernière fois que j'eus l'honneur de vous voir au château de Barmont ; mais peu importe ! je vous suis dévoué et je veux vous sauver.

— Qui m'assure que vous êtes bien François Bouillot, le frère de mon père nourricier, et que vous n'essayez pas de me tromper ? répondit le comte d'un ton soupçonneux.

Le recors fouilla dans sa poche, en sortit plusieurs papiers qu'il déplia et présenta tout ouverts au comte.

Celui-ci y jeta machinalement les yeux : il y avait un extrait de naissance, une commission, plusieurs lettres qui établissaient péremptoirement l'identité du frère de son père nourricier. Le comte lui rendit les papiers.

— Comment se fait-il que ce soit vous qui m'ayez arrêté et que vous vous trouviez si à point pour me venir en aide ? lui demanda-t-il.

— D'une façon fort simple, monsieur le comte ; votre ordre d'arrestation a été demandé au cardinal ministre par l'ambassade de Hollande. J'étais présent lorsqu'un familier de Son Éminence, M. de Laffemas, qui me veut du bien, est sorti du Palais-Cardinal l'ordre à la main ; je me trouvais là, il m'a choisi ; seulement, comme je pouvais refuser, je l'aurais fait si je n'avais pas vu votre nom sur le papier. Je me suis souvenu alors des bontés que votre famille avait eues pour moi et pour mon frère, et profitant de l'occasion que m'offrait ma profession de recors, j'ai voulu vous rendre ce que m'ont fait les vôtres en essayant de vous sauver.

— Ceci ne me semble guère facile, mon pauvre ami.

— Plus que vous ne le croyez, monsieur le comte ; je vais laisser ici

L'aubergiste le précéda son bonnet de coton à la main.

la moitié de notre escorte, une douzaine d'hommes : il n'en demeurera plus que dix avec nous.

— Hum! c'est déjà un assez joli chiffre, répondit le comte, intéressé malgré lui.

— Ce serait trop, si dans ces dix hommes il n'y en avait pas sept dont je suis sûr, ce qui réduit à trois le nombre de ceux que nous avons à redouter. Il y a longtemps que je cours après vous, monsieur le comte, ajouta-t-il en riant, et mes précautions sont prises, vous allez voir : sous un prétéxte facile à trouver nous passerons par Toulon; arrivés là, nous séjournerons une heure ou deux dans une auberge que je connais. Vous vous déguiserez en moine mendiant et vous sortirez de l'auberge sans être remarqué. J'aurai soin d'éloigner ceux des gardes dont je ne suis pas sûr. Vous vous rendrez sur le port muni de papiers que je vous remettrai, vous vous embarquerez sur un charmant chasse-marée appelé *la Mouette*, que j'ai frété à votre intention et qui vous attend. Le patron vous reconnaîtra à un mot de passe que je vous dirai, et vous serez libre d'aller où vous voudrez. Ce plan n'est-il pas bien simple, monsieur le comte, fit-il en se frottant joyeusement les mains, et n'ai-je pas tout prévu?

— Non, mon ami, répondit le comte avec émotion en lui tendant la main; il y a une chose que vous n'avez pas prévue.

— Laquelle donc, monsieur le comte? fit-il avec étonnement.

— C'est que je ne peux pas fuir! répondit le jeune homme en secouant tristement la tête.

IV

L'ILE SAINTE-MARGUERITE

A cette réponse, à laquelle il était si loin de s'attendre, le digne recors fit un geste de surprise et regarda le comte comme s'il ne l'avait pas bien compris.

Le gentilhomme sourit doucement.

— Cela vous étonne, n'est-ce pas? dit-il.

— Je l'avoue, monsieur le comte, balbutia l'autre avec embarras.

Le comte continua :

— Oui, dit-il, je comprends que cela vous paraisse étrange que je refuse d'accepter vos propositions généreuses. Cela ne se voit pas souvent, un prisonnier auquel on offre la liberté et qui s'obstine à demeurer captif. Je vous dois une explication de cette conduite extraordinaire; cette explication, je veux vous la donner sans retard, afin que vous n'insistiez plus auprès de moi et que vous me laissiez agir à ma guise.

— Je ne suis que le plus humble de vos serviteurs, monsieur le comte; mieux que moi sans doute, vous savez la conduite que vous devez tenir en cette circonstance; vous n'avez donc aucun besoin de la motiver vis-à-vis de moi.

— C'est justement parce que vous êtes un vieux serviteur de ma famille, François Bouillot, que vous me donnez en ce moment une preuve d'un dévouement sans bornes, que je me crois obligé à vous faire connaître les motifs de ce refus qui a tant de raisons de vous surprendre. Écoutez-moi donc.

— Puisque vous l'exigez, monsieur le comte, je vous obéis.

— Bien, prenez un siège et mettez-vous là, près de moi, il est inutile que d'autres que vous entendent ce que je vais dire.

Le recors prit un tabouret et s'assit auprès de son maître, ainsi que celui-ci lui en avait donné l'ordre, tout en conservant une distance entre lui et le gentilhomme.

— D'abord, reprit le comte, soyez bien convaincu que si je refuse votre offre, ce n'est par aucun motif qui vous soit personnel : j'ai pleine confiance en vous; depuis près de deux cents ans votre famille est attachée à la mienne, et toujours nous n'avons eu qu'à nous louer du dévouement des vôtres à nos intérêt. Ce point important bien établi, je continue. Je suppose, pour un instant, que le plan que vous avez conçu, plan que je ne discuterai pas, réussisse, bien qu'il me paraisse fort difficile à mettre à exécution, et que le plus léger hasard puisse, au dernier moment, en compromettre l'issue. Qu'arrivera-t-il? Forcé de fuir, sans ressources, sans amis, non seulement je ne pourrai tirer de mes ennemis la vengeance que je médite, mais livré pour ainsi dire à leur merci, je ne tarderai pas à retomber dans leurs mains et à devenir ainsi la risée de ceux que je hais; je serai déshonoré, ils me mépriseront, et je n'aurai plus qu'un moyen de sortir d'une vie désormais inutile, puisque tous mes projets seront renversés : me brûler la cervelle.

— Oh! monsieur le comte! s'écria Bouillot en joignant les mains.

— Je ne veux pas échouer, continua imperturbablement le comte, dans la lutte terrible qui commence aujourd'hui entre mes ennemis et moi; j'ai fait un serment, ce serment, coûte que coûte, je le tiendrai tel que je m'y suis engagé. Je suis jeune, j'ai vingt-cinq ans à peine, jusqu'à présent la vie n'a été pour moi qu'un long sourire, projets d'ambition, de fortune et d'amour, tout m'a réussi. Aujourd'hui la douleur vient me toucher du doigt, qu'elle soit la bienvenue, celui qui n'a pas souffert n'est pas un homme complet; la douleur épure l'âme et retrempe le cœur. La solitude est bonne conseillère, elle fait comprendre le néant des petites choses, élargit les idées et prépare les grandes conceptions. J'ai besoin de me retremper dans la douleur, afin de pouvoir un jour rendre au centuple à mes ennemis tout ce que par eux j'aurai souffert; c'est en songeant à ma carrière brisée, à mon avenir perdu, que je trouverai les forces nécessaires pour accomplir ma vengeance! Lorsque mon cœur sera mort à tout autre sentiment qu'à celui de la haine qui le remplira tout entier, c'est alors, alors seulement que je deviendrai implacable et que je pourrai fouler à mes pieds ceux qui aujourd'hui se rient de moi et croient m'avoir abattu parce qu'ils m'ont renversé; alors je serai bien réellement un homme, et malheur à ceux qui oseront se mesurer avec moi! Vous frémissez à ce que je vous dis en ce moment, mon vieux serviteur, ajouta-t-il plus doucement; que serait-ce donc s'il vous était permis de lire dans mon cœur tout ce qu'il renferme de colère, de rage et de haine contre ceux qui m'ont broyé sous leurs talons et m'ont ravi à tout jamais le bonheur pour satisfaire les calculs mesquins d'une ambition étroite et criminelle?

— Oh! monsieur le comte, permettez à un ancien serviteur de votre famille, à un homme qui vous est tout dévoué, de vous supplier de renoncer à ces affreux projets de vengeance. Hélas! vous serez la première victime de votre haine.

— Ne vous souvenez-vous plus, Bouillot, répondit le comte avec ironie, de ce que, dans notre pays, on dit du caractère des membres de la famille à laquelle j'ai l'honneur d'appartenir ?

— Oui, oui, monsieur le comte, fit-il en hochant tristement la tête; je m'en souviens et je le répéterai même si vous le désirez.

— Faites, mon ami.

— Eh bien! monsieur le comte; ce dicton, le voici :

> « Les Barmont-Senectaire,
> Haine de démon, cœur de pierre. »

Le comte sourit :

— Eh bien! supposeriez-vous que j'aie dégénéré de mes ancêtres?

— Je ne suppose rien, monsieur, Dieu m'en garde! répondit-il humblement; seulement je vois avec épouvante que vous vous préparez un avenir affreux.

— Soit! je l'accepte dans toute sa rigueur, si Dieu permet que j'accomplisse mon serment.

— Hélas! monsieur le comte, vous le savez, l'homme propose; vous êtes en ce moment prisonnier du cardinal; réfléchissez, je vous en supplie; qui sait si jamais vous sortirez de la prison dans laquelle je vous conduis? Consentez à être libre.

— Non, cessez vos prières! le cardinal n'est pas immortel. Si ce n'est avant, ma liberté me sera rendue après sa mort, qui ne peut tarder, je l'espère. Et maintenant, retenez bien ceci : mon intention est tellement immuable que si, malgré mes ordres, vous m'abandonniez ici, dans l'auberge où nous sommes, le premier usage que je ferais de cette liberté que vous m'auriez rendue, serait de m'aller livrer aussitôt entre les mains de Son Éminence. C'est bien entendu, n'est-ce pas ?

Le vieux serviteur courba la tête sans répondre, et deux larmes coulèrent le long de ses joues.

Cette douleur muette, si vraie et si touchante, émut le comte plus qu'il ne l'aurait pensé; il se leva, prit la main du pauvre homme, et la serrant à plusieurs reprises :

— Ne parlons plus de cela, Bouillot, lui dit-il d'une voix affectueuse; bien que je ne veuille pas en profiter, votre dévouement m'a profondément touché, je vous en conserverai une éternelle reconnaissance. Allons, embrassez-moi, mon vieil ami, et ne nous attendrissons pas davantage; nous sommes des hommes, et non des enfants poltrons, que diable!

— Oh! c'est égal, monsieur le comte, je ne me tiens pas pour battu, répondit le recors en se jetant dans les bras ouverts pour le recevoir; vous ne m'empêcherez pas, de près ou de loin, de veiller sur vous.

— A cela je ne m'oppose pas, mon ami, répondit le comte en riant, faites comme vous le voudrez; d'ailleurs, ajouta-t-il sérieusement, je vous avoue que je ne serai pas fâché, lorsque je serai séquestré du monde, de savoir ce qui s'y passe et d'être tenu au courant des événements; il pourrait arriver tel fait imprévu qui modifierait mes intentions et me ferait désirer de recouvrer ma liberté.

— Oh! soyez tranquille, monsieur le comte, s'écria-t-il joyeux de cette quasi-victoire et de cette promesse conditionnelle, je m'arrangerai de façon à ne pas vous laisser chômer de nouvelles; ce n'est pas pour rien que depuis six ans je sers Son Éminence; le cardinal est un bon maître, j'ai profité à son école et je connais plus d'un tour; vous me verrez à l'œuvre.

— Allons, c'est convenu, nous nous entendons. Maintenant, je crois que nous ne ferions pas mal de déjeuner, avant de continuer notre route; je me sens un appétit qui aurait grand besoin d'être calmé.

— Je vais donner à l'aubergiste l'ordre de vous servir à l'instant, monsieur le comte.

— Vous déjeunerez avec moi, Bouillot, lui dit-il en lui frappant amicalement sur l'épaule, et j'espère que jusqu'à notre arrivée à l'île Sainte-Marguerite, il en sera toujours ainsi.

— C'est beaucoup d'honneur pour moi, monsieur, certainement, mais...

— Je le veux, d'ailleurs ne faites-vous pas presque partie de ma famille?

François Bouillot s'inclina et sortit; après avoir commandé un copieux déjeuner, il ordonna à une partie de l'escorte de rebrousser chemin, et de retourner à Paris, puis il remonta dans la chambre, suivi par l'aubergiste qui, en un instant, couvrit une table de tout ce qu'il fallait pour faire un bon repas, et se retira discrètement, laissant ses hôtes aux prises avec les mets placés devant eux.

Le voyage se continua sans incident digne d'être noté.

La conversation du prisonnier avec son gardien avait été décisive; celui-ci connaissait trop bien le caractère de l'homme auquel il avait affaire pour essayer de revenir sur un sujet qui avait été si nettement tranché du premier coup.

A l'époque où se passe notre histoire, la France n'était pas comme aujourd'hui sillonnée par un réseau de routes magnifiques : le moindre trajet exigeait une dépense de temps énorme; les carrosses, lourds véhicules mal construits et plus mal suspendus, ne résistaient qu'à grand'peine aux cahots incessants du chemin, et aux ornières dans lesquelles la plupart du temps ils s'embourbaient jusqu'à demi-roue; aussi, quelle que fût la vitesse avec laquelle on marcha, dix-sept jours s'écoulèrent avant que le prisonnier et son escorte n'arrivassent à Toulon.

Cette ville était déjà à cette époque un des principaux ports militaires de la France; le comte éprouva un serrement de cœur indicible en y entrant.

C'était dans cette ville que sa carrière maritime avait commencé; là pour la première fois il avait mis le pied sur un navire en qualité de garde de pavillon et avait subi les épreuves préparatoires de ce rude métier de marin dans lequel il n'avait pas tardé, malgré sa jeunesse, à obtenir une grande réputation, presque de la célébrité.

Le carrosse s'arrêta à la place au *Foin*, devant la porte de l'auberge de la *Croix de Malte,* auberge, soit dit entre parenthèse, la plus vieille de France peut-être, car aujourd'hui elle existe encore, quoique intérieurement et extérieurement elle ait subi bien des changements indispensables.

Dès qu'il eut commodément installé son prisonnier dans l'auberge, François Bouillot s'en fut courir la ville.

S'il avait placé une sentinelle devant la porte du comte, c'était plutôt pour obéir à sa consigne que par crainte qu'il ne s'échappât, car il ne s'était même pas donné la peine de fermer cette porte, tant il était convaincu d'avance que malheureusement son prisonnier n'essayerait pas de la franchir.

Il demeura près de deux heures dehors.

— Vous êtes resté bien longtemps absent, lui dit le comte lorsqu'il revint.

— J'avais certaines affaires sérieuses à terminer, répondit-il.

Le comte, sans ajouter un mot, reprit la promenade de long en large que le retour de Bouillot avait interrompue.

Il y eut un instant de silence.

Bouillot était évidemment embarrassé, il allait et venait dans la chambre, feignant d'arranger certains meubles et dérangeant tout; enfin, voyant que le comte s'obstinait dans son mutisme et ne voulait pas s'apercevoir qu'il était demeuré là, il se plaça devant lui de façon à lui barrer le passage, et le regardant fixement en se penchant à son oreille :

— Vous ne me demandez pas d'où je viens? lui dit-il avec intention.

— A quoi bon! répondit insouciamment le comte, de faire vos affaires, sans doute.

— Non, monsieur le comte, de faire les vôtres.

— Ah! dit-il.

— Oui, la *Mouette* vous attend.

Le comte sourit et haussa légèrement les épaules.

— Ah! ah! vous songez encore à cela; je croyais, mon cher Bouillot, qu'il était convenu entre nous que nous ne reviendrions plus sur ce sujet. C'est donc pour cela que vous avez allongé notre route, en nous faisant passer par Toulon? Cela m'étonnait aussi; je ne me rendais pas compte de l'étrange itinéraire que vous suiviez.

— Monsieur le comte, murmura-t-il en joignant les mains avec prière.

— Allons, vous êtes fou, mon cher Bouillot; vous devriez cependant bien savoir que lorsque j'ai pris une détermination, bonne ou mauvaise, je ne change jamais; brisons là, je vous prie, tout serait inutile, je vous en donne ma parole de gentilhomme.

Le vieux serviteur poussa un gémissement qui ressemblait à un râle d'agonie.

— Que votre volonté soit faite, monsieur le comte, balbutia-t-il.

— Quand partons-nous pour Antibes?

— Tout de suite, si vous l'exigez.

— Soit, le plus tôt sera le mieux.

Après s'être incliné, le recors sortit afin de tout préparer pour le départ.

Ainsi qu'on le voit, les rôles étaient complètement intervertis, c'était le prisonnier qui commandait à son gardien.

Une heure plus tard, en effet, le comte quitta Toulon.

Tout le long de la route, les deux hommes, toujours côte à côte, buvant, mangeant ensemble, causèrent de choses indifférentes. Bouillot avait enfin reconnu qu'il était inutile d'insister davantage pour faire évader le comte; cependant il avait, non pas renoncé, mais seulement ajourné son projet à un temps plus éloigné, comptant comme auxiliaire sur l'ennui d'une détention prolongée et d'une vie inactive et inutile sur une organisation aussi fougueuse que celle de son prisonnier.

Aussitôt arrivé à Antibes, Bouillot, sur l'ordre exprès du comte, qui semblait prendre un certain plaisir à le tourmenter, se mit en quête d'une chaloupe quelconque pour passer à Sainte-Marguerite.

Ses recherches ne furent ni longues ni difficiles; porteur d'un ordre du cardinal, il mit en réquisition le premier bateau pêcheur qui lui tomba sous la main, et s'y embarqua avec tout son monde.

En quittant la terre ferme, le comte se retourna, et un sourire d'une expression singulière plissa ses lèvres.

Bouillot, trompé par ce sourire dont il ne comprit pas l'intention secrète, se pencha à l'oreille du gentilhomme.

— Si vous le voulez, il est encore temps, murmura-t-il.

Le comte le regarda, haussa les épaules, et, sans répondre, il s'assit à l'arrière du bateau.

— Pousse! cria alors Bouillot au patron.

Celui-ci saisit sa gaffe, fit déborder le bateau et on partit.

Les îles de Lérins forment un groupe composé de quelques rochers et de deux îles entourées d'écueils, nommées, la première, l'île Sainte-Marguerite, et la seconde, l'île Saint-Honorat.

A l'époque où se passe notre histoire, la première seule était fortifiée; l'autre, habitée par quelques pêcheurs, ne renfermait que les ruines encore considérables du couvent fondé par Saint-Honorat vers l'an 400.

L'île Sainte-Marguerite était inhabitée; plate, n'offrant dans toute sa longueur qu'une anse assez peu sûre pour l'accostage des embarcations, bien qu'elle soit extrêmement fertile et que les grenadiers, les orangers et les figuiers y viennent en pleine terre, personne n'avait songé à y fixer sa demeure; nous ne savons pas si les choses ont changé aujourd'hui.

Un fort assez important, et qui plus tard a acquis une réputation lugubre comme prison d'État, s'élevait sur l'île dont il occupait la plus grande partie.

Ce fort se composait de trois tourelles reliées entre elles par des terrasses, que le temps avait recouvert d'une mousse jaunâtre, un fossé large et profond ceignait cette forteresse.

Quelques années avant l'époque où commence notre histoire, en 1635, les Espagnols s'en étaient emparés par surprise.

Aussi le cardinal, pour éviter que se renouvelât une semblable catastrophe, avait jugé à propos de mettre le fort à l'abri d'un coup de main, en y installant une garnison de cinquante soldats d'élite, commandés par un major faisant fonctions de gouverneur; vieil officier de fortune, auquel ce poste servait de retraite, et qui, loin des soucis du monde, menait, grâce à une entente tacite avec les contrebandiers qui seuls abordaient dans ces parages, une véritable vie de chanoine.

L'officier qui commandait le fort en ce moment était un vieux gentilhomme, long, maigre et efflanqué, aux traits durs, amputé d'un bras et d'une jambe; il se nommait M. de l'Oursière; toujours il grondait et maugréait après ses subordonnés; le jour où il avait quitté le régiment de la Couronne, où il servait en qualité de major, avait été fêté par tout le régiment, officiers et soldats, tant le digne homme était cordialement détesté.

Le cardinal de Richelieu se connaissait en hommes; en choisissant le major de l'Oursière pour en faire le gouverneur de l'île Sainte-Marguerite et le métamorphoser en geôlier, il avait trouvé juste le poste qui convenait à son caractère hargneux et à ses instincts méchants.

C'était de cet aimable personnage que le comte de Barmont allait dépendre pour un temps sans doute fort long, car si le cardinal ministre refermait facilement la porte d'une prison d'État sur un gentilhomme, en revanche, il ne se pressait jamais de la rouvrir, et un prisonnier, sauf des événements extraordinaires, était à peu près sûr de mourir oublié dans son cachot, à moins, ce qui arrivait quelquefois, qu'il prît à Son Éminence la fantaisie de lui faire trancher la tête en plein soleil.

Après plusieurs mots d'ordres échangés avec un luxe de précautions qui témoignait de la bonne garde et de la stricte discipline maintenue par le gouverneur, le prisonnier et son escorte furent enfin introduits dans la forteresse et admis en la présence du major.

Le major finissait de déjeuner au moment où on lui annonça un messager du cardinal; il boucla son uniforme, ceignit son épée, prit son chapeau dont il se coiffa, et ordonna d'introduire le messager.

François Bouillot entra alors suivi du comte, salua et présenta l'ordre dont il était porteur.

Le gouverneur le prit et le parcourut des yeux; puis il se tourna vers le comte qui se tenait immobile à quelques pas en arrière, il le salua légèrement et lui adressant la parole d'une voix sèche et d'un ton rogue:

— Serviteur, monsieur, lui dit-il, vous êtes le comte de Barmont, dont le nom est écrit sur ce papier ?

— Oui, monsieur, répondit le comte en saluant à son tour.

— Désolé, monsieur, réellement désolé, reprit le major, mais j'ai des ordres sévères à votre égard, un soldat ne connaît que sa consigne; cependant, croyez bien, monsieur, hum ! hum ! que je tâcherai de concilier mon humanité naturelle avec la rigueur qui m'est recommandée, hum ! hum ! Je sais ce qu'on se doit entre gentilshommes, monsieur, soyez-en convaincu.

Et le gouverneur, satisfait sans doute du discours qu'il venait de prononcer, se sourit à lui-même en se redressant avec grâce.

Le comte salua sans répondre.

— On va vous conduire à l'instant dans votre appartement, monsieur, reprit le major, hum! hum ! Je le voudrais plus beau, mais je ne vous attendais pas, hum ! hum ! et vous savez, à la guerre comme à la guerre, hum ! hum !

Il était amputé d'un bras et d'une jambe et grondait toujours.

nous verrons à mieux vous installer plus tard. La Berloque, ajouta-t-il en se tournant vers un soldat qui se tenait immobile près de la porte, conduisez monsieur, hum! hum! à la chambre n° 8, dans la seconde tourelle, hum! hum! c'est, je crois, la plus habitable; serviteur, monsieur, serviteur, hum! hum!

Et après avoir ainsi lestement congédié le comte, le major passa dans une autre pièce.

M. de Barmont, accompagné de Bouillot et des gardes qui l'avaient amené, suivit le soldat.

Celui-ci lui fit traverser plusieurs corridors, monter plusieurs étages, puis il s'arrêta devant une porte garnie de formidables verrous.

— C'est ici, dit-il.

Le comte se tourna alors vers Bouillot et lui tendant affectueusement la main :

— Adieu, mon vieil ami, lui dit-il, d'une voix douce mais ferme, pendant qu'un vague sourire errait sur ses lèvres.

— Au revoir, monsieur le comte, dit Bouillot avec intention. Puis il prit congé de lui et se retira les yeux pleins de larmes.

La porte se referma avec un bruit lugubre sur le prisonnier.

— Oh ! murmura le vieux serviteur en descendant tout pensif l'escalier de la tourelle, malheur à ceux qui oseront se mesurer avec le comte de Barmont si jamais il sort de prison ! et il en sortira, je le jure, quand je devrais jouer ma vie pour réussir à le sauver !

V

COUP D'ŒIL EN ARRIÈRE

La famille des comtes de Barmont-Senectaire était une des plus anciennes et des plus nobles du Languedoc ; son origine remontait à une antiquité si reculée qu'on peut affirmer sans craindre d'être contredit qu'elle se perdait dans la nuit des temps.

Un Barmont-Senectaire combattit à Bouvines auprès de Philippe-Auguste.

La chronique de Joinville cite un Barmont-Senectaire, chevalier banneret mort de la peste à Tunis en 1270, lors de la seconde croisade du roi Louis IX.

François Ier, le soir de Marignan, créa comte, sur le champ de bataille même, Enguerrand de Barmont-Senectaire, capitaine de cent hommes d'armes, pour le récompenser de sa belle conduite et des grands coups qu'il lui avait vu porter pendant toute la durée de ce combat de géants.

Peu de familles nobles ont d'aussi beaux titres dans leurs chartes.

Les comtes de Barmont firent toujours partie de la noblesse d'épée ; ils donnèrent à la France plusieurs généraux célèbres.

Mais, avec le temps, la puissance de cette famille alla peu à peu s'amoindrissant ; sous le règne du roi Henri III, elle était réduite à un état voisin de la pauvreté. Cependant, fière à juste titre d'un passé sans tache, elle continua à porter la tête haute dans sa province, et si, afin de soutenir dignement son nom, le comte de Barmont s'imposa de dures privations, rien ne parut jamais au dehors et tout le monde l'ignora.

Le comte s'était attaché à la fortune du roi de Navarre, autant dans l'espoir de s'y refaire, grâce à la guerre, une position meilleure, que par admiration pour ce prince, dont peut-être il avait deviné le génie. Brave soldat, mais jeune, bouillant et fort bien fait de sa personne, le comte avait eu nombre d'aventures galantes, une entre autres avec une dame de la ville de Cahors, fiancée à un seigneur espagnol fort riche, qu'il avait réussi à enlever à celui qu'elle devait épouser la veille même du jour marqué pour le mariage. L'Espagnol, fort chatouilleux sur le point d'honneur, trouva cette plaisanterie de mauvais goût et demanda satisfaction au comte ; celui-ci lui donna deux coups d'épée et le laissa pour mort sur la place. Cette affaire eut un grand retentissement et fit beaucoup d'honneur au comte parmi les raffinés ; cependant, contre la croyance générale, l'Espagnol avait guéri de ses blessures. Les deux gentilshommes se battirent de nouveau ; cette fois le comte maltraita tellement son adversaire que, bon gré mal gré, celui-ci fut contraint à renoncer à une nouvelle rencontre. Cette aventure dégoûta le comte de la galanterie, non pas qu'il redoutât pour lui les suites de la haine que son adversaire, le duc de Peñaflor lui avait jurée, car jamais depuis il n'en eut de nouvelles; mais parce que sa conscience lui reprochait d'avoir, pour un caprice presque aussitôt passé que satisfait, brisé le bonheur d'un galant homme, et qu'il éprouvait de véritables remords de sa conduite en cette circonstance.

Après avoir bravement combattu aux côtés du roi pendant toutes ses guerres, le comte s'était enfin retiré dans ses terres, vers l'an 1610, après la mort de ce prince, dégoûté de la cour et sentant le besoin du repos après tant de fatigues.

Là, quatre ou cinq ans plus tard, ennuyé de la solitude dans laquelle il vivait et peut-être dans l'espoir de chasser de sa mémoire un souvenir importun qui, malgré le temps écoulé, ne cessait de le tourmenter, le comte avait pris le parti de se marier et avait épousé une jeune fille appartenant à une des meilleures familles de la province, douce, charmante, mais aussi pauvre qu'il l'était lui-même ; ce qui fut loin d'apporter l'aisance dans cette maison dont la position se faisait de jour en jour plus difficile.

Cependant cette union fut heureuse; en 1616 la comtesse accoucha d'un fils qui devint aussitôt la joie de ce pauvre foyer.

Ce fils était le comte Ludovic dont nous avons entrepris de raconter l'histoire.

Malgré sa tendresse pour son enfant, le comte l'éleva cependant sévèrement, voulant en faire un rude, brave et loyal gentilhomme comme lui.

Le jeune Ludovic sentit de bonne heure, en découvrant combien de misères cachées recélait le faste apparent de sa famille, le besoin de se créer une position indépendante qui lui permit, non seulement de ne plus être à charge à des parents qu'il chérissait et qui sacrifiaient pour lui le plus clair de leur revenu, mais encore de relever l'éclat éclipsé du nom qu'il portait.

Contrairement à la coutume suivie par ses ancêtres, qui tous avaient servi de roi dans les armées, ce fut vers la marine que ses goûts l'entraînèrent.

Grâce aux soins assidus d'un vieux et digne prêtre, qui par attachement pour sa famille s'était fait son gouverneur, il avait reçu une instruction solide dont il avait profité ; les récits de voyages dont il faisait sa lecture favorite avaient enflammé son imagination ; toutes ses pensées se tournaient vers l'Amérique où, au dire des marins, l'or abondait, et il n'avait plus qu'un désir : aborder lui aussi à cette terre mystérieuse et prendre sa part de la riche moisson que chacun y récoltait.

Son père et sa mère, surtout, résistèrent longtemps à ses prières. Le vieillard ne comprenait pas, lui qui avait guerroyé pendant tant d'années, que son fils ne fît pas comme lui et préférât la marine à un commandement dans l'armée. La comtesse ne voulait intérieurement voir son fils ni soldat ni marin ; les deux états lui faisaient peur ; elle redoutait pour lui les dangers inconnus des excursions lointaines, et sa tendresse s'alarmait d'une séparation peut-être éternelle.

Cependant, il fallait prendre un parti, et comme le jeune homme s'obstinait dans sa résolution, force fut aux parents de céder et de consentir à ce qu'il voulait, quelles que dussent être dans l'avenir les conséquences de cette détermination.

Le comte avait conservé quelques vieux amis à la cour, le duc de Bellegarde entres autres, qui jouissait d'une grande privauté près du roi Louis XIII, surnommé le *Juste* de son vivant, parce qu'il était né sous le signe de la Balance.

M. de Barmont avait aussi été lié autrefois avec le duc d'Épernon, créé en 1587 amiral de France, mais il répugnait à s'adresser à lui à cause des bruits qui avaient couru lors de l'assassinat du roi Henri IV. Cependant, dans un cas aussi urgent que celui qui se présentait, le comte comprit que, dans l'intérêt de son fils, il devait faire taire ses sentiments particuliers, et, en même temps qu'il adressait une lettre au duc de Bellegarde, il en expédiait une autre au duc d'Épernon, qui à cette époque était gouverneur de la Guyenne.

La double réponse que le duc attendait ne se fit pas attendre ; les deux vieux amis de M. de Barmont ne l'avaient pas oublié, ils s'étaient empressés d'user de leur crédit pour le servir.

Le duc d'Épernon surtout, mieux placé, à cause de son titre d'amiral, pour être utile au jeune homme, écrivait qu'il se chargeait avec joie du soin de le pousser dans le monde.

On était au commencement de l'année 1631 ; Ludovic de Barmont avait alors quinze ans révolus.

D'une taille élevée, l'air fier et hautain, doué d'une rare vigueur et d'une grande agilité, le jeune homme paraissait plus âgé qu'il ne l'était en réalité. Ce fut avec la joie la plus vive qu'il apprit que ses souhaits étaient exaucés et que rien ne s'opposait plus à ce qu'il embrassât la carrière maritime.

La lettre du duc d'Épernon renfermait la prière au comte de Barmont de lui envoyer son fils le plus tôt possible, à Bordeaux, afin qu'il s'occupât sans retard de le placer à bord d'un bâtiment de guerre pour lui faire commencer son apprentissage de marin.

Deux jours après la réception de cette lettre, le jeune homme s'arrachait avec peine aux embrassements de sa mère, faisait des adieux respectueux à son père et prenait, monté sur un bon cheval et suivi d'un domestique de confiance, la route de Bordeaux.

La marine a longtemps été négligée en France et laissée pendant tout le moyen âge entre les mains des particuliers sans que le gouvernement songeât ou daignât, à l'exemple des autres puissances continentales, chercher à s'assurer sinon la suprématie du moins une certaine influence sur les mers; ainsi nous voyons, sous François Ier, qui fut cependant un des rois guerriers de la France, un armateur de Dieppe, Ango, auquel en pleine paix les Portugais avaient enlevé un navire, autorisé par le roi, qui ne pouvait lui faire rendre justice, à équiper une flotte à ses frais; flotte avec laquelle, soit dit en passant, Ango bloqua le port de Lisbonne et ne cessa les hostilités que lorsqu'il eut contraint les Portugais à envoyer en France des ambassadeurs pour demander humblement la paix au roi.

Cependant la découverte du Nouveau-Monde et celle non moins importante du cap de Bonne-Espérance, en donnant à la navigation une plus grande activité et une sphère plus étendue, en même temps qu'elles reculaient les limites du commerce firent sentir la nécessité de la création d'une marine militaire destinée à protéger les bâtiments marchands contre les attaques des corsaires.

Ce fut sous Louis XIII seulement que cette pensée de la création d'une marine militaire commença à être mise à exécution; le cardinal de Richelieu, dont le vaste génie embrassait tout et que les flottes anglaises avaient plusieurs fois fait trembler pendant le long et pénible siège de la Rochelle, fit diverses ordonnances concernant la marine et créa une école de navigation destinée à l'éducation des jeunes gentilshommes qui désiraient servir le roi sur ses vaisseaux.

C'est donc à ce grand ministre que la France doit la première pensée d'une marine militaire; marine destinée à lutter contre les flottes espagnoles et hollandaises et qui devait, sous Louis XIV, acquérir une si grande importance et balancer un moment la puissance de l'Angleterre.

Ce fut dans cette école de navigation créée par Richelieu que le vicomte de Barmont entra, grâce à l'influence du duc d'Épernon.

Le vieux gentilhomme tint strictement la parole qu'il avait donnée à son ancien compagnon d'armes; il ne cessa de protéger le jeune homme, ce qui du reste lui fut facile, car celui-ci montra une aptitude extraordinaire et un talent fort rare à cette époque pour l'état qu'il avait embrassé.

Aussi, en 1641 était-il déjà capitaine des vaisseaux du roi, et avait-il le commandement d'une frégate de vingt-six canons.

Malheureusement, ni le vieux comte de Barmont, ni sa femme ne purent jouir des succès de leur fils et de l'ère nouvelle qui s'ouvrait pour leur maison : tous deux moururent à peu de jours de différence l'un de l'autre, laissant le jeune homme orphelin à l'âge de vingt-deux ans.

En fils pieux, Ludovic, qui aimait réellement ses parents, les pleura et les regretta, sa mère surtout, qui toujours avait été si bonne et si tendre pour lui; mais, accoutumé depuis plusieurs années déjà à vivre seul dans ses longues courses sur mer et à ne compter que sur soi-même, cette perte lui fut moins sensible et moins douloureuse que s'il n'avait pas quitté le toit paternel.

Seul représentant de sa maison désormais, il prit la vie plus au sérieux qu'il ne l'avait fait jusqu'alors et redoubla d'efforts pour rendre à son nom son lustre presque éclipsé et qui, grâce à lui, recommençait déjà à briller d'un nouvel éclat.

Le duc d'Épernon vivait encore; mais, débris oublié d'une génération presque complètement disparue, octogénaire, maladif et brouillé de longue main avec le cardinal de Richelieu, son influence était nulle et il ne pouvait plus rien pour celui qu'il avait si chaudement protégé quelques années auparavant.

Mais le comte ne se rebuta pas : le service maritime n'était pas envié par la noblesse, les bons officiers étaient rares; il crut qu'en ayant la précaution de ne se mêler à aucune menée politique, il arriverait, Dieu aidant, à faire un beau chemin.

Un hasard impossible à prévoir devait détruire tous ses projets d'ambition et briser à jamais sa carrière.

Voici comment la chose arriva :

Le comte de Barmont, alors commandant de l'*Érigone*, frégate de vingt-six pièces de canon, après une croisière assez longue dans les parages d'Alger pour protéger les navires marchands français contre les pirates barbaresques, mit le cap sur le détroit de Gibraltar afin d'entrer dans l'Océan et de retourner à Brest où il avait l'ordre de se rendre, sa croisière terminée; mais au moment où il allait enfiler ce détroit, il fut surpris tout à coup par une saute de vent, et, après des efforts inouïs pour refouler le courant et continuer sa route, efforts qui n'aboutirent qu'à l'affaler sous la côte d'Afrique à cause de la force de la brise qui se carabinait de plus en plus et de la mer qui se faisait dure et clapoteuse, il fut contraint à louvoyer pendant plusieurs heures et à se réfugier enfin dans le port d'Algésiras, qui se trouvait au vent à lui sur la côte d'Espagne.

Une fois mouillé, affourché solidement et tout paré à bord, le commandant, qui savait par expérience que trois ou quatre jours se passeraient avant que le vent *adonnât* et lui permît de franchir le détroit, ordonna d'amener son canot et se rendit à terre.

Bien que la ville d'Algésiras soit fort ancienne, elle est petite, mal bâtie et peu peuplée; à cette époque surtout elle ne formait pour ainsi dire qu'une médiocre bourgade. Ce n'est que depuis que les Anglais se sont emparés de Gibraltar, situé de l'autre côté de la baie, que les Espagnols ont compris l'importance pour eux d'Algésiras et en ont fait un port régulier.

Le capitaine n'avait d'autre motif, pour se faire porter à Algésiras, que cette inquiétude naturelle aux marins, qui les pousse à abandonner leur bord aussitôt qu'ils mouillent sur une rade.

Les relations commerciales n'étaient pas alors établies comme elles le sont aujourd'hui : les gouvernements n'avaient pas encore pris la coutume d'envoyer dans les ports étrangers des résidents chargés de surveiller leurs nationaux et de protéger leurs transactions, en un mot les consulats n'avaient pas encore été créés; les bâtiments de guerre que le hasard de leur navigation amenait dans un endroit, seuls se chargeaient parfois de faire rendre justice à ceux de leurs nationaux dont les intérêts étaient lésés.

Après avoir mis pied à terre et donné l'ordre au patron de son canot de le venir reprendre au coucher du soleil, le capitaine, suivi seulement d'un matelot nommé Michel, auquel il était fort attaché et qui l'accompagnait partout, s'enfonça dans les rues tortueuses d'Algésiras, en examinant curieusement tout ce qui s'offrait à sa vue.

Ce Michel, dont nous aurons plusieurs fois à parler plus tard, était un grand gaillard de cinq pieds dix pouces au moins, à la figure intelligente, âgé d'une trentaine d'années et qui avait voué à son chef un dévouement à toute épreuve, depuis que celui-ci lui avait sauvé la vie au risque de périr lui-même en se jetant dans une embarcation par un temps horrible pour voler à son secours lorsque, quatre ans auparavant, il était tombé à la mer en allant dans la mâture parer une manœuvre qui s'était engagée.

Depuis ce jour, Michel n'avait plus quitté le comte, s'arrangeant de façon à toujours s'embarquer avec lui. Né aux environs de Pau, patrie de Henri IV, il était, comme ce roi, son compatriote, gai, railleur, sceptique même; excellent matelot, d'une bravoure à toute épreuve et d'une vigueur peu commune, Michel offrait dans sa personne le type complet du Basque béarnais, race forte et dure, mais loyale et fidèle.

Un seul individu balançait, dans le cœur de Michel, l'amitié sans bornes qu'il professait pour son chef : cet être privilégié était un matelot breton, sombre et taciturne, qui formait avec lui une complète antithèse et que, à cause de sa lenteur, l'équipage avait gratifié du sobriquet caractéristique de Vent-en-Panne, nom que celui-ci avait accepté et auquel il s'était si bien habitué à répondre qu'il avait presque oublié celui qu'il portait auparavant.

Le service que le comte avait rendu à Michel, celui-ci l'avait rendu à Vent-en-Panne, aussi s'était-il attaché au Breton à cause de ce service même et, tout en le raillant et le taquinant du matin au soir, avait-il pour lui une sincère amitié.

Le Breton ne s'y trompait pas, et autant que le permettait sa nature concentrée et peu démonstrative, il en témoignait à chaque occasion sa reconnaissance au Basque en se laissant complètement diriger et gouverner par lui pour tous les actes de la vie, sans jamais essayer de se révolter contre les exigences, souvent exorbitantes, de son mentor.

Si nous nous sommes si longtemps appesanti sur le compte de ces deux hommes, c'est que, dans le cours de cet ouvrage, ils sont appelés à jouer un rôle important et que, pour l'intelligence des faits qui suivront, le lecteur a besoin de les connaître.

Le comte et son matelot continuaient à s'avancer en se promenant à travers les rues, l'un réfléchissant et s'épanouissant au soleil, l'autre demeurant par respect quelques pas en arrière et fumant désespérément dans une pipe dont le tuyau était si court que le foyer lui touchait presque les lèvres.

En allant ainsi tout droit devant eux, les promeneurs ne tardèrent pas à atteindre l'extrémité de la ville ; ils s'engagèrent dans un sentier bordé d'aloès qui s'élevait par une pente assez roide jusqu'au sommet d'une colline d'où l'on jouissait du panorama entier de la baie d'Algésiras, qui, soit dit entre parenthèse, est une des plus belles du monde.

Il était environ deux heures de l'après-midi, le moment le plus chaud de la journée ; le soleil déversait à profusion ses chauds rayons, qui faisaient étinceler comme des diamants les cailloux de la route.

Aussi chacun était-il retiré dans sa maison pour faire la siesta, de sorte que, depuis que les deux marins avaient débarqué, ils n'avaient rencontré âme qui vive, et si les *Mille et une Nuits*, qui ne furent traduites qu'un siècle plus tard, avaient été connues à cette époque, le comte aurait pu, sans grand effort d'imagination, se croire transporté dans cette ville des contes arabes, dont tous les habitants avaient été endormis par un méchant enchanteur, tant le silence était complet autour de lui et le paysage avait l'aspect d'un désert ; pour compléter l'illusion, la brise était tombée, il n'y avait pas un souffle dans l'air et la vaste nappe d'eau qui s'étendait à ses pieds était immobile comme si elle eût été de glace.

Le comte s'arrêta tout pensif, regardant d'un œil distrait sa frégate qui, à cette distance, paraissait grande à peine comme une balancelle.

Michel, lui, fumait plus que jamais, et les jambes écartées, les bras derrière le dos, dans cette position si aimée des matelots, il admirait la campagne.

— Tiens, tiens, fit-il tout à coup.

— Qu'est-ce que tu as ? lui demanda le comte en se retournant.

— Moi, rien, capitaine, dit-il, je regarde seulement une dame qui vient de ce côté au grand galop ; en voilà une idée, par exemple, de courir ainsi par une chaleur pareille !

« Là, tenez, capitaine, fit-il en étendant le bras un peu sur bâbord.

Le comte dirigea ses regards vers le côté que Michel lui indiquait.

— Mais ce cheval est emporté ! s'écria-t-il au bout d'un instant.

— Vous croyez, capitaine ? répondit tranquillement le matelot.

— Pardieu ! j'en suis sûr ; regarde, maintenant qu'il est plus près de nous : la personne qui le monte est désespérément cramponnée à la crinière, la malheureuse est perdue.

— Ça se pourrait bien tout de même, dit philosophiquement Michel.

— Alerte, alerte, mon gars ! s'écria le capitaine en s'élançant du côté où venait le cheval, il faut sauver cette femme, dussions-nous périr.

Le matelot ne répondit pas, il prit seulement la précaution de retirer sa pipe de la bouche et de la mettre dans sa poche, puis il partit en courant derrière son capitaine.

Le cheval arrivait comme un ouragan ; c'était un barbe de pure race arabe, à la tête petite, aux jambes fines comme des fuseaux ; il sautait par bonds furieux des quatre pieds à la fois sur le sentier étroit qu'il parcourait, les yeux pleins d'éclairs, il semblait lancer du feu par ses naseaux dilatés ; la femme qui le montait, à demi couchée sur son cou, avait saisi de ses deux

LES ROIS DE L'OCÉAN

Le cheval passa comme un tourbillon.

mains sa longue crinière, et demi affolée par la terreur, se sentant perdue, elle poussait par intervalles des cris étouffés.

Bien loin, en arrière, formant des points presque imperceptibles à l'horizon, plusieurs cavaliers accouraient à toute bride.

Le sentier sur lequel le cheval était engagé était étroit, rocailleux, et aboutissait à un précipice d'une effroyable profondeur, vers lequel le cheval courait avec une rapidité vertigineuse.

Il fallait être fou ou doué d'un courage de lion pour essayer de sauver cette malheureuse femme, dans des conditions semblables, où l'on avait quatre-vingt-dix-neuf chances sur cent d'être broyé, sans réussir à la soustraire à la mort.

Cependant les deux marins ne firent aucune de ces réflexions, et, sans hésiter, résolus à tenter un effort suprême, ils s'embusquèrent en face l'un de l'autre, à droite et à gauche du sentier, et attendirent sans échanger une parole : ils s'étaient compris.

Deux ou trois minutes s'écoulèrent, puis le cheval passa comme un tourbillon ; mais rapides comme la pensée, les deux hommes s'élancèrent, le saisirent à la bride, et pesant fortement dessus, ils se laissèrent traîner par l'animal furieux.

Il y eut pendant une minute une lutte horrible de l'intelligence sur la force brutale ; enfin la brute fut vaincue, le cheval s'abattit en manquant des pieds de devant, et tomba en râlant sur le sol.

Au moment de sa chute, le comte enleva dans ses bras la jeune femme, si miraculeusement sauvée, et la porta sur le revers de la route, où il la déposa respectueusement.

La terreur lui avait complètement fait perdre connaissance.

Le comte, devinant que les cavaliers qui arrivaient étaient des parents ou des amis de celle à laquelle il venait de rendre un si grand service, répara le désordre de ses vêtements et attendit leur venue, en couvrant d'un regard d'admiration la jeune femme étendue à ses pieds.

C'était une délicieuse jeune fille, de dix-sept ans à peine, à la taille fine et cambrée, aux traits caractérisés et adorablement beaux ; ses cheveux noirs, longs et soyeux, s'étaient échappés de la résille qui les emprisonnait, et inondaient de leurs boucles parfumées, son visage, où déjà une légère rougeur laissait prévoir un prompt retour à la vie.

Le costume de cette jeune dame, d'une grande richesse et d'une suprême élégance, aurait fait deviner qu'elle était d'un rang élevé, si le cachet d'aristocratie répandu sur toute sa personne, n'avait pas levé tous les doutes à cet égard.

Michel, avec ce sang-froid qui le caractérisait, et dont rien ne le faisait jamais sortir, était demeuré près du cheval, qui, calmé par sa chute et tremblant de tous ses membres, s'était laissé relever sans essayer d'opposer la plus légère résistance ; le Basque, après l'avoir dessanglé, avait arraché une poignée d'herbe à demi flétrie, et s'était mis à le bouchonner à tour de bras, tout en l'admirant et en murmurant par intervalles :

— C'est égal, voilà un noble et bel animal ! C'eût été dommage qu'il eût roulé dans cet effroyable précipice, je suis heureux qu'il soit sauvé.

A la jeune fille, le digne matelot n'y songeait pas le moins du monde, tout son intérêt était concentré sur le cheval.

Lorsqu'il eut terminé de le bouchonner, il le ressangla, lui remit les harnais, et le conduisit auprès du comte.

— Là ! dit-il, d'un air satisfait, maintenant il est calmé ; pauvre bête, un enfant le conduirait avec une corde.

Cependant les cavaliers approchaient rapidement, et bientôt ils arrivèrent auprès des deux marins français.

VI

ENTRAINEMENT

Ces cavaliers étaient au nombre de quatre. Deux d'entre eux paraissaient être des personnes d'importance, les deux autres étaient des domestiques.

En arrivant à quelques pas du comte, les deux premiers mirent pied à terre, jetèrent la bride aux valets et s'avancèrent le chapeau à la main vers le gentilhomme, qu'ils saluèrent avec une exquise politesse.

Le comte leur rendit courtoisement leur salut, tout en les examinant à la dérobée.

Le premier était un homme de soixante ans environ, d'une taille élevée; sa démarche était noble, sa physionomie paraissait belle au premier coup d'œil, l'expression en était imposante, bien que douce et même bienveillante; mais en l'examinant avec plus de soin, on reconnaissait au feu sombre de son regard, qui parfois semblait lancer des éclairs magnifiques, que cette douceur n'était qu'un masque destiné à tromper la foule; ses pommettes saillantes, son front fuyant, bien que large, son nez recourbé en bec d'oiseau, son menton carré, dénotaient une méchanceté froide mêlée à une forte dose d'entêtement et d'orgueil.

Cet homme portait un riche costume de chasse, surchargé de broderies, et une lourde chaîne d'or, nommée *fanfaronne*, faisait plusieurs fois le tour de la forme de son chapeau empanaché de plumes d'autruche.

Cette fanfaronne avait été mise à la mode par les aventuriers qui revenaient de la Nouvelle-Espagne, et quelque ridicule qu'elle fût, elle avait été adoptée avec enthousiasme par les orgueilleux Castillans.

Le compagnon de ce personnage, beaucoup moins âgé que lui, mais vêtu tout aussi richement, avait un de ces visages dont les traits semblent d'abord si ordinaires et si insignifiants, qu'on ne se donne pas la peine de les remarquer et qu'un observateur passerait près d'eux sans les voir; mais ses petits yeux gris pétillants de finesse, à demi cachés sous des sourcils touffus, et la ligne spirituelle de sa bouche aux lèvres minces et railleuses, auraient donné un démenti complet au physionomiste qui eût pris ce personnage pour un homme d'une intelligence ordinaire et d'une médiocre valeur.

Le plus âgé des deux cavaliers s'inclina une seconde fois.

— Monsieur, dit-il, je suis le duc de Peñaflor; la personne à laquelle vous avez sauvé la vie, en courant si grand risque de perdre la vôtre, est ma fille, doña Clara de Peñaflor.

Le comte était Languedocien, il parlait la langue espagnole aussi purement que sa langue maternelle.

— Je suis heureux, monsieur, répondit-il avec un gracieux salut, d'avoir servi d'instrument à la Providence pour conserver un enfant à son père.

— Il me semble, fit observer le second cavalier, qu'il serait bon de porter secours à doña Clara; ma chère cousine paraît être fort gravement indisposée.

— L'émotion seule, reprit le jeune homme, a causé cet évanouissement qui, si je ne me trompe, commence déjà à se dissiper.

— En effet, dit le duc, je crois lui avoir vu faire un léger mouvement; mieux vaut ne pas la tourmenter et lui laisser reprendre doucement connaissance; de cette façon, nous éviterons une secousse dont les suites sont parfois fort dangereuses sur les organisations délicates et nerveuses, comme est celle de ma chère enfant.

Tout cela avait été dit d'un ton froid, sec et compassé, fort éloigné de celui qu'aurait dû employer un père dont la fille vient d'échapper miraculeusement à la mort.

Le jeune officier ne savait que penser de cette indifférence réelle ou feinte.

Ce n'était que de la morgue espagnole. Le duc aimait sa fille autant que sa nature altière et ambitieuse le lui permettait, mais il aurait eu honte de le laisser paraître, surtout devant un étranger.

— Monsieur, reprit le duc, après un instant, en s'effaçant à demi pour produire le gentilhomme qui l'accompagnait, j'ai l'honneur de vous présenter mon cousin et mon ami, le comte don Stenio de Bejar y Sousa.

Les deux gentilshommes se saluèrent.

Le comte n'avait aucun motif pour garder l'incognito: il comprit que le moment était venu de se faire connaître.

— Messieurs, dit-il, je suis le comte Ludovic de Barmont-Senectaire, capitaine des vaisseaux de Sa Majesté le roi de France, et commandant la frégate du roi *L'Érigone*, actuellement mouillée dans la baie d'Algésiras.

En entendant prononcer le nom du comte, le visage du duc pâlit affreusement, ses sourcils se froncèrent à se joindre, et il lui lança un regard d'une expression étrange.

Mais cette émotion n'eut que la durée de l'éclair; par un effort extrême de volonté, l'Espagnol refoula au fond de son cœur les sentiments qui l'agitaient; il rendit à son visage son impassibilité première, et il s'inclina en souriant.

La glace était rompue entre les trois hommes, ils se reconnaissaient de même race; leurs manières changèrent aussitôt: ils devinrent aussi affables que, de prime abord, ils avaient été roides et compassés.

Ce fut le duc qui, de nouveau, renoua l'entretien, du ton le plus amical.

— Vous profitez sans doute de la trêve qui vient d'être dénoncée, il y a quelque temps, entre nos deux nations, dit-il, monsieur le comte, pour visiter notre pays?

— Pardonnez-moi, monsieur le duc, j'ignorais que les hostilités eussent cessé entre nos deux armées: je suis depuis longtemps déjà en mer et sans nouvelles de France; le hasard seul m'a conduit sur cette côte, il y a quelques heures à peine, je me suis réfugié dans la baie d'Algésiras pour attendre que le vent change et me permette de passer le détroit.

— Je bénis ce hasard, comte, puisque c'est à lui que je dois le salut de ma fille

Doña Clara avait ouvert les yeux, et quoique bien faible encore, elle commençait à se rendre compte de la position dans laquelle elle se trouvait.

— Oh! dit-elle d'une voix douce et tremblante, avec un frisson intérieur, sans ce caballero, j'étais morte! Et elle essaya de sourire en fixant sur le jeune homme ses grands yeux pleins de larmes, avec une expression de reconnaissance impossible à exprimer.

— Comment vous sentez-vous, ma fille? lui demanda le duc.

— Je suis tout à fait bien maintenant, je vous remercie, mon père, répondit-elle. Lorsque j'ai senti que Moreno n'obéissait plus au mors, et qu'il s'emportait, je me suis crue perdue et la frayeur m'a fait évanouir; mais où est-il donc, ce pauvre Moreno, ajouta-t-elle au bout d'un instant, lui serait-il arrivé malheur?

— Rassurez-vous, señorita, répondit le comte en souriant, et en le lui montrant, le voici, sain et sauf et complètement calmé; vous pourrez même, si cela vous plaît, le monter sans crainte pour votre retour.

— Certes, je le monterai, ce bon Moreno, dit-elle, je ne lui garde pas rancune de son escapade, bien qu'elle ait failli me coûter cher.

— Monsieur le comte, dit alors le duc, j'ose espérer que nous ne nous séparerons pas ainsi et que vous daignerez accepter la cordiale hospitalité que je vous offre dans mon château.

— Je ne m'appartiens pas, malheureusement, monsieur le duc, les devoirs de ma charge réclament ma présence immédiate à mon bord. Soyez convaincu que je suis aux regrets de ne pouvoir répondre à votre offre bienveillante autrement que par un refus.

— Comptez-vous donc mettre aussi vite à la voile?

— Non, monsieur; j'espère, au contraire, répondit-il, en appuyant avec une certaine affectation sur ces mots, demeurer encore quelque temps ici.

— Alors, reprit en souriant le duc, je ne me tiens pas pour battu, je suis certain que nous nous reverrons bientôt et que nous ferons, alors, plus ample connaissance.

— C'est mon plus vif désir, monsieur, répondit le jeune homme, en jetant à la dérobée un regard sur doña Clara, qui rougit en baissant la tête.

Le comte prit alors congé et se dirigea vers Algésiras, tandis que les cavaliers s'éloignaient à petits pas dans une direction diamétralement opposée.

Le capitaine marchait tout pensif, songeant à la singulière aventure dont il avait été, si à l'improviste, le héros; en reconstruisant les moindres détails dans son esprit, admirant de souvenir la souveraine beauté de la jeune fille, à laquelle il avait été assez heureux pour sauver la vie.

Absorbé continuellement par les mille exigences de son rude métier, presque toujours à la mer, le comte, bien qu'il eût près de vingt-cinq ans, n'avait jamais aimé; il n'avait même jamais songé à l'amour: les quelques femmes qu'il avait entrevues jusqu'alors n'avaient produit aucun effet sur son cœur, son esprit était toujours demeuré libre devant elles, et aucun engagement sérieux n'avait encore troublé la tranquillité de son âme; aussi fut-ce avec un certain effroi mêlé d'étonnement que, tout en réfléchissant à la rencontre qui tout à coup avait interrompu sa paisible promenade, il s'aperçut que la beauté de doña Clara, son doux parler, avaient laissé une forte impression dans son esprit, que son image y était toujours présente et que sa mémoire, d'une implacable fidélité, lui rappelait jusqu'aux détails les plus indifférents en apparence du court entretien qu'il avait eu avec elle.

— Allons! allons! dit-il en secouant la tête à plusieurs reprises, comme pour en chasser une pensée importune, je suis fou!

— Éh! capitaine, fit Michel, qui profita de cette exclamation pour donner un libre cours aux réflexions qu'il brûlait d'exprimer à haute voix, c'est égal, il faut avouer que c'est bien heureux tout de même pour cette jeune dame, que nous nous soyons trouvés là si à point.

— Fort heureux en effet, Michel, répondit le comte, charmé de cette diversion; sans nous cette infortunée jeune fille était perdue.

— Ça, c'est vrai, et sans rémission, encore, pauvre petite!

— Quel destin affreux! si jeune et si belle!

— Le fait est qu'elle est bien *espalmée*, pourtant je la trouve un peu mièvre et chétive et un brin trop pâle.

Le comte sourit sans répondre à cette appréciation, tant soit peu hasardée, du matelot.

Celui-ci, se sentant encouragé, continua :

— Seulement, me permettez-vous de vous donner un conseil, capitaine? dit-il.

— Lequel, mon gars? parle sans crainte.

— Pour de la crainte, le diable m'emporte si j'en ai, seulement je ne voudrais pas vous faire de la peine.

— Me faire de la peine, Michel, et à propos de quoi?

— Eh bien! tant pis, je largue tout. Voilà la chose, capitaine : lorsque vous avez dit votre nom au vieux duc...

— Eh bien! qu'est-il arrivé?

— Il est arrivé qu'en l'entendant prononcer, il est subitement devenu pâle comme un cadavre : ses sourcils se sont froncés, il vous a lancé un regard si terrible que j'ai cru un instant qu'il voulait vous assassiner. Est-ce que vous ne trouvez pas ça drôle, vous, capitaine?

— Ce que tu dis là est impossible, tu te trompes.

— Vous ne vous en êtes pas aperçu, vous, parce que vous baissiez la tête, mais moi je le regardais sans en avoir l'air, je suis bien sûr de ce que j'avance.

— Mais réfléchis donc, Michel, que je ne connais pas ce seigneur, que jamais avant aujourd'hui je ne l'avais vu; comment pourrait-il nourrir une haine contre moi? Tu radotes, mon ami.

— Non pas, capitaine, je suis certain de ce que j'avance; que vous le connaissiez ou non, ce n'est pas mon affaire, mais quant à lui, je parierais qu'il vous connaît et même beaucoup; l'impression que vous lui avez causée est trop forte pour qu'il en soit autrement.

— J'admets, si tu le veux, qu'il me connaisse, au moins il y a une chose que je puis certifier, c'est que jamais je ne l'ai offensé.

— Voilà ce dont on ne peut jamais être sûr, capitaine. Voyez-vous, je suis Basque, moi, je connais les Espagnols de longue date; c'est un singulier peuple, allez, orgueilleux comme des coqs et rancuniers comme des démons. Croyez-moi, méfiez-vous toujours, cela ne peut pas nuire ; d'ailleurs, ce vieux gentilhomme a un visage sournois qui ne me revient pas du tout.

— Tout cela n'a pas le sens commun, Michel, et je suis tout aussi fou que toi de t'écouter.

— Bon, bon, fit le matelot en hochant la tête, nous verrons plus tard si je me suis trompé.

La conversation se termina là, cependant les paroles de Michel préoccupaient le capitaine plus qu'il ne voulait le laisser paraître ; ce fut d'un air soucieux qu'il retourna à son bord.

Le lendemain, vers dix heures du matin, une élégante embarcation de plaisance accosta la frégate.

Cette embarcation contenait le duc de Peñaflor et le comte de Bejar y Sousa, son silencieux cousin.

— Ma foi, mon cher comte, dit d'un ton de bonhomie le duc après les premiers compliments, vous allez me trouver bien sans façons et bien exigeant, je viens tout simplement vous enlever.

— M'enlever ! répondit en souriant le jeune homme.

— Ma foi oui, c'est ainsi. Figurez-vous, comte, que ma fille veut absolument vous voir, elle ne parle que de vous, et comme, chose qui, j'en suis sûr, vous étonnera médiocrement, elle fait à peu près ce qu'elle veut de moi, elle m'a envoyé vers vous en me signifiant qu'il fallait absolument que vous m'accompagnassiez au château.

— C'est ainsi, dit en saluant don Stenio ; la señorita doña Clara veut absolument vous voir, capitaine.

— Cependant, objecta celui-ci.

— Je n'écoute rien, reprit vivement le duc, il faut en prendre votre parti, mon cher comte, vous n'avez qu'à obéir, vous savez qu'on ne résiste pas aux dames : ainsi, venez. D'ailleurs, rassurez-vous, je ne vous conduis pas bien loin, mon château est à deux lieues d'ici à peine.

Le comte, qui éprouvait secrètement un vif désir de revoir doña Clara, ne se fit prier que tout juste ce qu'il fallait ; puis, après avoir donné les ordres nécessaires à son commandant en second, il suivit le duc de Peñaflor, accompagné de Michel, qui semblait être l'ombre de son capitaine.

Voilà de quelle façon commença cette liaison qui devait presque aussitôt se changer en amour, et avoir, plus tard, de si terribles conséquences pour le malheureux officier.

Le duc et son éternel cousin, qui ne le quittait point d'un pas, accablaient le comte de protestations d'amitié, lui laissaient la plus complète liberté dans le château, et semblaient ne s'apercevoir en aucune façon de l'intelligence qui n'avait pas tardé à s'établir entre doña Clara et le jeune homme.

Celui-ci, complètement subjugué par la passion qu'il éprouvait pour la jeune fille, se laissait aller à son amour avec cet abandon confiant et irréfléchi de tous les cœurs qui aiment pour la première fois.

Doña Clara, simple et naïve jeune fille élevée avec toute la rigide sévérité des mœurs espagnoles, mais Andalouse de pied en cap, avait reçu, avec un tressaillement de bonheur, l'aveu de cet amour, que, dès le premier moment, elle avait partagé.

Tout le monde était donc heureux au château; le seul Michel faisait tache avec son visage renfrogné qui ne se déridait jamais; plus il voyait les choses marcher rapidement vers la conclusion que désiraient les jeunes gens, plus il devenait sombre et soucieux.

Cependant la frégate avait quitté Algésiras pour Cadix.

Le duc, sa fille et don Stenio avaient fait la traversée à bord; le duc de Peñaflor avait besoin de se rendre à Séville où il possédait de grands biens; il avait accepté avec de vives démonstrations de joie la proposition que le comte lui avait faite de le conduire sur sa frégate jusqu'à Cadix, qui n'est qu'à vingt et quelques lieues de Séville.

Le lendemain de l'arrivée de la frégate à Cadix, le capitaine revêtit son grand uniforme, se fit mettre à terre et se rendit à l'hôtel du duc de Peñaflor.

Le duc, sans doute prévenu de sa visite, le reçut le sourire sur les lèvres et de l'air le plus affectueux.

Enhardi par cette réception, le comte, surmontant sa timidité, fit sa demande en mariage.

Le duc l'accueillit favorablement, dit qu'il s'attendait à cette demande, qu'elle comblait tous ses vœux, puisqu'elle faisait le bonheur de sa fille, qu'il chérissait.

Seulement, il fit observer au comte que, bien qu'il y eût trêve entre les deux nations, la paix, cependant, n'était pas signée encore, quoique, selon toute apparence, elle ne tarderait pas à l'être, qu'il craignait que la nouvelle de ce mariage ne nuisît à la fortune du comte en indisposant le cardinal contre lui.

Cette réflexion s'était déjà plusieurs fois présentée à l'esprit du jeune officier; aussi courba-t-il la tête, sans oser répondre, n'ayant, malheureusement, aucune bonne raison à donner pour détruire les objections du duc.

Ce fut celui-ci qui vint à son secours, en lui disant qu'il y avait un moyen fort simple d'arranger les choses à la satisfaction générale, et de tourner cette difficulté en apparence insurmontable.

Le comte, tout palpitant d'espoir et de crainte, demanda quel était ce moyen.

Le duc lui expliqua alors qu'il s'agissait simplement d'un mariage secret. Tant que durerait la guerre, le silence serait gardé, mais aussitôt la paix conclue et un ambassadeur envoyé à Paris, le mariage serait déclaré publiquement au cardinal, qui alors probablement ne s'offenserait pas de cette union.

Le jeune homme avait été trop près de voir détruits à jamais ses rêves de bonheur, pour soulever la plus légère objection à cette proposition du duc; secret ou non, le mariage n'en serait pas moins réel, le reste lui importait peu; il consentit donc à toutes les conditions que lui imposa le duc, qui exigea que le mariage se fît de telle façon qu'il semblât l'ignorer, pour que, le cas échéant où ses ennemis essayeraient d'indisposer le roi contre lui, il pût

LES ROIS DE L'OCÉAN 49

Si le domestique ne s'était élancé pour le soutenir il serait tombé sur le sol.

arguer de cette feinte ignorance, pour déjouer le mauvais vouloir de ceux qui chercheraient à le perdre.

Le comte ne comprit pas bien ce que le roi d'Espagne avait à voir dans son mariage; mais comme le duc parlait d'un ton convaincu, et qu'il paraissait être fort effrayé du déplaisir du roi, il consentit à tout.

Deux jours plus tard, à la nuit close, les jeunes gens furent mariés à l'église de la Merced, par un prêtre qui consentit, moyennant une grosse somme, à prêter son ministère à cet acte tant soit peu illégal.

Michel le Basque et Vent-en-Panne servirent de témoins à leur capitaine, qui, d'après les pressantes recommandations du duc, ne voulut mettre aucun de ses officiers dans son secret; d'ailleurs, il était sûr du silence des deux matelots.

Aussitôt après la cérémonie, la nouvelle épouse fut entraînée, d'un côté, par ses témoins, tandis que son mari se retirait fort contrarié, d'un autre, et retournait à son bord.

Lorsque le lendemain le comte se présenta à l'hôtel du duc, celui-ci lui annonça que, pour ôter tout prétexte à la malveillance, il avait jugé à propos d'éloigner sa fille pendant quelque temps, et qu'il l'avait envoyée auprès d'une de ses parentes qui habitait Grenade.

Le comte ne laissa rien paraître de son désappointement, il se retira, feignant de trouver bonnes les raisons assez spécieuses de son beau-père.

Cependant il commençait à trouver les façons d'agir du duc à son égard assez extraordinaires, et il se promit d'éclaircir les doutes qui s'élevaient dans son esprit.

Vent-en-Panne et Michel le Basque furent mis en campagne.

Le comte apprit par eux, non sans étonnement, après deux jours de recherches, que doña Clara n'était pas à Grenade, mais seulement à Puerto-Santa-Maria, charmante petite ville située en face de Cadix, sur le côté opposé de la rade.

Le capitaine, dès qu'il eut les renseignements dont il avait besoin pour réussir dans le projet qu'il méditait, fit, par l'entremise de Michel qui parlait espagnol comme un Andalou de Séville, parvenir un billet à doña Clara, et à la nuit close, suivi de ses deux fidèles matelots, il se fit mettre à terre à Santa-Maria.

La maison habitée par la jeune fille était un peu isolée; il plaça ses deux matelots en embuscade afin de veiller à sa sûreté, et marcha droit à cette maison.

Ce fut doña Clara elle-même qui lui ouvrit. La joie des deux époux fut immense. Un peu avant le lever du soleil, le comte se retira. Vers dix heures il alla, comme il en avait l'habitude, faire visite à son beau-père, devant lequel il continua à feindre la plus complète ignorance touchant la résidence de doña Clara. Celui-ci le reçut fort bien.

Ce manège dura pendant un mois à peu près.

Un jour le comte reçut à l'improviste la nouvelle de la reprise des hostilités entre la France et l'Espagne; il se vit contraint de quitter Cadix, mais il voulut avoir une dernière entrevue avec le duc, afin de lui demander enfin une explication franche de sa conduite; au cas où cette explication ne le satisferait pas, il était résolu à enlever sa femme et à l'emmener avec lui.

Lorsqu'il arriva à l'hôtel du duc, un domestique de confiance lui annonça que son maître, appelé subitement par le roi, était, depuis une heure, parti pour Madrid, sans même avoir eu, à son grand regret, le temps de prendre congé de lui.

A cette nouvelle, le comte eut le pressentiment d'un malheur, il pâlit; mais il parvint à maîtriser son émotion, et demanda froidement au domestique si son maître n'avait pas laissé une lettre ou un billet pour lui. Le domestique lui répondit que si, et lui remit un pli cacheté.

Le comte rompit le sceau d'une main tremblante, parcourut la lettre des yeux, mais son émotion fut si forte à la lecture de ce qu'elle contenait, qu'il chancela, et, si le domestique ne s'était pas élancé pour le soutenir, il serait tombé sur le sol.

— Ah! murmura-t-il, Michel avait raison.

Et il froissa le papier avec rage.

Mais, se redressant subitement, il se roidit contre la douleur, et, donnant quelques louis au domestique, il s'éloigna d'un pas précipité.

— Pauvre jeune homme! murmura le valet en hochant tristement la tête, et il rentra dans l'hôtel, dont il referma la porte derrière lui.

VII

DÉSESPOIR

A quelques pas de l'hôtel, le comte rencontra Michel qui venait vers lui.

— Une embarcation, vite, vite, mon bon Michel, s'écria-t-il, il y va de la vie.

Le matelot, effrayé de l'état dans lequel il voyait son commandant, voulut lui demander ce qui s'était passé; mais celui-ci lui imposa durement silence en lui réitérant l'ordre de se procurer une embarcation sur-le-champ.

Michel courba la tête.

— Hélas! j'avais prévu cela, murmura-t-il avec une douloureuse colère, et il s'élança en courant vers le port.

Une embarcation n'est pas difficile à trouver à Cadix; Michel n'avait que l'embarras du choix; comprenant que le comte était pressé, il fit marché pour une qui bordait dix avirons.

Le comte arriva au même instant.

— Dix louis pour vous et votre équipage si vous êtes au Puerto dans vingt minutes, s'écria-t-il en s'élançant d'un bond dans le canot, qui faillit chavirer, tant la secousse qu'il lui imprima fut violente.

La barque déborda, les matelots se courbèrent sur les avirons et la firent voler sur l'eau.

Le capitaine, les regards obstinément fixés sur Santa-Maria, frappant de son poing crispé les plats-bords du canot, malgré la rapidité extrême avec laquelle il était emporté, répétait incessamment d'une voix étranglée :

— Plus vite, plus vite, *muchachos!*

Il passa comme un trait devant la frégate, qui faisait ses préparatifs d'appareillage et dont l'équipage était en train de désafourcher.

Enfin on atteignit le Puerto.

— Que personne ne me suive! cria le capitaine en s'élançant à terre.

Mais Michel ne tint aucun compte de cet ordre et, au risque de ce qui pouvait lui arriver, il se mit à la poursuite du comte, qu'il ne voulut pas abandonner dans l'état affreux où il le voyait.

Bien lui en prit, car lorsqu'il atteignit la maison habitée par doña Clara, il vit le jeune homme étendu sans connaissance à terre.

La maison était déserte, doña Clara avait disparu.

Le matelot chargea son capitaine sur ses épaules et regagna l'embarcation, où il l'installa du mieux qu'il put dans la chambre d'arrière.

— Où allons-nous? demanda le patron.

— A la frégate française et vivement, répondit Michel.

Lorsque l'embarcation eut accosté le long du bord de la frégate, Michel paya au patron la récompense promise, puis, aidé par quelques hommes de l'équipage, il fit transporter le capitaine dans sa chambre.

Comme il fallait, avant tout, garder le secret du comte et éviter d'éveiller les soupçons, le matelot, dans son rapport au commandant en second, mit sur le compte d'une chute violente de cheval l'état dans lequel se trouvait le capitaine, puis, après avoir fait signe à Vent-en-Panne de le suivre, il redescendit dans la chambre.

M. de Barmont était toujours immobile comme s'il fût mort, le chirurgien en chef de la frégate lui prodiguait en vain les soins les plus empressés, sans parvenir à réveiller la vie, qui semblait avoir fui pour toujours.

— Éloignez vos aides; Vent-en-Panne et moi nous suffirons, major, dit Michel au docteur, en lui faisant un signe d'intelligence.

Le chirurgien comprit et congédia les infirmiers; lorsque la porte se fut refermée sur eux, le matelot attira le docteur dans un poste à canon, et lui parlant à voix basse à l'oreille de façon à être à peine entendu de lui :

— Major, lui dit-il, le commandant vient d'éprouver une grande douleur qui a déterminé la crise terrible qu'il subit en ce moment; je vous confie ça à vous, major, parce qu'un médecin c'est comme un confesseur.

— Va, mon gars, tu peux être tranquille, répondit le chirurgien, le secret du commandant est tombé dans des oreilles sûres.

— J'en suis convaincu, major; il faut que pour l'état-major et l'équipage le commandant ait fait une chute de cheval, vous comprenez; je l'ai déjà dit au lieutenant en lui faisant mon rapport.

— Très bien! je corroborerai ton dire, mon garçon.

— Merci, major; maintenant j'ai encore une autre chose à vous demander.

— Parle.

— Il faut que vous obteniez du lieutenant que personne autre de l'équipage que Vent-en-Panne et moi nous soignions le commandant; voyez-vous, major, nous sommes de vieux matelots à lui, il peut tout dire devant nous sans se gêner, et puis ça lui fera plaisir de nous savoir là auprès de lui; obtiendrez-vous ça du lieutenant, major?

— Oui, mon gars; je sais que tu es un brave garçon fort attaché au commandant et qu'il a une entière confiance en toi; ainsi ne t'inquiète pas, j'arrangerai cela avec le lieutenant; toi et ton camarade vous entrerez seuls ici avec moi, tant que M. de Barmont sera malade.

— Merci, major; si l'occasion s'en présente je vous revaudrai ça, soyez calme. Foi de Basque, vous êtes un digne homme.

Le chirurgien se mit à rire.

— Retournons auprès de notre malade, dit-il, pour couper court à l'entretien.

Malgré les soins intelligents que lui donna le docteur, l'évanouissement du comte persista pendant la journée tout entière.

— La secousse a été affreuse, dit-il, il y a eu presque congestion.

Ce ne fut que vers le soir, lorsque depuis longtemps déjà la frégate était sous voile et avait laissé bien loin derrière elle la rade de Cadix, qu'une crise favorable se déclara et qu'un mieux, assez léger d'abord, se fit sentir.

— Il va reprendre connaissance, dit le docteur.

En effet, quelques mouvements convulsifs agitèrent le corps du comte et il entr'ouvrit les yeux; mais ses regards étaient vagues et comme égarés, il les tournait de tous les côtés comme s'il eût cherché à reconnaître où il se trouvait et pourquoi il était ainsi étendu sur son lit.

Les trois hommes, les yeux fixés sur lui, épiaient avec sollicitude ce retour à la vie, dont les apparences n'étaient rien moins que rassurantes pour eux.

Le chirurgien surtout paraissait inquiet, son front se plissait, ses sourcils se joignaient sous l'effort d'une émotion intérieure.

Tout à coup le comte se dressa brusquement sur son séant, et, s'adressant à Michel qui se tenait près de lui :

— Lieutenant, lui dit-il d'une voix brève et dure, laissez porter d'un quart, sinon le vaisseau espagnol échappera encore! Pourquoi n'avez-vous pas fait faire branle-bas de combat, monsieur?

Le chirurgien fit un geste à Michel.

— Pardon, commandant, répondit celui-ci se prêtant à la fantaisie du malade, le branle-bas de combat est fait, toutes les manœuvres sont bossées et les gabiers sont dans les hunes.

— Très bien, répondit-il. Puis changeant soudain d'idée : Elle va venir, murmura-t-il, elle me l'a promis! Mais non, non, elle ne viendra pas, elle est morte pour moi désormais! morte! morte! répéta-t-il d'une voix creuse avec des intonations différentes; puis il poussa un cri déchirant : Oh! que je souffre, mon Dieu! s'écria-t-il en éclatant en sanglots pendant qu'un torrent de larmes inondait son visage.

Il cacha sa tête dans ses mains et retomba étendu sur son lit.

Les deux matelots interrogeaient avec anxiété le visage impassible du chirurgien, cherchant à lire sur ses traits ce qu'ils devaient craindre ou espérer.

Celui-ci poussa un profond soupir de soulagement, passa sa main sur son front moite de sueur, et, se tournant vers Michel :

— Dieu soit béni! dit-il, il pleure, il est sauvé!

— Dieu soit béni ! répétèrent les matelots en se signant dévotement.

— Croyez-vous qu'il soit fou, major? demanda Michel d'une voix tremblante.

— Non, ceci n'est pas la folie, c'est le délire; il ne va pas tarder à s'endormir; ne le quittez pas, à son réveil il ne se souviendra de rien; s'il demande à boire, vous lui donnerez de la potion que j'ai préparée et qui est là sur cette table.

— Oui, major.

— Maintenant je me retire; s'il survenait quelque accident imprévu, faites-moi prévenir aussitôt; d'ailleurs je reviendrai cette nuit.

Le chirurgien sortit. Ses prévisions ne tardèrent pas à se réaliser : peu à peu M. de Barmont s'assoupit, accablé par sa douleur même, et il tomba dans un sommeil calme et paisible.

Les deux matelots se tenaient immobiles debout auprès de son lit, nulle garde-malade n'aurait veillé avec plus de soin et de délicate attention un malade que ces deux hommes, dont l'écorce paraissait si dure et dont cependant le cœur était si réellement bon.

La nuit s'écoula ainsi tout entière. Le chirurgien était venu plusieurs fois, mais après quelques secondes d'examen, toujours il s'était retiré d'un air satisfait en mettant un doigt sur sa bouche.

Vers le matin, au premier rayon du soleil qui entra dans la chambre, le comte fit un léger mouvement, ouvrit les yeux, et, tournant un peu la tête :

— Mon bon Michel, à boire, dit-il d'une voix faible.

Le matelot lui présenta un verre.

— Je me sens brisé, murmura-t-il, j'ai donc été malade?

— Oui, un peu, répondit le matelot, mais maintenant c'est fini, Dieu merci; il n'y a plus que patience à avoir.

— Il me semble sentir rouler la frégate, est-ce que nous sommes sous voiles?

— Oui, commandant.

— Et qui a donné l'ordre d'appareiller?

— Vous-même, hier au soir.

— Ah! fit-il en rendant le verre.

Sa tête retomba lourdement sur l'oreiller et il se tut.

Cependant il ne dormait pas, ses yeux étaient ouverts, ses regards erraient avec inquiétude autour de lui.

— Je me souviens! murmura-t-il pendant que deux larmes jaillissaient de ses yeux; puis s'adressant tout à coup à Michel :

« C'est toi qui m'as relevé et conduit à bord, n'est-ce pas?

— C'est moi, oui, commandant.

— Merci, et cependant peut-être eût-il mieux valu me laisser mourir.

Le matelot haussa dédaigneusement les épaules.

— Voilà une riche idée, par exemple! fit-il en grognant.

— Oh! si tu savais! dit-il avec douleur.

— Je sais tout; ne vous avais-je pas averti le premier jour?

— C'est vrai, j'aurais dû te croire; hélas! déjà je l'aimais

— Pardieu! je le sais bien; d'ailleurs elle le méritait.
— N'est-ce pas qu'elle m'aime toujours?
— Qui en doute? pauvre chère créature!
— Tu es bon, Michel.
— Je suis juste.
Il y eut un autre silence.
Au bout de quelques minutes, le comte renoua l'entretien.
— As-tu retrouvé la lettre? demanda-t-il.
— Oui, commandant.
— Où est-elle?
— La voilà, dit-il en la lui présentant.
Le comte s'en empara vivement.
— Tu l'as lue? dit-il.
— Pourquoi faire? fit Michel, pardine! ça doit être un tissu de mensonges et d'infamies; je ne suis pas curieux de lire ces choses-là.
— Tiens, prend-la, dit-il en la lui présentant.
— Pour la déchirer?
— Non, pour la lire.
— Bah! A quoi bon?
— Il faut que tu saches ce que contient cette lettre, je le veux.
— Ceci est autre chose, donnez.
Il prit la lettre, l'ouvrit, jeta les yeux dessus.
— Lis haut, fit le comte.
— Jolie besogne que vous me donnez là, commandant! Enfin, puisque vous le voulez, je dois vous obéir.
— Je t'en prie, Michel.
— Suffit, commandant, m'y voilà.
Et il commença à lire à haute voix cette étrange missive.
Elle était courte, laconique, mais par cela même elle devait produire un effet d'autant plus terrible que chaque mot était calculé avec soin de façon à porter coup.
Voici quelle en était la teneur :

« Monsieur le Comte,

« Vous n'avez pas épousé ma fille; je vous ai abusé par un faux mariage. Jamais vous ne la reverrez... elle est morte pour vous. Il y a depuis longues années une haine implacable entre votre famille et la mienne. Je n'aurais pas été vous chercher : Dieu vous a jeté sur mon passage. J'ai compris qu'il voulait que je me vengeasse. Je lui ai obéi. Je crois avoir réussi à briser à jamais votre cœur. L'amour que vous avez pour ma fille est sincère et profond. Tant mieux, vous souffrirez plus cruellement. Adieu, Monsieur le Comte. Croyez-moi, ne cherchez pas à me revoir, cette fois ma vengeance serait plus terrible encore. Ma fille épouse dans un mois celui qu'elle aime et que seul elle a toujours aimé.

« Don Estevan de Sylva, *duc de Peñaflor.* »

Lorsque le matelot eut terminé cette lecture, il fixa sur son chef un regard interrogateur.

Celui-ci secoua la tête à plusieurs reprises sans répondre autrement.

Michel lui rendit la lettre que le capitaine cacha aussitôt sous son oreiller.

— Que ferez-vous? lui demanda le matelot au bout d'un instant.

— Plus tard, répondit le comte d'une voix sombre, plus tard tu le sauras; je ne pourrais, en ce moment, prendre une détermination, ma tête est faible encore, j'ai besoin de réfléchir.

Michel fit un geste d'assentiment.

En ce moment le docteur entra. Il parut ravi de voir son malade en si bon état et lui promit, en se frottant joyeusement les mains, que dans huit jours au plus il quitterait le lit.

Effectivement, le médecin ne s'était pas trompé : le comte se rétablissait rapidement; enfin il put se lever, et, au bout de quelques jours, à part une pâleur cadavéreuse répandue sur son visage, pâleur que depuis lors il conserva toujours, ses forces paraissaient être complètement revenues.

M. de Barmont fit entrer sa frégate dans le Tage et alla mouiller devant Lisbonne. Aussitôt que le navire fut affourché, le commandant appela son second dans son appartement et eut avec lui un long entretien, à la suite duquel il se fit mettre à terre ainsi que Michel et Vent-en-Panne.

La frégate restait sous le commandement du premier lieutenant, le comte l'avait abandonnée pour toujours.

Cet acte constituait presque une désertion; mais M. de Barmont était résolu, à tous risques, de retourner à Cadix.

Pendant les quelques jours qui s'étaient écoulés depuis son entretien avec Michel, ainsi qu'il l'avait promis à celui-ci, le comte avait réfléchi.

Le résultat de ses réflexions avaient été que, ainsi que lui, doña Clara avait été trompé par le duc, qu'elle se croyait bien mariée; d'ailleurs, tout le lui prouvait dans la conduite tenue envers lui par la jeune fille. En voulant trop bien assurer sa vengeance, le duc avait dépassé le but; doña Clara l'aimait, il en avait la certitude. Ce n'était que contrainte par la force qu'elle avait obéi à son père.

Ceci admis, une seule chose restait à faire au comte : retourner à Cadix, prendre des renseignements, rejoindre le duc et avoir avec lui, devant sa fille, une explication suprême.

Ce projet arrêté dans son esprit, le jeune homme le mit immédiatement à exécution, abandonnant à son second le commandement de son navire, au risque de briser sa carrière et d'être poursuivi comme traître, puisque la guerre était dans toute sa force entre la France et l'Espagne; il fréta un caboteur et, suivi de ses deux matelots auxquels il avait loyalement expliqué ses intentions, mais qui ne voulurent pas l'abandonner, il retourna à Cadix.

Grâce à la connaissance approfondie qu'il possédait de la langue espagnole, le comte n'éveilla aucun soupçon dans cette ville, où il lui fut facile de prendre les renseignements qu'il désirait.

Le duc était effectivement parti pour Madrid.

Le gouverneur s'empara du papier avec un frisson de joie.

Le comte se dirigea aussitôt vers Madrid.
Un gentilhomme de l'importance du duc de Peñaflor, grand d'Espagne de première classe et *caballero cubierto*, ne voyage pas sans laisser de traces, surtout lorsque rien ne lui fait soupçonner qu'il est suivi ; le comte n'eut donc aucune difficulté à découvrir la route qu'il avait prise. Il arriva à Madrid persuadé que bientôt il aurait avec le duc cette explication qu'il désirait si ardemment.

Mais son espoir fut déçu; le duc, après avoir été reçu en audience particulière par le roi, avait fait ses équipages et était parti pour Barcelone.

La fatalité s'en mêlait; le comte ne se rebuta pas : il monta à cheval, traversa l'Espagne et arriva à Barcelone.

La veille, le duc s'était embarqué pour Naples.

Cette poursuite prenait les proportions d'une odyssée; on aurait dit que le duc se sentait suivi.

Cependant il n'en était rien; il accomplissait une mission dont son souverain l'avait chargé.

Le comte s'informa.

Il apprit que le duc de Peñaflor était accompagné de sa fille et de ses deux fils.

Deux jours plus tard, M. de Barmont faisait voile pour Naples à bord d'un navire contrebandier.

Nous n'entrerons pas dans tous les détails de cette poursuite obstinée qui dura pendant plusieurs mois.

Nous nous bornerons à dire que le comte manqua le duc à Naples, comme il l'avait manqué à Madrid et à Barcelone, et qu'il traversa l'Italie tout entière et entra en France, toujours à la suite de cet insaisissable ennemi qui semblait fuir devant lui.

Mais sans que le comte le soupçonnât, pendant l'intervalle, les rôles avaient été sinon complètement changés du moins fort modifiés.

Voici comment.

Le duc avait un fort grand intérêt à savoir ce que ferait le comte. Bien qu'il fût certain que la guerre le contraindrait à quitter l'Espagne, cependant il connaissait trop bien le caractère résolu et déterminé du jeune homme pour supposer un instant qu'il accepterait l'affront qui lui était fait sans essayer d'en tirer une vengeance éclatante.

En conséquence, il avait laissé à Cadix un homme de confiance chargé, si le comte reparaissait, de surveiller ses démarches avec le plus grand soin et de l'avertir de ce qu'il ferait.

Cet homme s'était consciencieusement et fort adroitement acquitté de la mission difficile qui lui avait été confiée, et, pendant que le comte poursuivait le duc, lui poursuivait le comte, ne le perdant pas de vue, s'arrêtant où il s'arrêtait et repartant derrière lui aussitôt qu'il le voyait se mettre en route.

Lorsque enfin il se fut assuré que c'était bien à son maître que le comte en voulait, il le dépassa, rejoignit le duc, qu'il atteignit aux environs de Pignerol, et lui rapporta tout ce qu'il avait appris.

Le duc, bien qu'intérieurement effrayé de la persistance haineuse de son ennemi, feignit d'attacher fort peu d'importance à cette communication, et sourit de mépris en écoutant le rapport de son serviteur.

Mais, malgré cela, il ne négligea pas de prendre ses précautions, et comme la paix était sur le point d'être signée et qu'un plénipotentiaire espagnol se trouvait à Paris, il lui expédia ce même domestique à franc étrier avec une lettre pressante.

Cette lettre n'était rien moins qu'une dénonciation en forme contre le comte de Barmont-Senectaire.

Le cardinal de Richelieu ne fit aucune difficulté pour accorder un ordre d'arrestation contre le comte, et des agents de la police de Son Éminence, commandés par François Bouillot, quittèrent Paris et se lancèrent à la poursuite du malheureux officier.

Celui-ci, dans la complète ignorance où il était de ce qui se passait, avait continué sa route et même gagné du terrain sur le duc qui, persuadé que désormais il n'avait plus rien à redouter de son ennemi et que celui-ci serait arrêté avant de le pouvoir rejoindre, ne marchait plus qu'à petites journées.

Seulement le calcul du duc était faux; il n'avait pas réfléchi que les gardes du cardinal, ne sachant pas où ils rencontreraient celui qu'ils avaient mission d'arrêter et contraints à des tâtonnements sans nombre, seraient obligés de faire à peu près deux fois la route; ce fut ce qui arriva.

De plus, comme, excepté Bouillot, aucun d'eux ne connaissait personnellement le comte, et que celui-ci, nous le savons maintenant, ne demandait pas mieux que de laisser échapper le fugitif, il passa au milieu d'eux sans qu'ils soupçonnassent que c'était lui, ce qui leur occasionna une grande perte de temps en les obligeant à revenir sur leurs pas.

Nous avons rapporté plus haut comment, après l'explication orageuse qui avait eu lieu entre le beau-père et le gendre, celui-ci avait enfin été arrêté, conduit par Bouillot, sur son ordre exprès, à l'île Sainte-Marguerite et remis entre les mains du major de l'Oursière. Et maintenant que nous avons bien expliqué la position respective de chacun de nos personnages, nous reprendrons notre récit au point où nous l'avons laissé.

VIII

LE PRISONNIER

Nous avons dit que, après constatation faite de son identité et lecture de son ordre d'arrestation, le major de l'Oursière, gouverneur de la forteresse de Sainte-Marguerite, avait fait conduire le comte de Barmont-Senectaire dans la chambre qui devait lui servir de prison, jusqu'au jour où il plairait à M. le Cardinal de lui rendre la liberté.

Cette chambre, assez vaste et haute, de forme octogone, dont les murs épais de quinze pieds étaient blanchis à la chaux, n'était éclairée que par deux étroites meurtrières garnies d'un double treillis de fer intérieur et extérieur, qui ne laissait filtrer qu'un jour triste à travers ses mailles serrées, et interceptait complètement la vue du dehors.

Une grande cheminée à large manteau occupait un angle de la pièce; en face, se trouvait un lit ou plutôt un grabat composé d'une mince paillasse et d'un étroit matelas posés sur une couchette de bois blanc, jadis peinte en jaune, mais dont le temps avait presque entièrement rongé la couleur.

Une table boiteuse, un escabeau, une chaise, une table de nuit, un chandelier de fer, complétaient un ameublement plus que modeste.

Cette chambre était située à l'étage le plus élevé de la tour, dont la plateforme, sur laquelle jour et nuit se promenait un factionnaire, lui servait de plafond.

Le soldat ouvrit les verrous et les serrures qui garnissaient la porte doublée de fer de cette chambre, et le comte entra d'un pas ferme.

Après avoir jeté un regard sur ces murs froids et tristes, destinés à lui servir désormais d'habitation, il alla s'asseoir sur la chaise, croisa les bras sur la poitrine, baissa la tête et se mit à réfléchir.

Le soldat, ou plutôt le geôlier, qui était sorti, rentra, une heure après, et le retrouva dans cette même position.

Cette homme portait des draps, des couvertures et du bois pour faire du feu; derrière lui, deux soldats apportèrent la malle contenant les habits et le linge du prisonnier, qu'ils placèrent dans un coin, et se retirèrent.

Le geôlier s'occupa aussitôt à faire le lit, puis il balaya la chambre et alluma du feu. Lorsque ces différents devoirs furent accomplis, il s'approcha du prisonnier.

— Monsieur le comte? lui dit-il poliment.

— Que me voulez-vous, mon ami? lui répondit le comte en relevant la tête et en le regardant avec douceur.

— Le gouverneur du château désire obtenir de vous l'honneur d'un entretien, ayant, a-t-il dit, d'importantes communications à vous faire.

— Je suis aux ordres de M. le gouverneur, répondit laconiquement le comte.

Le geôlier s'inclina et sortit.

— Que me peut vouloir cet homme? murmura le comte, dès qu'il fut seul.

Son attente ne fut pas longue, la porte s'ouvrit de nouveau, et le gouverneur parut.

Le prisonnier se leva pour le recevoir, il le salua, puis il attendit silencieusement qu'il prît la parole.

D'un geste, le major ordonna au geôlier de se retirer, puis, après un nouveau salut :

— Monsieur le comte, dit-il, avec une politesse froide, entre gentilshommes on se doit des égards. Bien que les ordres que j'ai reçus à votre sujet de M. le Cardinal soient fort sévères, je désire, cependant, user envers vous de tous les ménagements qui ne seront pas incompatibles avec mes devoirs; je suis donc venu franchement vous trouver afin que nous nous entendions à ce sujet.

Le comte devina où tendait ce discours, mais il n'en laissa rien paraître et répondit :

— Monsieur le gouverneur, je suis reconnaissant, comme je le dois, de la démarche qu'il vous plaît de faire près de moi; ayez donc, je vous prie, la bonté de m'expliquer en quoi consistent vos ordres, et quelles sont les faveurs par lesquelles il vous est possible de les adoucir. Mais d'abord, puisque je suis ici chez moi, ajouta-t-il, avec un mélancolique sourire, faites-moi l'honneur de vous asseoir.

Le major salua, mais resta debout.

— C'est inutile, monsieur le comte, reprit-il, ce que j'ai à vous dire étant fort court; d'abord, vous remarquerez que j'ai eu la délicatesse de vous faire remettre sans le visiter, comme j'en avais le droit, le coffre contenant les effets vous appartenant.

— Je le reconnais, monsieur, et je vous en sais gré.

Le major s'inclina :

— Vous êtes militaire, monsieur le comte, dit-il; vous savez que Son Éminence le cardinal, bien que ce soit un grand homme, n'est pas fort libéral envers les officiers que des infirmités ou des blessures contraignent à se retirer du service.

— C'est vrai, fit le comte.

— Les gouverneurs de forteresse surtout, bien que nommés par le roi, étant obligés d'acheter à beaux deniers comptants la charge de leurs prédécesseurs, se trouvent réduits à une complète misère s'ils n'ont pas quelque argent d'avance.

— J'ignorais ce détail, monsieur, je croyais que le gouvernement d'une forteresse était une récompense.

— C'en est une aussi, monsieur le comte; on n'achète la charge que des châteaux forts servant, comme celui-ci, de prison d'État.

— Ah ! fort bien.

— Vous comprenez, c'est à cause des bénéfices que le gouverneur est autorisé à faire sur les prisonniers confiés à sa garde.

— Parfaitement, monsieur. En ce moment beaucoup de malheureux, ayant encouru la disgrâce de Son Éminence, sont-ils détenus dans ce château?

— Hélas! monsieur, vous êtes le seul, voilà justement la raison qui me fait désirer de m'arranger à l'amiable avec vous.

— De mon côté, je ne demande pas mieux, monsieur, croyez-le bien.

— J'en suis convaincu, aussi vais-je aborder franchement la question.

— Abordez, monsieur, je vous écoute avec la plus sérieuse attention.

— Il m'est ordonné, monsieur, de ne vous laisser communiquer avec personne autre que votre geôlier, de ne vous donner ni livres, ni papier, ni plumes, ni encre, et de ne jamais vous autoriser à sortir de cette chambre; il paraît qu'on redoute fort que vous vous échappiez d'ici, et que Son Éminence tient à vous conserver.

— J'en suis fort reconnaissant à Son Éminence, mais heureusement pour moi, répondit en souriant le comte, au lieu d'avoir affaire à un geôlier, je dépends d'un brave soldat qui, tout en exécutant strictement sa consigne, juge inutile de tourmenter un prisonnier déjà assez malheureux d'être tombé dans la disgrâce du roi et de Son Éminence le cardinal-ministre.

— Vous m'avez bien jugé, monsieur le comte; si sévères que soient ces ordres, je commande seul dans ce château où je n'ai nul contrôle à redouter, j'espère donc pouvoir adoucir en votre faveur la rigueur qui m'est ordonnée.

— Quelle que soit votre intention à cet égard, laissez-moi, monsieur, vous parler à mon tour comme un militaire franc et loyal. Prisonnier du roi, pour un temps sans doute fort long, l'argent m'est complètement inutile; sans être riche, je jouis cependant d'une certaine aisance, ce dont je me félicite, puisque cette aisance me permet de reconnaître les complaisances que vous aurez pour moi; service pour service, monsieur : je vous donnerai dix mille livres tous les ans payés d'avance, et de votre côté, vous, eh bien! ma foi, vous me permettrez de me procurer à mes frais, bien entendu, tous les objets susceptibles d'adoucir ma captivité.

Le major eut un éblouissement; le vieil officier de fortune n'avait pas, dans toute sa vie, possédé une somme aussi forte.

Le comte reprit, sans paraître remarquer l'effet produit par ses paroles sur le gouverneur :

— Ainsi, voilà qui est bien entendu : à la somme que le roi vous alloue pour ma nourriture, nous ajouterons deux cents livres par mois, soit deux mille quatre cents livres par an, pour papier, plumes, livres, etc.; nous mettrons une somme ronde de trois mille livres, cela vous convient-il ainsi?

— Ah! monsieur, c'est trop, beaucoup trop, même.

— Non, monsieur, puisque je viens en aide à un galant homme qui m'en saura gré.

— Je vous en conserverai une éternelle reconnaissance, monsieur seulement, ne m'en veuillez pas de ma franchise, vous m'obligez à faire des vœux pour vous conserver le plus longtemps possible.

— Qui sait, monsieur le major, si mon départ ne vous sera pas plus avantageux que mon séjour ici, dit-il, avec un fin sourire, veuillez me prêter vos tablettes.

Le major les lui présenta.

Le comte arracha un feuillet, écrivit dessus quelques mots au crayon, et le lui remettant :

— Voici, dit-il, un bon de seize mille livres que vous pourrez faire toucher à vue sur la maison Dubois, Loustal et Compagnie, de Toulon, aussitôt que vous en aurez le loisir.

Le gouverneur s'empara du papier avec un frisson de joie.

— Mais il me semble que ce bon porte huit cents livres de plus que la somme stipulée entre nous? dit-il.

— En effet, monsieur, mais ces huit cents livres sont pour l'achat des différents objets dont voici la liste, et que je vous prie de me procurer.

— Demain, vous les aurez, monsieur le comte, et après s'être incliné fort bas, le gouverneur sortit à reculons de la chambre.

— Allons, murmura gaiement le comte lorsque la lourde porte se fut refermée sur le major, je ne m'étais pas trompé, j'avais bien jugé cet homme, il est réellement complet; mais son vice le plus développé est bien décidément l'avarice; lorsque cela me plaira, je crois que j'en ferai quelque chose; mais je ne dois pas aller trop vite, il me faut agir avec la plus grande prudence.

Certain de ne plus être dérangé, au moins pendant quelques heures, le comte ouvrit le coffre apporté par les deux soldats, afin de s'assurer si le gouverneur lui avait dit la vérité, et si son contenu était bien réellement intact.

En effet, le coffre n'avait pas été visité.

Dans la prévision d'une arrestation probable, le comte, lorsqu'il s'était mis à la poursuite du duc de Peñaflor, avait acheté plusieurs objets qu'il retrouva avec la plus vive satisfaction.

A part une certaine quantité d'habits et de linge, le coffre contenait une corde de soie très fine et très solide longue de près de cent brasses, deux paires de pistolets, un poignard, une épée, de la poudre et des balles; objets que le gouverneur aurait confisqués sans scrupules aucuns, s'il les avait vus, et dont le comte, se fiant au hasard, s'était muni à tout événement.

Il y avait encore plusieurs outils en fer et en acier, et, cachée dans un double fond dissimulé avec soin, une bourse très lourde contenant une somme de vingt-cinq mille livres en or, sans compter une autre somme presque aussi considérable en quadruples d'Espagne cousue dans une large ceinture en cuir.

Dès que le comte se fut assuré que le major ne lui avait pas menti, il referma soigneusement le coffre, en suspendit la clef à son cou par une chaînette d'acier, et il s'assit tranquillement au coin de la cheminée.

Ses méditations furent interrompues par le geôlier.

Cette fois, cet homme, non seulement lui apportait une literie complète, fort supérieure à celle qu'il lui avait donné d'abord; mais il avait ajouté un tapis, un miroir et jusqu'à des ustensiles de toilette.

Une nappe fut étendue sur la table que, dans un instant, il couvrit d'un dîner assez appétissant.

— M. le major vous prie de l'excuser, monsieur, dit-il; demain il vous donnera ce que vous lui avez demandé. En attendant, il vous envoie ces livres.

— C'est bien, mon ami, répondit le comte. Comment vous nommez-vous?

— La Grenade, monsieur.

— C'est vous, la Grenade, que le gouverneur a désigné pour me servir?

— Oui, monsieur.

— Mon ami, vous me paraissez un brave garçon, voici trois louis pour vous. Tous les mois, si je suis satisfait de votre service, je vous en donnerai autant.

— Vous ne m'auriez rien donné, monsieur, répondit la Grenade en prenant l'argent, que cela ne m'aurait pas empêché de vous servir avec tout le zèle dont je suis capable; et si je reçois ces trois louis, c'est seulement parce qu'un pauvre diable comme moi n'a pas le droit de refuser un cadeau d'un généreux gentilhomme comme vous. Mais, je vous le répète, monsieur, je vous suis tout acquis, et vous pouvez user de moi pour tout ce qui vous plaira.

— Ouais! fit le comte avec étonnement; je ne vous connais pas cependant, que je sache, la Grenade; d'où vient, je vous prie, ce grand dévouement à ma personne?

— Je ne demande pas mieux que de vous le dire, monsieur, si cela vous intéresse : je suis lié d'amitié avec M. François Bouillot, auquel j'ai certaines obligations; c'est lui qui m'a ordonné de vous servir et de vous obéir en tout.

— Ce bon Bouillot! fit le comte. C'est bien, mon ami; je ne serai pas ingrat. Allez, je n'ai pas besoin de vous quant à présent.

Le geôlier remit du bois au feu, alluma une lampe et se retira.

— Ah çà! dit le comte en riant, Dieu me pardonne! je crois que, quoique prisonnier en apparence, je suis aussi maître que le gouverneur dans ce château, et que le jour où cela me plaira, j'en sortirai sans que nul ne s'y oppose. Que penserait M. le cardinal, s'il savait de quelle façon ses ordres sont exécutés?

Il se mit à table, déplia sa serviette et commença à dîner de bon appétit.

Les choses se passèrent ainsi que la convention avait été faite entre le gouverneur et son prisonnier.

L'arrivée du comte de Barmont à la forteresse était une bonne aubaine pour le major qui, depuis qu'il avait obtenu de la munificence royale le commandement de ce château pour retraite, jamais jusqu'alors n'avait eu occasion de tirer un bénéfice quelconque de la position qu'on lui avait faite. Aussi se promettait-il d'exploiter son unique prisonnier; car l'île Sainte-Marguerite, ainsi que déjà nous l'avons fait observer, n'avait pas encore acquis la réputation que plus tard elle mérita comme prison d'État.

La chambre du comte fut meublée, appropriée, autant que cela fut possible de le faire; on lui donna, moyennant finance, bien entendu, et en le lui faisant payer fort cher, tout ce qu'il demanda en fait de livres; la promenade même sur les tourelles lui fut permise.

Le comte était heureux, autant, du moins, que les circonstances dans lesquelles il se trouvait lui permettaient de l'être; nul n'aurait supposé, en le voyant travailler aussi assidûment les mathématiques et la navigation, car il s'appliquait avec un soin extrême à compléter son éducation maritime, que cet homme nourrît dans son cœur une pensée de vengeance implacable et que cette pensée lui fût toujours présente.

Au premier coup d'œil, la résolution prise par le comte de se faire incarcérer lorsqu'il lui était si facile de demeurer libre, peut sembler étrange; mais le comte était un de ces hommes de granit dont la pensée est immuable et qui, dès qu'ils ont pris un parti, après en avoir avec le plus grand sang-froid calculé toutes les chances pour ou contre, suivent la route qu'ils se sont tracée, marchant toujours en droite ligne sans s'embarrasser des obstacles qui surgissent à chaque pas sur leur chemin, et les surmontant parce qu'ils ont décidé d'abord qu'il en serait ainsi: caractères qui grandissent et se complètent dans la lutte, et qui atteignent tôt ou tard le but qu'ils se sont assigné.

Le comte avait compris que toute résistance au cardinal n'aboutirait pour lui qu'à une perte certaine; les preuves ne manquaient pas à l'appui de ce raisonnement: s'échappant des mains des gardes qui le conduisaient en prison, il demeurait libre, il est vrai, mais exilé, obligé de sortir de France et d'errer à l'aventure en pays étranger, seul, isolé, sans ressources, toujours sur le qui-vive, contraint de se cacher et réduit à l'impossibilité d'agir, c'est-à-dire d'obtenir les renseignements nécessaires pour parvenir à se venger de l'homme qui, en lui enlevant la femme qu'il aimait, avait du même coup

— Eh bien! demanda-t-il à l'officier qui venait au devant de lui.

brisé non seulement sa carrière et sa fortune, mais encore détruit à jamais son bonheur.

Il était jeune, il pouvait attendre. La vengeance se mange froide, disent les Méridionaux, et le comte était Languedocien ; et puis, ainsi qu'il l'avait dit à Bouillot dans un moment d'expansion, il voulait souffrir, afin de tuer en lui tout sentiment humain qui surnageait encore dans son cœur, et se retrouver un jour armé de pied en cap en face de son ennemi.

Le cardinal Richelieu et le roi Louis XIII, tous deux, étaient malades sérieusement. Leur mort ne tarderait pas à venir et à amener un changement de règne; deux ans, trois ans, quatre ans au plus tard, et arriverait cette catastrophe dont une des conséquences serait de produire une réaction, et, par conséquent, d'ouvrir à tous les prisonniers du défunt ministre les prisons dont celui-ci avait scellé sur eux les portes.

Le comte avait vingt-cinq ans : donc le temps lui appartenait, et cela d'autant plus que, rendu à la liberté, il rentrerait dans tous ses droits, et en qualité d'ennemi de Richelieu se trouverait bien en cour, c'est-à-dire en mesure, à cause du crédit passager dont il jouirait, de reprendre tout l'avantage qu'il avait perdu vis-à-vis de son ennemi.

Il n'y a que les hommes énergiquement doués et réellement sûrs d'eux-mêmes qui sont capables de faire de tels calculs et de suivre opiniâtrément une ligne de conduite aussi en dehors de toutes combinaisons logiques; mais ces hommes qui mettent ainsi résolument le hasard de leur côté et le comptent comme partenaire, réussissent toujours dans ce qu'ils veulent faire, à moins que la mort ne vienne subitement les arrêter court.

Par l'entremise de la Grenade et la connivence tacite du gouverneur qui fermait les yeux avec un charmant laisser-aller, le comte, non seulement était au courant de tout ce qui se passait au dehors, mais encore il recevait des lettres de ses amis, lettres auxquelles il répondait.

Un jour, après avoir lu une lettre que la Grenade lui avait donnée en lui apportant à déjeuner, lettre du duc de Bellegarde qui lui était parvenue par l'entremise de Michel, car le brave marin n'avait pas voulu s'éloigner de son ancien commandant et s'était improvisé pêcheur à Antibes avec Vent-en-Panne pour matelot, le comte fit prier par la Grenade le gouverneur de lui accorder quelques minutes d'entretien.

Le major savait que chaque visite qu'il faisait à son prisonnier se traduisait pour lui en un bénéfice quelconque; aussi se hâta-t-il de se rendre dans sa chambre.

— Monsieur, lui dit tout d'abord le comte en le voyant, savez-vous la nouvelle?

— Quelle nouvelle, monsieur le comte? répondit le major tout ébahi, car il ne savait rien.

En effet, placé comme il l'était en dehors de tout mouvement à l'extrême frontière du royaume, les nouvelles, quelles qu'elles fussent, ne lui parvenaient, pour ainsi dire, que par hasard.

— Le cardinal-ministre est mort, monsieur! Je viens de l'apprendre par une voie sûre.

— Oh! fit le major en joignant les mains; car cette mort pouvait lui faire perdre sa place.

— Et, ajouta froidement le comte, Sa Majesté le roi Louis XIII est au plus mal.

— Quel malheur, mon Dieu! s'écria le gouverneur.

— Ce malheur peut être heureux pour vous, monsieur, reprit le comte.

— Heureux! lorsque je suis menacé de me voir retirer mon commandement! Hélas! vous le savez, monsieur le comte, que deviendrai-je si l'on me chasse d'ici?

— Cela pourrait bien arriver, dit le comte. Vous avez, monsieur, toujours été grand ami du défunt cardinal et connu pour tel.

— Hélas! malheureusement! murmura le major tout décontenancé et comprenant la vérité de cette affirmation.

— Il y a, je crois, un moyen avantageux d'arranger les choses.

— Lequel, monsieur le comte? Parlez, je vous en supplie!

— Ce moyen, le voici : écoutez-moi bien ; ce que je vais vous dire est fort sérieux pour vous.

— J'écoute, monsieur le comte.

— Voici une lettre toute préparée pour le duc de Bellegarde. Vous allez à l'instant partir pour Paris en passant par Toulon, où vous toucherez ce bon de deux mille livres pour vos frais de voyage. Le duc m'aime beaucoup. A ma considération, il vous recevra bien ; vous vous entendrez avec lui, vous lui obéirez en tout ce qu'il vous dira.

— Oui, oui, monsieur le comte.

— Et si d'ici un mois au plus tard...

— D'ici un mois, au plus tard!... répéta le gouverneur haletant d'impatience.

— Vous me rapportez ici ma grâce pleine et entière signée de Sa Majesté Louis XIII...

— Hein? s'écria le gouverneur avec un geste de surprise.

— Je vous compterai immédiatement, continua froidement le comte, la somme de cinquante mille livres, pour vous indemniser des désagréments que ne manquera pas de vous occasionner ma mise en liberté.

— Cinquante mille livres! s'écria le major les yeux brillants de convoitise.

— Cinquante mille livres, oui, monsieur, répondit le comte. Et de plus, je m'engage, si cela vous convient, à vous faire maintenir dans votre commandement. Est-ce une affaire entendue?

— Mais, monsieur le comte, comment ferai-je à Paris?

— Vous suivrez les indications que vous donnera le duc de Bellegarde.

— C'est fort difficile, ce que vous me demandez là.

— Pas autant que vous feignez de le croire, monsieur; d'ailleurs, si cette mission ne vous convient pas, je...

— Je n'ai pas dit cela, monsieur.

— Bref, c'est à prendre ou à laisser.

— Je prends, monsieur le comte, je prends, vive Dieu!... cinquante mille livres!

— Et vous partez?

— Demain.

— Non, ce soir!

— Ce soir, soit.

— C'est bien! Voilà la lettre et voici le bon. Ah! à propos, tâchez de vous mettre en rapport avec un pêcheur d'Antibes, nommé Michel.

— Je le connais, fit le major en souriant.

— Ah! dit le comte. Il ne serait pas mal non plus que vous tâchiez de retrouver l'exempt qui m'a conduit ici, un certain François Bouillot.

— Je sais où le prendre, répondit le major avec le même sourire d'intelligence.

— Très bien! Alors, mon cher gouverneur, je n'ai plus rien à ajouter, ni de recommandations à vous faire, sinon de vous souhaiter un bon voyage.

— Il le sera, monsieur le comte, je vous le jure.

— Il est vrai que la somme est ronde! cinquante mille livres!

— Je n'aurai garde d'oublier le chiffre.

Sur cette parole, le major prit congé de son prisonnier et se retira avec force saluts.

— Je crois que cette fois je vais être libre! s'écria le comte dès qu'il fut seul. Ah! monsieur le duc, nous allons donc enfin lutter à armes égales!

IX

M. DE L'OURSIÈRE

S'il avait été possible au comte de Barmont, à travers les épaisses planches de chêne doublées de fer qui fermaient la porte de sa prison, d'apercevoir le visage du gouverneur dès que celui-ci l'eut quitté, il n'eût pas chanté victoire aussi haut et ne se fût pas cru aussi près de sa délivrance.

En effet, dès que le major n'avait plus eu à redouter le regard clairvoyant de son prisonnier, ses traits avaient pris immédiatement une expression de cynique méchanceté impossible à rendre; ses yeux voilés avaient brillé d'un feu sombre sous ses paupières grises, et un sourire ironique avait relevé les coins de ses lèvres pâles et minces.

C'était le soir, la nuit commençait à tomber et à confondre tous les objets, en les noyant dans une teinte d'un noir obscur, d'instant en instant plus épaisse.

Le major rentra dans ses appartements, couvrit ses épaules d'un épais manteau, enfonça son chapeau sur ses yeux et fit appeler son lieutenant.

Celui-ci se présenta aussitôt.

C'était un homme d'une quarantaine d'années, à la figure fine et intelligente, dont les traits étaient empreints de douceur et même de bonté.

— Monsieur, lui dit le gouverneur, je pars à l'instant pour Antibes, où m'appellent de graves intérêts; mon absence se prolongera probablement quelques jours. Pendant que je demeurerai éloigné du château, je vous investis de son commandement, veillez à sa sûreté et surtout tenez la main à ce que le prisonnier ne puisse, au cas où il le voudrait, ce que je ne crois pas, tenter une évasion. Ces tentatives, bien que ne réussissant pas, déconsidèrent une forteresse et sont de mauvaises notes pour son gouverneur.

— Je veillerai avec le plus grand soin, monsieur le major.

— J'y compte, monsieur. Avons-nous quelque bateau pêcheur encore dans le havre? J'aimerais autant ne pas me servir de l'embarcation de la forteresse, dont la garnison est assez faible.

— Le bateau pêcheur dont vous vous servez habituellement, monsieur le major, et qui est commandé par un certain Michel, je crois, était amarré bord à quai, il y a une heure à peu près, mais il est probable qu'il est parti pour aller, selon son habitude, jeter ses filets au large des récifs.

— Hum! fit le major; quand même il serait là, je me ferais un scrupule d'occasionner une perte considérable de temps au pauvre diable pour me mettre à terre. Ces pêcheurs ne sont pas riches, chaque minute qu'on leur enlève leur fait manquer le bénéfice déjà si minime d'une longue et dure nuit de travail.

L'officier s'inclina, s'associant en apparence aux pensées philanthropiques de son chef, bien que son visage étonné témoignât de la surprise que lui causait l'expression de tels sentiments dans la bouche d'un homme comme le major.

— N'y a-t-il pas d'autres embarcations ici? continua le major en affectant un air indifférent.

— Pardonnez-moi, monsieur, un lougre contrebandier se prépare en ce moment à prendre la mer.

— Fort bien, faites prévenir le patron que je désire qu'il me prenne à son bord. Allez, monsieur, et veuillez vous hâter, je suis pressé.

L'officier se retira pour accomplir l'ordre qui lui était donné, le major prit quelques papiers, importants sans doute, renfermés dans une cassette de fer, fermée avec soin, cacha ces papiers dans son habit, s'enveloppa de son manteau et sortit du château salué par les sentinelles qui lui présentaient les armes sur son passage.

— Eh bien! demanda-t-il à l'officier qui venait au-devant de lui.

— J'ai parlé au patron, monsieur; il vous attend, répondit celui-ci.

— Je vous remercie, monsieur; maintenant, rentrez au château et veillez attentivement à sa sûreté, jusqu'à mon retour.

L'officier prit congé et le major se dirigea vers l'espèce de petit quai où l'attendait le canot du lougre.

Dès que le gouverneur fut à bord, le contrebandier largua les amarres et mit sous voiles.

Lorsque le léger navire eut pris son aire, le patron s'approcha respectueusement du major.

— Où mettons-nous le cap, monsieur le gouverneur? demanda-t-il en ôtant son bonnet de laine.

— Ah! ah! c'est vous, patron Nicaud? fit le gouverneur qui, habitué à traiter avec les contrebandiers, connaissait la plupart d'entre eux par leurs noms.

— Moi-même, pour vous servir si j'en étais capable, monsieur le gouverneur, répondit poliment le patron.

— Dites-moi, fit le major, vous plairait-il de gagner dix louis?

Le marin éclata d'un gros rire.

— Vous vous gaussez de moi, sans doute, monsieur le gouverneur, dit-il.

— Nullement, reprit le major, et la preuve, c'est que les voilà, ajouta-t-il en tirant de sa poche une poignée d'or qu'il fit sauter dans sa main d'un air nonchalant; donc j'attends votre réponse.

— Dame! monsieur le gouverneur, vous n'êtes pas sans savoir que dix louis forment une fort belle somme pour un pauvre diable comme moi; je ne demande pas mieux que de gagner les jaunets, que faut-il faire pour cela?

— Oh! mon Dieu, une chose bien simple; me conduire à Saint-Honorat, où j'ai envie de me promener.

— A cette heure de nuit? fit avec surprise le patron.

Le major se mordit les lèvres, en reconnaissant qu'il avait dit une sottise.

— Je suis fort ami du pittoresque, je veux jouir de l'effet des ruines du couvent au clair de lune.

— C'est une idée comme une autre, répondit le patron, et puisque vous me payez, monsieur le gouverneur, je n'ai rien à y voir.

— C'est juste. Vous me conduirez donc à Saint-Honorat, vous me débarquerez avec votre canot, et vous m'attendrez en tirant des bordées au large; cela vous convient-il ainsi?

— Parfaitement.

— Ah! j'ai un goût prononcé pour la solitude, je tiens donc expressément à ce qu'aucun de vos hommes ne descende sur l'île tandis que j'y serai.

— Tout l'équipage demeurera à bord, soyez tranquille.

— C'est bien, j'y compte, voilà l'argent.

— Merci, répondit le patron en l'empochant, et, s'adressant au timonier : La barre dessous, dit-il, et il ajouta : Oh! les gars, appuyez les écoutes à bâbord.

Le léger navire vint rapidement au vent, et s'élança en bondissant sur les vagues vers Saint-Honorat, dont les sombres contours se dessinaient en noir à l'horizon.

La traversée est courte pour passer de Sainte-Marguerite à Saint-Honorat, surtout à bord d'un fin voilier comme était le lougre contrebandier.

Bientôt le léger bâtiment se trouva en face de l'île.

Le patron mit en panne et ordonna d'affaler le canot à la mer.

— Monsieur le gouverneur, dit-il, en ôtant respectueusement son bonnet et en arrêtant le major qui se promenait de long en large sur l'arrière, nous sommes parés, le canot vous attend.

— Déjà ?... tant mieux! répondit celui-ci.

Au moment où il allait descendre dans le canot, le patron l'arrêta.

— Avez-vous des pistolets? lui demanda-t-il.

— Des pistolets, fit-il, en se retournant, à quoi bon? est-ce que l'île n'est pas déserte?

— Complètement.

— Je n'ai donc aucun danger à courir.

— Pas le moindre, aussi n'est-ce pas pour cela que je vous adressais cette question.

— Pour quelle raison alors?

— Dame! il fait noir comme dans la soute du diable; il n'y a pas de lune; à dix pas, il est impossible de rien distinguer, lorsque vous serez pour revenir à bord, comment le saurai-je, si vous ne m'avertissez pas par un signal?

— C'est juste, comment faire alors?

— Voici un pistolet, il n'est pas chargé, mais il y a de la poudre dans le bassinet, vous brûlerez une amorce.

— Merci, dit le major en prenant le pistolet et le passant à sa ceinture.

Il descendit dans le canot, qui dansait sur la lame à tribord du lougre, s'assit à l'arrière; l'embarcation déborda, et quatre vigoureux matelots, se courbant sur les avirons, la firent voler sur l'eau.

— Bon voyage! cria le patron.

Il sembla au major que ce souhait avait été articulé d'un ton d'ironie assez prononcé par maître Nicaud, mais il n'y attacha pas autrement d'importance et tourna ses regards vers la terre, qui grandissait de plus en plus.

Bientôt l'avant du canot grinça sur le sable de la plage; on était arrivé.

Le major descendit à terre, et, après avoir recommandé aux marins de retourner à bord, il releva les plis de son manteau sur son visage, s'éloigna à grands pas et ne tarda pas à disparaître dans les ténèbres.

Cependant, au lieu d'obéir à l'injonction qui leur était faite, trois des matelots débarquèrent à leur tour, et suivirent à distance le major, en ayant soin de se tenir hors de sa vue, tandis que le quatrième demeuré à la garde de l'embarcation, la cachait derrière une pointe de terre, l'amarrait solidement à un fragment de rocher et, sautant à terre, un fusil à la main, il s'embusquait un genou en terre, les yeux dirigés vers l'intérieur de l'île, dans la position d'un chasseur à l'affût.

Cependant le major continuait à s'avancer à grands pas dans la direction des ruines, dont l'imposante silhouette commençait déjà à se profiler à ses yeux, empruntant aux ténèbres qui les enveloppaient une apparence rendue plus majestueuse encore.

Le major, convaincu que son ordre avait été ponctuellement exécuté, car il n'avait aucun motif de se défier du patron Nicaud, que toujours et en toutes circonstances il avait trouvé empressé et fidèle, marchait sans retourner la tête, sans même prendre des précautions qu'il jugeait inutiles, étant bien loin de se douter que plusieurs hommes suivaient ses pas et épiaient ses démarches.

Il était facile de reconnaître, à la manière délibérée dont il marchait, et à la facilité avec laquelle il tournait les obstacles et trouvait son chemin dans les ténèbres, que ce n'était pas la première fois que le major venait en ce lieu si solitaire et si abandonné qu'il parût.

Après être entré dans les ruines, M. de l'Oursière traversa un cloître encombré de décombres informes et, se frayant un passage à travers les pierres et les ronces, il entra dans l'église du couvent, magnifique échantillon du style roman le plus pur, dont le dôme émietté sous l'effort incessant du temps s'était écroulé et dont le chœur et l'abside seuls demeuraient encore intacts au milieu des colonnes brisées et des autels devenus informes.

Le major traversa le chœur et atteignit l'abside, où il s'arrêta.

Après avoir pendant un instant examiné avec soin les objets environnants, comme s'il s'attendait à voir quelqu'un ou quelque chose qu'il n'apercevait pas, il se décida enfin à frapper trois coups dans ses mains.

Au même instant un homme surgit à deux pas de lui à peine.

Cette apparition fut si brusque, que, bien que préparé sans doute à la voir, le major tressaillit et fit un pas en arrière en portant vivement la main à son épée.

— Ah! ah! mon maître, fit l'inconnu d'une voix railleuse, me prenez-vous pour un spectre par hasard, que je vous cause si grande frayeur!

Cet homme était enveloppé d'un épais manteau dont les plis dissimulaient la taille, tandis qu'un chapeau empanaché à larges bords couvrait entièrement son visage et le rendait complètement méconnaissable; seulement le bas de son manteau, relevé par le fourreau d'une longue rapière, témoignait que, quel que fût cet homme, il n'était pas venu désarmé à ce sombre rendez-vous.

— Je suis à vos ordres, monsieur, dit le major en portant la main à son chapeau, mais sans se découvrir.

— Et prêt à me servir sans doute, reprit l'inconnu.

— C'est selon, répondit brutalement le major, les temps ne sont plus les mêmes.

— Ah! ah! fit l'inconnu toujours railleur, qu'y a-t-il donc de nouveau, je serais charmé de l'apprendre de vous?

— Vous le savez aussi bien que moi, monsieur.

— C'est égal, dites-moi toujours quelles sont ces grandes nouvelles qui apportent ainsi du premier coup des modifications à nos relations si amicales jusqu'à ce jour?

— Il est inutile de railler ainsi, monsieur, je vous ai servi, vous m'avez payé, nous sommes quittes.

— Peut-être, mais continuez, c'est un nouveau marché que vous me voulez proposer, je présume?

— Je ne veux rien vous proposer, je viens parce que vous avez témoigné le désir de me voir, voilà tout.

— Et votre prisonnier, en êtes-vous toujours satisfait?

— Plus que jamais. C'est un charmant gentilhomme qui, certes, ne mérite pas le sort malheureux qui lui est fait; je m'intéresse réellement à lui.

— Diable! ce sera cher, alors, je n'avais pas mis cet intérêt en ligne de compte, j'ai eu tort, je le vois.

— Que voulez-vous dire, monsieur? se récria le major d'un air offensé.

— Rien autre que ce que je dis, cher monsieur. Pardieu! vous me la donnez bonne avec vos scrupules, vous qui, depuis dix-huit mois, recevez de toutes mains. Le cardinal est mort et le roi à l'agonie, voilà ce que vous vouliez m'annoncer, n'est-ce pas? Un nouveau règne se prépare, et il est probable que, ne serait-ce que par esprit de contradiction, le nouveau gouvernement prendra le contre-pied de ce qu'a fait celui auquel il succède et que son premier soin sera d'ouvrir les prisons. Vous vouliez me dire encore que le comte de Barmont, qui possède à la cour de chauds amis, qui emploieront

LES ROIS DE L'OCÉAN 73

Ses agresseurs l'abandonnèrent ainsi et disparurent sans davantage s'occuper de lui.

leur crédit pour lui, ne peut manquer d'être mis bientôt en liberté, pardieu ! je savais tout cela aussi bien et même mieux que vous, mais qu'importe ?

— Comment, qu'importe ?

— Certes, si le comte de Barmont a des amis dévoués, il a des ennemis implacables ; retenez bien ceci.

— Ce qui fait que ?

— Ce qui fait que, dans quatre jours au plus tard, vous recevrez un ordre signé du roi Louis XIII lui-même.

— Ah! et que dira cet ordre?

— Oh! mon Dieu! pas grand'chose, sinon que le comte de Barmont sera immédiatement transféré de l'île Sainte-Marguerite à la Bastille; et une fois à la Bastille, ajouta-t-il d'une voix sombre qui, malgré lui, fit frissonner le major, on est à jamais rayé du nombre des vivants et on n'en sort que mort, ou fou! Me comprenez-vous maintenant?

— Oui, je vous comprends, monsieur; mais qui vous assure que, avant les quatre jours dont vous parlez, le comte ne se sera pas échappé?

— Oh! avec un gouverneur comme vous, monsieur, cette éventualité me semble bien improbable.

— Eh! eh! fit le major, on raconte des choses très extraordinaires sur les évasions des prisonniers.

— C'est vrai; mais une autre chose me rassure encore contre cette évasion.

— Laquelle donc, monsieur?

— Mon Dieu! tout simplement que le comte a déclaré lui-même qu'il ne consentirait jamais à fuir et qu'il se souciait fort peu d'être libre.

— Eh bien! justement, monsieur, voilà ce qui vous trompe; c'est qu'il paraît que maintenant il a changé d'avis, et qu'il sollicite vivement par ses amis pour obtenir sa liberté.

— Ah! en sommes-nous là! dit l'inconnu en fixant sur le major un regard qui lança un éclair dans l'ombre.

Le gouverneur s'inclina.

Il y eut un silence, pendant lequel on n'entendit d'autre bruit que celui produit par le vol lourd et saccadé des oiseaux de nuit dans les ruines.

— Trêve à plus longs bavardages! reprit l'inconnu d'une voix ferme, combien voulez-vous pour que le prisonnier ne s'évade pas jusqu'à ce que l'ordre du roi vous arrive?

— Deux cent mille livres, répondit brutalement le major.

— N'avais-je pas raison de vous dire que ce serait cher? fit l'inconnu en ricanant.

— Cher ou non, c'est mon prix, et je n'en changerai pas.

— Soit, vous les aurez.

— Quand?

— Demain.

— C'est trop tard.

— Hein? fit l'inconnu avec hauteur.

— J'ai dit que c'était trop tard, reprit imperturbablement le major.

— Alors, quand vous les faut-il?

— Tout de suite.

— Croyez-vous donc que je porte deux cent mille livres sur moi?

— Je ne dis pas cela; seulement je puis vous accompagner là où vous allez; et, arrivé à Antibes, par exemple, vous me compterez la somme.

— Ce moyen est bon.

— N'est-ce pas?
— Oui, seulement il y a un empêchement à ce qu'il réussisse.
— Je n'en vois pas.
— J'en vois un, moi.
— Lequel, monsieur?
— C'est que, si je vous donne rendez-vous ici, si j'y viens déguisé et seul, j'ai un but probablement.
— Pardieu! celui de demeurer inconnu.
— Vous êtes plein de pénétration, mon cher monsieur; mais nous pouvons cependant nous entendre.
— Je ne vois guère comment, à moins que vous consentiez à ce que je vous demande.
— Vous vous connaissez en diamants, puisque jusqu'à présent nous n'avons pas autrement traité.
— C'est vrai, monsieur, je m'y connais un peu.
— En voici un qui vaut cent mille écus; prenez-le.
Et il lui présenta une petite boîte en chagrin noir.
Le major s'en empara vivement.
— Mais, objecta-t-il, comment m'assurerai-je que vous ne me trompez pas?
— Touchante confiance! fit l'inconnu en riant.
— Les affaires sont les affaires, je risque mon âme pour vous servir.
— Quant à votre âme, mon cher monsieur, rassurez-vous: de ce côté-là vous n'avez rien à risquer; mais je vais vous donner la satisfaction que vous désirez.
Et, sortant une lanterne sourde de dessous son manteau, il en dirigea la lumière sur le diamant.
Le major n'eut besoin que d'un seul coup d'œil pour s'assurer du prix de la riche récompense qui lui était donnée.
— Êtes-vous satisfait? dit l'inconnu en faisant disparaître la lanterne sous son manteau.
— En voici la preuve, répondit le major en cachant la boîte et en lui présentant une liasse de papiers.
— Qu'est-ce cela? demanda l'inconnu.
— Des papiers fort importants pour vous, en ce sens qu'ils vous apprendront quels sont les amis du comte et les moyens qu'ils peuvent employer pour le rendre à la liberté.
— Bravo! s'écria l'inconnu en prenant vivement la liasse de papiers; je ne regrette plus d'avoir payé votre concours un aussi haut prix. Maintenant, nous nous sommes bien tout dit, n'est-ce pas?
— Je crois que oui.
— Alors, adieu! lorsque j'aurai besoin de vous, je vous préviendrai.
— Vous partez déjà?
— Que diable voulez-vous faire plus longtemps dans ce nid de hiboux? il est temps que chacun de nous regagne ceux qui l'attendent.
Et, après avoir fait au major un léger salut de la main, il se détourna pour se retirer et disparut derrière les ruines du maître-autel.

Au même instant l'inconnu fut brusquement saisi à l'improviste par plusieurs individus, et cela si prestement que non seulement il ne put tenter une défense inutile, mais encore il se trouva garrotté et bâillonné avant que d'être revenu de la surprise que lui avait causée cette attaque.

Ses silencieux agresseurs l'abandonnèrent ainsi, se roulant sur le sol avec des soubresauts convulsifs de rage impuissante, et disparurent dans la nuit, sans davantage s'occuper de lui.

Le major, après une seconde d'hésitation, s'était, lui aussi, décidé à quitter la place, et il avait repris à pas lents la direction du rivage. Arrivé à une certaine distance, selon la recommandation du patron Nicaud, il arma son pistolet et brûla l'amorce ; puis il continua à s'avancer à pas lents.

Le canot avait fait sans doute diligence pour venir à sa rencontre, car au moment même où le major atteignait le rivage, le canot s'engravait sur le sable.

Le gouverneur monta silencieusement à bord ; vingt minutes plus tard, il se trouvait de nouveau sur le pont du lougre où maître Nicaud le recevait respectueusement, son bonnet à la main.

L'embarcation fut hissée sur les pistolets, le lougre orienta ses voiles et reprit la bordée du large, poussé par une bonne brise.

X

LE LOUGRE « LA MOUETTE »

Le lougre est un bâtiment fin dans ses formes de l'arrière, renflé par l'avant, ayant trois mâts : celui de misaine, le grand mât et le mât de tapecu, assez incliné sur l'arrière et gréant des voiles à bourcet ; son beaupré est court ; il porte des huniers et parfois des perroquets volants.

Par ce que nous disons, il est facile de reconnaître que les lougres ont sur une plus grande échelle le même gréement que les chasse-marée.

Bien que le tirant d'eau de ces bâtiments soit assez fort sur l'arrière, cependant comme ils sont en général bons marcheurs et qu'ils se comportent bien à la mer, on les emploie beaucoup pour la contrebande, malgré l'inconvénient des voiles à bourcet, qui à chaque virement du navire obligent à amener les vergues pour les changer de bord.

La Mouette était un bâtiment de quatre-vingt-dix tonneaux, bien espalmé, coquettement emménagé et portant quatre petits canons de fer de huit à la livre, qui le faisaient bien plutôt ressembler à un corsaire qu'à un paisible caboteur.

Cependant, malgré un équipage assez nombreux et son apparence taquine, depuis un an environ que ce léger navire fréquentait la côte de Provence et les îles de Lérins, jamais, jusqu'à ce moment, il n'avait fait mal parler de lui ; le patron Nicaud passait pour un brave et honnête homme, bien qu'un peu brutal et querelleur, défauts d'ailleurs qui appartiennent à peu près à tous les marins et qui ne diminuaient en rien la bonne réputation dont jouissait le commandant du lougre *La Mouette*.

Dès que le major de l'Oursière fut remonté sur le pont du lougre et que le léger navire eut repris la bordée du large, après avoir jeté un dernier regard sur l'île Honorat, dont les contours se faisaient de plus en plus vagues et se fondaient dans la brume, il s'avança vers le capot de l'arrière, saisit la tire-veille et descendit dans la chambre.

Mais en entrant dans cette chambre qu'il croyait trouver solitaire, le patron étant resté sur le pont, le major retint à peine une exclamation de surprise.

Un homme se trouvait dans la chambre, assis à une table et buvant nonchalamment du rhum mélangé d'eau, tout en fumant dans une énorme pipe et faisant flotter autour de lui un nuage de fumée bleuâtre qui l'enveloppait comme d'une auréole.

Dans cet homme, le major avait reconnu Michel le Basque, le pêcheur.

Après une seconde d'hésitation, le major entra; bien que la présence de cet individu à bord du lougre fût assez singulière, cependant elle n'avait rien en soi qui dût effrayer le major, lequel n'avait aucune raison pour supposer que Michel lui fût hostile et qu'il eût quelque chose à redouter de lui.

Au bruit fait par le major en pénétrant dans la chambre, le matelot s'était à demi retourné vers lui, sans quitter sa pipe des lèvres. Cependant, et tout en continuant à porter à la bouche le verre qu'il tenait de la main droite :

— Eh ! dit-il d'un ton goguenard, c'est, si je ne me trompe, notre estimable gouverneur de Sainte-Marguerite ! Charmé de vous voir, en vérité, major.

— Tiens, tiens, fit sur le même ton le major, c'est ce brave Michel ! Par quel hasard vous trouvé-je ici, vous que j'étais en droit de supposer occupé en ce moment je ne sais où à la pêche?

— Bah ! fit Michel en ricanant, on pêche partout, aussi bien ici qu'ailleurs. Est-ce que vous ne prenez pas un siège, major, ou craignez-vous de vous compromettre en vous asseyant auprès d'un pauvre diable comme moi?

— Vous ne le pensez point, répondit le major en se plaçant sur une chaise.

— Vous ne fumez pas, hein? lui demanda Michel.

— Non, c'est une distraction de marin, ceci.

— En effet, major, mais vous buvez, je suppose.

Le major tendit son verre que le matelot emplit libéralement.

— A votre santé, major. Si je m'attendais à voir quelqu'un, ce n'était pas vous, par exemple !

— N'est-ce pas?

— Ma foi, non.

— Eh bien ! franchement, je ne croyais pas non plus vous rencontrer.

— Je le sais bien ; vous venez de l'île Honorat?

— Dame ! vous ne pouvez l'ignorer, il me semble, puisque je vous trouve ici.

— C'est donc pour vous que nous avons perdu deux heures à louvoyer entre les îles, au risque de nous jeter sur quelque brisant, au lieu de faire nos affaires?

— Comment vos affaires? vous êtes donc contrebandier à présent?
— Je suis tout, répondit laconiquement Michel, en vidant son verre.
— Mais que diable faites-vous ici? reprit le major.
— Et vous? fit le matelot en répondant à une question par une autre.
— Moi, moi? dit le major avec embarras.
— Vous hésitez, reprit en goguenardant Michel, eh bien ! je vais vous le dire, si vous voulez?
— Vous, Michel?
— Pourquoi pas? Vous êtes allé à Saint-Honorat admirer la belle nature, et il éclata d'un gros rire ; n'est-ce pas cela?
— En effet, j'ai toujours été passionné pour le pittoresque ; mais cela me rappelle que j'ai oublié de dire au patron Nicaud où je désire être mis à terre.
Et il fit un mouvement pour se lever.
— C'est inutile, dit le matelot en l'obligeant à se rasseoir.
— Comment, inutile! mais au contraire, il faut que sans plus tarder...
— Je vous dis que vous avez le temps, major, interrompit péremptoirement le matelot ; d'ailleurs, j'ai auparavant à causer avec vous.
— A causer avec moi, vous? s'écria le major avec stupéfaction.
— C'est comme ça, major, fit l'autre d'un ton de sarcasme, j'ai des choses fort importantes à vous dire ; dans votre diable de château, cela est impossible, vous avez là une quantité de soldats et de geôliers, qui, au plus léger froncement de vos sourcils, interrompent votre interlocuteur et le jettent sans cérémonie dans quelque trou où ils le laissent pourrir sans scrupule. C'est décourageant, ma parole d'honneur! Ici, c'est bien plus agréable ; je ne crains pas que vous me fassiez incarcérer, du moins provisoirement ; donc, je veux profiter, puisqu'elle se présente, de l'occasion pour vider mon sac et vous dire ce que j'ai sur le cœur.

Le major se sentit intérieurement inquiet, sans savoir encore positivement ce qu'il avait à redouter, tant la façon dont lui parlait ce matelot, qui toujours avait été avec lui d'une politesse servile, lui semblait extraordinaire ; cependant il ne laissa rien paraître, et s'accoudant nonchalamment sur la table :

— Soit, causons, puisque vous en avez si grande envie, mon bon Michel, dit-il, j'ai le temps, rien ne me presse.

Le matelot fit faire à sa chaise un quart de conversion en pivotant sur les pieds de derrière, et se trouvant, par ce mouvement, placé bien en face de M. de l'Oursière, il l'examina un instant d'un air sournois, en buvant d'un trait le rhum contenu dans son verre, puis il dit tout à coup en reposant avec bruit le verre vide sur la table :

— C'est une charmante passion que vous avez là, major, d'aller ainsi à la nuit admirer les ruines du couvent de Saint-Honorat, pendant les ténèbres, c'est une charmante passion et qui surtout vous rapporte gros, d'après ce que j'ai pu apprendre.

— Que voulez-vous dire? s'écria le major en pâlissant.
— Pardieu! ce que je dis, pas autre chose! est-ce que vous croyez au hasard, vous, major?
— Mais...

— Pas plus, n'est-ce pas, à celui qui me fait vous rencontrer ici, qu'à celui qui vous fait, à vous, trouver dans une île déserte des diamants de trois cent mille livres, parce que l'un est aussi impossible que l'autre?

Cette fois le major n'essaya pas de répondre, il se sentait pris.

Michel continua toujours du même ton railleur et goguenard :

— Certes, c'est ingénieux d'agir comme vous le faites; on s'enrichit vite à prendre des deux mains, mais de même que tous les métiers qui sont trop bons, celui-ci est fort chanceux.

— Vous m'insultez, misérable ! balbutia le major, prenez garde à ce que vous dites, si j'appelle...

— Allons donc, interrompit le matelot avec un gros rire; je ne veux pas relever l'insulte que vous me jetez à la face; j'ai autre chose à faire en ce moment; quant à appeler, essayez, vous verrez ce qu'il adviendra.

— Mais c'est une trahison !

— Pardieu ! est-ce que nous ne sommes pas tous traîtres plus ou moins? Vous l'êtes, je le suis; c'est convenu, cela; ainsi il est, croyez-moi, inutile de nous appesantir plus longtemps sur ce sujet, mieux vaut revenir à notre affaire.

— Parlez, murmura le major d'une voix sombre.

— Mais, tenez, je veux vous donner une preuve de franchise et vous montrer une fois pour toutes combien vous auriez tort de conserver, je ne dirai pas la moindre espérance, mais la plus légère illusion sur ce qui va se passer ici. Et frappant légèrement le fond de son verre sur la table :

— Hé ! Nicaud, cria-t-il d'une voix forte, affale ici en double, mon gars.

Un pas lourd résonna sur les marches de l'escalier de la chambre, et presque aussitôt la figure narquoise du patron Nicaud s'encadra dans le chambranle de la porte.

— Que me veux-tu, Michel? demanda-t-il sans même paraître s'apercevoir de la présence du major.

— Peu de chose, mon gars, répondit le matelot en désignant du doigt l'officier pâli par l'émotion qu'il éprouvait, une simple question pour la satisfaction personnelle de monsieur.

— Parle.

— Qui est-ce qui commande actuellement le lougre *La Mouette*, dans la chambre duquel nous nous trouvons en ce moment?

— Toi, pardi ! c'est pas malin, ça.

— Ainsi tout le monde à bord, toi compris, me doit obéissance?

— Certes, et sans observation encore.

— Très bien. Ainsi, une supposition, Nicaud, je t'ordonnerais de prendre le major ici présent, de lui attacher deux boulets aux pieds et de le jeter à la mer, que ferais-tu, mon gars?

— Ce que je ferais?

— Oui.

— J'obéirais.

— Sans observation?

Le patron Nicaud haussa les épaules.

— Faut-il? dit-il en étendant sa large main vers le major qui frissonna.

— Pas encore, répondit Michel ; remonte sur le pont, mais ne t'éloigne pas, j'aurai probablement bientôt besoin de toi.

— C'est bon, fit le patron, et il disparut.

— Êtes-vous édifié maintenant, monsieur le major ? dit Michel en se tournant nonchalamment vers le gouverneur épouvanté, et commencez-vous à comprendre que si petit compagnon que je sois auprès de vous, cependant, provisoirement du moins, vous êtes complètement en mon pouvoir.

— J'en conviens, articula le major d'une voix faible et étranglée.

— Alors je crois que nous ne tarderons pas à nous entendre.

— Venez donc au fait, monsieur, sans plus d'ambages, je vous prie.

— Bon ! s'écria brutalement Michel, vous voilà comme je vous aime ; et d'abord, veuillez me remettre le diamant que vous a donné votre complice dans les ruines.

— Un vol, alors ; j'avais mieux auguré de vous, répondit le major avec dédain.

— Appelez cela comme il vous plaira, dit imperturbablement le matelot, le nom ne fait rien à la chose, donnez-moi le diamant.

— Non, répondit froidement le major ; ce diamant c'est ma fortune, vous ne l'aurez qu'avec ma vie.

— Cette condition, tout illogique qu'elle soit, ne saurait m'arrêter, croyez-le ; je vous tuerai s'il le faut, puis je prendrai le diamant. Et il arma un pistolet.

Il y eut un silence.

— Ainsi, c'est bien ce diamant que vous voulez ?

— Lui et autre chose, fit Michel.

— Je ne vous comprends pas.

Le matelot se leva, lui appuya le pistolet sur la poitrine et fronçant le sourcil :

— Vous allez me comprendre, dit-il.

Le major sentit qu'il était perdu et que cet homme le tuerait.

— Arrêtez ! dit-il.

— Vous vous décidez ?

— Oui, fit-il d'une voix étranglée par la rage ; et retirant la boîte de son sein : Prenez et soyez maudit ! murmura-t-il.

Michel replaça son pistolet à sa ceinture, ouvrit la boîte et examina attentivement le diamant.

— C'est bien cela, dit-il en refermant la boîte et la faisant disparaître.

Le malheureux officier suivait tous ses mouvements d'un œil atone.

Michel reprit sa place, se versa un verre de rhum, l'avala d'un trait, et se penchant en arrière tout en bourrant sa pipe :

— Maintenant, causons, dit-il.

— Comment, causons ! fit le major, ce n'est donc pas fini ?

— Pas encore. Hum ! comme vous êtes pressé ; nous n'avons encore rien dit.

— Que me voulez-vous encore ?

— Ceci est un mot de reproche ; mais je fais la part de la mauvaise humeur

LES ROIS DE L'OCÉAN 81

Le major sentit qu'il était perdu et que cet homme le tuerait.

et je ne vous en garde pas rancune ; il est triste, lorsque toute sa vie on a été pauvre de se voir en un instant frustré d'une fortune enfin obtenue, et cela en un instant. Eh bien ! écoutez-moi, major, continua-t-il en prenant un air bonhomme et mettant les coudes sur la table, cette fortune que vous avez perdue, il vous est facile de la recouvrer, cela ne tient qu'à vous.

Le major ouvrit de grands yeux, ne sachant pas s'il devait prendre au sérieux ce que lui disait le matelot; mais comme il ne risquait rien en le laissant s'expliquer, il se prépara à lui prêter la plus sérieuse attention.

Liv. 92. F. ROY, édit. — Reproduction interdite. LES AVENTURIERS 11

Celui-ci reprit :

— N'importe comment je l'ai appris, je sais de science certaine, et l'affaire du diamant en est pour vous une preuve irrécusable, que tandis que d'un côté vous feigniez de porter le plus grand intérêt au comte de Barmont, auquel, soit dit sans reproche, vous avez, au moyen de cette feinte pitié, enlevé des sommes considérables, d'un autre, vous le trahissiez sans pudeur au profit de certains ennemis, dont vous vous faites à l'occasion grassement payer. Ceci n'est que pour mémoire ; il est inutile de le discuter, fit Michel en arrêtant d'un geste le major prêt à parler ; or, je me suis mis en tête, moi, que contre vent et marée et quelles que fussent les intrigues de ses ennemis pour l'en empêcher, le comte serait libre, et libre par moi. Voici quel est mon projet : écoutez bien ceci, monsieur le gouverneur, car l'affaire vous touche plus que vous ne semblez le supposer. Le comte a appris la mort du cardinal de Richelieu. C'est moi qui lui en ai fait passer la nouvelle dans une lettre du duc de Bellegarde. Vous voyez que je sais tout ou à peu près. Il vous a aussitôt prié de le venir voir : vous vous êtes rendu à son désir. Que s'est-il passé dans votre entretien ? Parlez et surtout soyez franc ; à mon tour, je vous écoute.

— A quoi bon vous rapporter cet entretien ? dit ironiquement le major.

— Pour ma satisfaction personnelle, répondit Michel, et votre intérêt particulier, ne vous hâtez pas de vous réjouir, major, vous n'êtes pas sorti de mes mains ; croyez-moi, exécutez-vous de bonne grâce, votre intérêt l'exige.

— Mon intérêt ? dit-il avec étonnement.

— Allez toujours, major ; lorsqu'il en sera temps, soyez tranquille, je vous donnerai l'explication que vous désirez.

Le vieil officier réfléchit un instant. Enfin, il se décida à parler, se réservant *in petto*, si l'occasion s'en présentait plus tard, de faire payer cher au matelot ses angoisses et ses humiliations.

— Le comte, dit-il, m'a engagé à aller à Paris m'aboucher avec le duc de Bellegarde, afin de lui rapporter son ordre de mise en liberté, que le duc est certain d'obtenir du roi.

— Bon, ça ! Et quand comptiez-vous partir pour Paris ?

— Je suis parti.

— Ah ! ah ! fit Michel en riant. Il paraît que vous vous êtes arrêté en route ; mais cela ne fait rien à l'affaire. Est-ce tout ?

— A peu près.

— Hum ! il y a quelque chose alors.

— Moins que rien.

— C'est égal, dites toujours, je suis fort curieux. Le comte ne vous a rien promis ?

— Si.

— Combien ?

— Cinquante mille livres, dit le major avec répugnance.

— Eh ! eh ! c'est une belle somme, et que vous vous prépariez à gagner d'une étrange façon ; mais je ne veux pas revenir là-dessus. Désirez-vous recouvrer votre diamant et toucher en même temps les cinquante mille livres promises par le comte ? Parlez, cela dépend de vous.

— Vous vous jouez de moi, vous ne parlez pas sérieusement.

— Jamais, au contraire, je n'ai été plus sérieux. A l'arrivée du comte au château que vous commandez, vous n'étiez qu'un pauvre diable d'officier de fortune qui, pendant toute sa vie, avait tiré le diable par la queue, et qui, perché comme un hibou sur un vieux mur, étiez dans votre île exposé à mourir comme vous aviez vécu, c'est-à-dire sans un denier comptant. Depuis quinze ou dix-huit mois, les choses ont pour vous complètement changé de face. Avec ce que vous avez extorqué au comte et ce que ses ennemis vous ont donné, vous êtes parvenu à vous constituer une assez jolie somme. En admettant que vous touchiez les cinquante mille livres du comte, et que je vous rende le diamant, cela vous créerait une fortune complètement indépendante, qui vous permettrait de vous retirer n'importe où et d'y finir vos jours dans la joie et l'abondance. N'êtes-vous pas de cet avis?

— Certes; mais les cinquante mille livres, je ne les toucherai pas, et le diamant vous me l'avez pris.

— C'est juste; mais j'ai ajouté qu'il ne dépendait que de vous, de vous seul, de l'avoir de nouveau en votre possession.

— Que faut-il faire pour cela?

— Voilà où je vous attendais, major; vous consentez donc à entrer en arrangement?

— Il le faut bien! ai-je mon libre arbitre en ce moment?

— On l'a toujours quand on veut, major, et vous le savez aussi bien que moi; seulement, comme vous êtes un homme doué d'une forte dose d'intelligence, que vous comprenez que lorsque, par des moyens plus ou moins honorables, on s'est fait une fortune, il faut la conserver à tout risque, vous commencez à prêter aux propositions que vous devinez que je me prépare à vous faire une oreille plus attentive, convaincu enfin qu'il va de votre intérêt de vous entendre avec moi.

— Supposez ce que vous voudrez, peu m'importe; mais dites-moi enfin ces propositions, afin que je sache s'il est de mon honneur de les accepter ou si je dois les refuser.

Michel se mit à rire sans cérémonie à cette boutade, par laquelle le major cherchait à masquer sa capitulation.

— Au lieu d'aller à Paris, dit-il, vous retournerez tout simplement à Sainte-Marguerite. Vous vous rendrez auprès du comte, vous lui direz qu'il est libre, et vous reviendrez avec lui à bord du lougre, qui vous attendra. Lorsque le comte et vous serez à bord, le lougre remettra sous voiles. Alors je vous rendrai votre diamant; je vous compterai les cinquante mille livres convenues, et comme il vous déplaira sans doute de reprendre après cette équipée le commandement de votre château, je vous transporterai, vous et vos richesses, où il vous plaira de vous retirer pour en jouir sans craindre d'être inquiété.

— Mais, observa le major, que dirai-je au comte pour lui persuader qu'il est libre par l'ordre du roi?

— Ceci ne me regarde pas, c'est votre affaire, que diable! Vous vous faites tort, mon cher major, en laissant mettre en doute la puissance de votre imagination. Maintenant, que pensez-vous de ma proposition, l'acceptez-vous ?

— Qui m'assure que vous ne me trompez pas, et que lorsque j'aurai rempli les conditions du marché que vous m'imposez, vous tiendrez aussi strictement les vôtres ?

— La parole d'un honnête homme, monsieur, parole qui, bien qu'étant celle d'un simple matelot, vaut celle d'un gentilhomme.

— Je vous crois, monsieur, répondit le major en baissant les yeux sous l'éclat fulgurant du regard de Michel.

— Ainsi, c'est convenu ?

— Convenu, oui.

— C'est bien. Ohé ! Nicaud ! cria Michel.

Le patron arriva avec une rapidité qui prouvait qu'il n'était pas demeuré fort loin des deux interlocuteurs.

— Me voilà, Michel, que me veux-tu ?

— Où sommes-nous en ce moment ? demanda le matelot.

— A cinq lieues environ au vent de l'île Sainte-Marguerite.

— Bon ! Tenons-nous comme ça jusqu'au point du jour ; au lever du soleil nous laisserons arriver en grand sur l'île, où nous accosterons.

— Bien, matelot, c'est entendu.

— Ah ! voici M. le gouverneur qui a, je le crois, besoin de prendre un peu de repos. Ne pourrais-tu pas le caser quelque part où il ait la liberté de dormir pendant trois ou quatre heures ?

— Rien de plus facile ; comme moi je ne me coucherai pas cette nuit, non plus que toi, sans doute, ma chambre est à la disposition de M. le major, s'il me veut faire l'honneur de l'accepter.

Le vieil officier était réellement brisé, non seulement par la fatigue d'une longue veille, mais surtout par les émotions que pendant cette soirée il avait éprouvées. Certain que désormais il n'avait rien à redouter pour sa sûreté, il accepta sans façon l'offre du patron et se retira dans la chambre dont celui-ci lui ouvrit poliment la porte.

Les deux marins remontèrent sur le pont.

— Cette fois, dit Michel, je crois que nous avons bien manœuvré et que notre projet réussira.

— Je commence à être de ton avis ; c'est égal, ce vieux cormoran de gouverneur a été dur, hein !

— Pas trop, fit Michel en riant ; d'ailleurs, il n'avait pas le choix, bon gré mal gré, il fallait bien qu'il s'exécutât.

Ainsi que cela avait été convenu, le lougre louvoya pendant toute la nuit au vent de l'île, à une distance de quatre ou cinq lieues de la côte.

Au lever du soleil, on laissa porter en grand sur Sainte-Marguerite.

La brise avait faibli près des côtes, de sorte qu'il fallut un espace de temps assez long pour que le léger navire atteignît l'espèce de petit havre servant de débarcadère situé devant le château.

Le lougre calait trop d'eau pour qu'il lui fût possible d'accoster bord à quai ; il se tint donc en panne à une certaine distance, le patron Nicaud et mettre le canot à la mer, tandis que Michel descendait dans la chambre, afin de prévenir le major.

Celui-ci était éveillé. Rafraîchi et reposé par le sommeil, ce n'était plus le même homme : il envisageait maintenant sa position sous son vrai jour et comprenait que le moyen qui lui était offert de sortir de la position difficile où il se trouvait placé par sa double trahison, était plus avantageux que désagréable pour lui.

Ce fut d'un air presque riant qu'il souhaita le bonjour à Michel, et il ne fit aucune difficulté d'accepter le coup du matin que lui offrit le matelot.

— Eh bien ! lui demanda-t-il, où sommes-nous, Michel ?

— Major, nous sommes arrivés.

— Déjà ! ne craignez-vous pas qu'il soit un peu tôt pour descendre à terre ?

— Nullement ; il est neuf heures du matin.

— Si tard ? diable ! il paraît que j'ai bien dormi ; en effet, je me sens tout dispos ce matin.

— Tant mieux, major, c'est bon signe ; ah çà ! vous vous rappelez nos conventions, n'est-ce pas ?

— Parfaitement.

— Et vous jouerez franc jeu avec nous ?

— Franc jeu ! à mon tour je vous donne ma parole d'honneur, et quoi qu'il puisse advenir, je la tiendrai.

— Allons, cela me fait plaisir de vous entendre parler ainsi ; je commence à revenir sur votre compte.

— Bah ! bah ! fit en riant le major, vous ne me connaissez pas encore.

— Vous savez que le canot est paré ; il n'attend plus que vous pour déborder.

— S'il en est ainsi, je vous suis, Michel ; j'ai maintenant une hâte aussi grande que la vôtre d'en finir.

Le major monta alors sur le pont et s'embarqua dans le canot, qui déborda aussitôt et se dirigea vers le débarcadère.

Le cœur de Michel battait à rompre sa poitrine tandis qu'il suivait d'un œil anxieux la légère embarcation qui s'éloignait rapidement du navire, et qui déjà était sur le point de toucher le rivage.

XI

FRANCE, ADIEU !

A peine le major de l'Oursière eut-ils mis pied à terre sur l'île Sainte-Marguerite que tout fut en émoi dans le fort.

En effet, la veille au soir en quittant l'île, le gouverneur avait annoncé un voyage et une absence d'une et peut-être de deux semaines.

Le capitaine investi du commandement du fort pour la durée de son absence accourut avec empressement au-devant de lui, curieux de connaître le motif d'un si prompt retour.

Le major répondit d'abord, d'une façon évasive, que des nouvelles qu'il avait reçues en touchant la terre ferme avaient nécessité l'interruption immédiate de son voyage et, tout en causant ainsi, il entra dans le fort et se dirigea vers son appartement, toujours suivi du capitaine qu'il avait engagé à l'accompagner.

— Monsieur, lui dit-il, dès qu'ils furent seuls, vous allez immédiatement choisir dans la garnison dix hommes résolus, vous vous embarquerez avec eux sur le bateau pêcheur que j'ai vu en arrivant échoué sur la plage. Cette mission que je vous confie est des plus importantes, et, si vous l'accomplissez bien, peut avoir pour vous des avantages sérieux ; elle doit être menée avec le plus profond mystère : secret d'État, monsieur.

Le capitaine s'inclina avec reconnaissance, visiblement flatté de la confiance que lui témoignait son chef.

Le major continua :

— Vous vous ferez débarquer un peu au-dessous d'Antibes, sur la côte, et vous retiendrez l'embarcation qui devra vous servir au retour ; vous vous arrangerez de façon à n'entrer dans la ville que de nuit, sans attirer l'attention sur vous ; vous logerez vos hommes comme vous pourrez, sans éveiller la méfiance, mais de façon à les avoir sous la main en un instant. Demain à dix heures du matin, vous vous présenterez au gouverneur de la ville, vous lui remettrez une lettre que je vais vous donner et vous vous tiendrez à sa disposition. M'avez-vous bien compris, monsieur ?

— Parfaitement, monsieur le gouverneur.

— Surtout, je vous recommande la plus entière discrétion ; songez que du succès de cette mission dépend probablement votre fortune.

— Je vous obéirai, monsieur le gouverneur ; vous n'aurez, je l'espère, que des compliments à m'adresser à mon retour.

— J'y compte, monsieur, allez ; il faut que vous soyez parti avant une demi-heure. Pendant vos préparatifs j'écrirai la lettre ; elle sera prête quand vous viendrez prendre congé de moi.

Le capitaine, après une respectueuse salutation, se retira la joie au cœur, sans avoir le moindre soupçon de la trahison méditée par son chef, et alla en toute hâte tout préparer pour son départ.

Le major avait sous ses ordres une garnison de cinquante soldats commandés par trois officiers, un capitaine et deux lieutenants.

Ce capitaine, le plus élevé en grade après lui, l'aurait sans doute, sinon complètement embarrassé, du moins fort gêné dans la réussite du coup de main qu'il méditait, à cause du prétexte qu'il lui aurait fallu inventer pour colorer à ses yeux le manque d'ordre écrit de mettre le comte en liberté.

En l'éloignant, le major n'avait plus en face de lui que deux officiers subalternes trop bas placés dans la hiérarchie militaire pour se permettre de faire des observations, ou hésiter à accomplir ses ordres, d'autant plus que, depuis près de dix ans que M. de l'Oursière commandait la forteresse de Sainte-

Marguerite, rien dans sa conduite n'avait prêté le moindre sujet à des suppositions fâcheuses pour son honneur.

Contraint par les événements à trahir ses devoirs et à s'éloigner pour toujours de sa patrie, qu'il savait ne plus revoir après cet audacieux coup de main, le major voulait ne rien laisser au hasard et tirer de sa mauvaise position le meilleur parti possible, et d'après les mesures prises par lui, il espérait être à l'abri de tout danger lorsque se découvrirait enfin sa trahison.

Mais, par un sentiment de justice fort louable, surtout de la part d'un pareil homme et dans de telles circonstances, le major voulut porter seul le poids de son infâme conduite, et ne pas attirer le soupçon de complicité sur les pauvres officiers que leur devoir obligeait à lui obéir dans ce qu'ils croyaient faire partie de leur service militaire.

Il écrivit donc au gouverneur d'Antibes une lettre fort détaillée dans laquelle il raconta sans rien omettre la trahison qu'il méditait, et qui serait exécutée lorsque le gouverneur lirait cette étrange missive; il exposa les motifs qui l'obligeaient à agir ainsi qu'il le faisait, en assumant sur sa tête toute la responsabilité d'un pareil acte et en déchargeant complètement ses officiers et ses soldats non seulement de toute coopération, mais encore de toute connaissance même indirecte de son projet.

Ces devoirs, scrupuleusement accomplis, car il était impossible que le gouverneur se trompât à la franchise de ses aveux et les révoquât un instant en doute, le major plia la missive, la cacheta avec soin et la plaça sur la table en attendant le retour de son lieutenant.

Maintenant, ses vaisseaux étant brûlés, M. de l'Oursière ne pouvait plus reculer, il fallait à tout risque pousser en avant et réussir; cette certitude d'une perte assurée si son projet échouait, enleva ses derniers doutes et lui rendit toute la sérénité nécessaire pour agir avec le sang-froid exigé par la circonstance bizarre dans laquelle il se trouvait placé.

Le capitaine entra.

— Eh bien? lui demanda le major.

— Je suis prêt à partir, monsieur le gouverneur; mes soldats se trouvent déjà à bord du bateau pêcheur, dans dix minutes nous aurons quitté l'île.

— Voici la lettre que vous devez remettre en mains propres au gouverneur d'Antibes, monsieur; souvenez-vous de mes instructions.

— Je m'y conformerai de tout point, monsieur.

— Alors, au revoir, et que Dieu vous garde! dit le major en se levant.

L'officier salua et sortit.

Le major le suivit des yeux par la fenêtre entr'ouverte de sa chambre, il le vit quitter le fort, se diriger vers la plage, monter dans le bateau pêcheur; l'embarcation déborda, hissa sa voile et finalement s'éloigna, doucement inclinée sous l'effort de la brise.

— Ouf! fit le major en refermant la fenêtre avec un soupir de satisfaction; et d'un; à l'autre, maintenant.

Mais avant tout, le vieil officier s'enferma dans sa chambre, brûla certains papiers, en prit certains autres, mit quelques habits dans une légère valise, ne voulant pas emporter tout ce qui lui appartenait, de crainte d'éveiller les soupçons, et enveloppant soigneusement dans son manteau une petite cassette de fer fort lourde qui sans doute renfermait son argent monnayé, il s'assura d'un coup d'œil circulaire que tout était en ordre, rouvrit la porte et appela.

Un soldat parut.

— Priez MM. de Castaix et de Mircey de se rendre au gouvernement, dit-il, je désire leur parler.

MM. de Castaix et de Mircey étaient les deux lieutenants demeurés au fort.

Ils arrivèrent bientôt, assez intrigués de cette audience imprévue ; habituellement le gouverneur causait peu avec ses officiers.

— Messieurs, leur dit-il, après leur avoir rendu leur salut, un ordre du roi m'a fait revenir ici en toute hâte. Je dois conduire notre prisonnier, M. de Barmont, à Antibes, où déjà m'a précédé votre capitaine avec une escorte suffisante pour paralyser toute tentative d'évasion de la part du prisonnier ; j'ai agi ainsi parce que le bon plaisir du roi est que cette translation du comte d'un lieu à un autre ait l'apparence d'une mise en liberté ; c'est même en ce sens que je parlerai au prisonnier afin de ne lui rien laisser soupçonner des nouveaux ordres que j'ai reçus. Jusqu'à mon retour, qui ne tardera pas plus de deux jours, vous, monsieur de Castaix, comme plus ancien de grade, vous prendrez le commandement de la forteresse ; je me plais à croire, messieurs, que je n'aurai qu'à me louer de l'aptitude que vous apporterez à remplir vos devoirs pendant mon absence.

Les deux officiers saluèrent ; habitués à la politique tortueuse et mystérieuse du cardinal, les paroles du major ne les étonnèrent nullement, car bien que le cardinal fût mort, il n'y avait pas encore assez longtemps de cela pour que le roi eût, à leur avis, modifié en quoi que ce fût sa façon ténébreuse de gouverner.

— Veuillez donner l'ordre que le prisonnier soit amené en ma présence ; tandis que je lui annoncerai sa mise en liberté, ajouta-t-il avec un sourire goguenard, dont les officiers ne comprirent pas l'étrange signification, vous ferez porter tous les effets lui appartenant dans le canot du lougre contrebandier à bord duquel je suis revenu. Allez, messieurs.

Les officiers se retirèrent.

Le comte fut fort étonné lorsque la Grenade ouvrit son cachot et le pria de le suivre en lui annonçant que le gouverneur désirait lui parler.

Il croyait le major en route pour Paris, ainsi que cela avait été convenu entre eux le soir précédent, et ne comprenait rien à sa présence au fort après la promesse formelle qu'il lui avait faite la veille.

Une autre chose lui causait encore une grande surprise : depuis qu'il était prisonnier à l'île Sainte-Marguerite, jamais le gouverneur ne l'avait fait demander : c'était au contraire lui qui toujours s'était dérangé et était venu le trouver dans sa chambre.

Mais ce qui acheva de mettre le désordre dans ses idées, ce fut la recom-

— Mon chapeau, soit, dit en riant le jeune homme, mais mon manteau, à quoi bon ?

mandation que lui fit la Grenade de placer tout ce qui lui appartenait dans son coffre et d'en prendre la clef.

— Mais pourquoi cette précaution tout au moins inutile? lui demanda le comte.

— On ne sait pas ce qui peut arriver, monsieur, répondit sournoisement le geôlier, il est bon d'user de précautions, et tenez, si j'étais que vous, je mettrais mon chapeau et je prendrais mon manteau.

Et tout en parlant ainsi, le soldat l'aidait activement à remplir son coffre.

— Là, voilà qui est fait, dit-il avec satisfaction, lorsque le comte eut retiré la clef, voici votre chapeau et votre manteau.

— Mon chapeau soit, dit en riant le jeune homme, mais mon manteau, à quoi bon? je ne risque pas d'attraper une pleurésie dans le trajet qu'il me faut faire jusque chez le gouverneur.

— Vous ne voulez pas l'emporter?

— Certes, non!

— Et bien! je l'emporte, moi, vous verrez qu'il vous servira.

Le jeune homme haussa les épaules sans répondre et ils sortirent de la chambre dont le geôlier ne se donna pas la peine de refermer la porte.

Le major attendait son prisonnier en marchant à grands pas dans sa chambre. La Grenade l'introduisit, posa le manteau sur une chaise et sortit.

— Ah! ah! fit en riant le major, je vois que vous vous êtes douté de quelque chose.

— Moi, monsieur le gouverneur, de quoi me suis-je donc douté, s'il vous plaît?

— Dame! vous voici habillé comme pour un voyage, il me semble?

— C'est cet imbécile de la Grenade qui, je ne sais pourquoi, m'a obligé de m'affubler de mon chapeau et qui, à toute force, a voulu apporter mon manteau ici.

— Il a eu raison.

— Comment cela?

— Monsieur le comte, j'ai l'honneur de vous annoncer que vous êtes libre.

— Libre, moi! s'écria le comte, en pâlissant de joie et d'émotion.

— Le roi a daigné signer votre mise en liberté, j'ai reçu l'ordre en débarquant à Antibes.

— Enfin! s'écria le comte avec explosion; mais se remettant aussitôt : Et cet ordre, vous pouvez me le montrer, monsieur?

— Excusez-moi, monsieur le comte, cela m'est défendu, au contraire.

— Ah! et pour quelle raison?

— C'est une mesure générale.

— Soit, je n'insiste pas; vous est-il permis au moins de me dire, monsieur, à la requête de quelle personne ma liberté m'est rendue?

— Je ne vois aucun empêchement à cela, monsieur; c'est à la sollicitation du duc de Bellegarde.

— Ce cher duc! ami véritable, s'écria le comte avec émotion.

Le major, avec le plus grand sang-froid, lui présenta une plume et lui indiquant une place blanche sur un registre :

— Vous plairait-il, monsieur, de signer sur ce registre?

Le comte lut rapidement des yeux, il vit que c'était une espèce de certificat de la façon honorable dont il avait été traité pendant le cours de sa détention.

Il signa.

— Maintenant, monsieur, dit-il, puisque je suis libre, car je suis bien libre, n'est-ce pas?

— Libre comme l'oiseau, monsieur le comte.

— Alors je puis me retirer; je ne sais pourquoi, mais il me semble depuis un instant que ces sombres et épaisses murailles m'étouffent, je ne respirerai à mon aise que lorsque je me sentirai en plein air.

— Je comprends cela, monsieur, j'ai tout préparé, nous nous embarquerons quand vous voudrez.

— Nous? fit le comte avec surprise.

— Oui, monsieur le comte, je vous accompagne.

— Ah! et pour quelle raison, s'il vous plaît?

— Pour vous faire honneur, monsieur, pas pour autre chose.

— Soit, dit-il d'un air soucieux; partons donc, monsieur, mais j'ai quelques nippes.

— Elles sont déjà embarquées; venez, monsieur.

Le major se chargea de sa valise et de sa cassette et sortit suivi du comte.

— Quand je vous disais que vous auriez besoin de votre manteau, dit la Grenade à M. de Barmont en le saluant au passage; bon voyage, monsieur, et bonne chance!

Ils descendirent au rivage. Pendant ce trajet, qui cependant n'était pas fort long, le front du comte se rembrunit encore; il lui sembla apercevoir une certaine tristesse sur les traits des soldats et des officiers qui le regardaient partir, ils chuchotaient entre eux en le désignant du doigt d'une façon qui n'avait rien de rassurant pour le comte et qui commençait à lui donner fort à penser.

Parfois il jetait à la dérobée un regard sur le major; celui-ci paraissait calme, son visage était souriant.

Ils atteignirent enfin l'embarcation, le major s'effaça pour laisser passer le comte et ne monta qu'après lui dans le canot.

Dès que tous deux furent à bord, l'embarcation déborda et s'éloigna à force de rames.

Pendant toute la traversée de la plage au lougre, le comte et le major gardèrent le silence.

Enfin ils rangèrent à tribord le petit navire, une corde leur fut jetée et ils montèrent.

Le canot fut immédiatement hissé sur les pistolets, les voiles orientées et le lougre s'élança au plus près du vent.

— Ah! s'écria le comte en apercevant Michel, te voilà, je suis sauvé!

— Je l'espère bien ainsi, répondit joyeusement celui-ci; mais venez, monsieur le comte, nous avons à causer.

Ils descendirent dans la chambre, suivis par le major.

— Là, maintenant nous pouvons parler; capitaine, il s'agit de régler nos comptes.

— Nos comptes? fit avec surprise M. de Barmont.

— Oui, procédons par ordre, vous avez promis cinquante mille livres à monsieur?

— En effet, je les lui ai promises.

— Et vous m'autorisez à les lui donner?

— Certes!

— Bon, alors il les aura; et se tournant vers le major : Vous avez scrupuleusement tenu vos promesses, nous tiendrons les nôtres aussi loyalement. Voici d'abord votre diamant que je vous restitue; l'argent, dans un instant je vous le donnerai; je crois que vous ne vous souciez pas plus que nous de mettre le pied en France, hein?

— Je n'y tiens pas le moins du monde, répondit le major, heureux d'être rentré en possession de son diamant.

— Où voulez-vous être débarqué? L'Angleterre vous sourit-elle, ou bien aimez-vous mieux l'Italie?

— Hum! je ne sais trop.

— Préférez-vous l'Espagne? cela m'est égal, à moi.

— Pourquoi pas le Portugal?

— Le Portugal, soit, nous vous y laisserons en passant.

Le comte avait écouté avec une surprise croissante cette conversation incompréhensible pour lui.

— Qu'est-ce que cela signifie? dit-il enfin.

— Cela signifie, capitaine, répondit nettement Michel, que le roi n'a pas signé votre grâce, que vous êtes prisonnier et seriez probablement demeuré prisonnier toute votre vie, si, heureusement pour vous, monsieur n'avait pas consenti à vous ouvrir la porte.

— Monsieur! s'écria le comte en faisant un mouvement vers le major.

Michel l'arrêta.

— Ne vous hâtez pas de le remercier, dit-il, attendez qu'il vous raconte ce qui s'est passé et de quelle façon il s'est trouvé amené à vous rendre la liberté lorsque peut-être il aurait préféré ne pas le faire.

— Voyons, voyons, dit le comte en frappant du pied avec colère, expliquez-vous! je ne comprends rien à tout cela; je veux tout savoir, tout, entendez-vous bien?

— Cet homme va vous le dire, capitaine, seulement il craint en ce moment les suites de ses aveux, voilà pourquoi il hésite à vous les faire.

M. de Barmont sourit avec dédain.

— Cet homme est au-dessous de ma colère, fit-il; quoi qu'il me dise, je ne me vengerai de lui en aucune façon; d'avance il est pardonné, je lui en donne ma foi de gentilhomme.

— Maintenant parlez, major, dit Michel; pendant ce temps-là je remonte sur le pont avec le patron Nicaud ou, si vous le préférez, Vent-en-Panne, qui a assez bien joué son rôle dans toute cette affaire.

Michel sortit, les deux hommes demeurèrent seuls.

Le major comprit que mieux valait pour lui s'exécuter franchement et sans ambages; il raconta donc au comte sa trahison dans tous ses détails, et de quelle façon Michel l'avait obligé à le sauver lorsqu'au contraire il venait d'être payé pour le perdre.

Bien que le nom du duc de Peñaflor n'eût pas une seule fois été prononcé pendant le récit du major, le comte devina cependant que c'était lui seul qui lui avait porté tous les coups dont il avait été si rudement éprouvé depuis dix-huit mois; quelle que fût sa résolution, cette profondeur de haine, ce machiavélisme de vengeance l'effrayèrent; mais dans ce récit si circonstancié, un point pour lui était demeuré noir. comment Michel avait-il découvert la dernière machination de ses ennemis et cela assez à temps pour se mettre en mesure de la déjouer?

A toutes les questions que lui adressa le comte, le major ne put rien répondre, il l'ignorait.

— Eh bien! dit le matelot en entrant tout à coup dans la chambre, êtes-vous instruit maintenant, capitaine?

— Oui, répondit celui-ci avec une certaine nuance de tristesse, sauf un point cependant.

— Lequel? capitaine.

— Je voudrais savoir de quelle façon vous avez découvert cette trame si bien ourdie.

— Très simplement, capitaine. En deux mots voici la chose: Vent-en-Panne et moi, sans que le major s'en doutât, nous l'avions suivi à pas de loup dans les ruines en prenant bien garde d'être aperçus par lui; de cette façon rien de sa conversation avec l'inconnu ne nous échappa. Lorsque le major lui eut remis les papiers, et que l'inconnu se fut éloigné, je lui sautai à la gorge, avec l'aide de Vent-en-Panne, je lui enlevai les papiers...

— Et ces papiers? interrompit vivement le comte.

— Je vous les donnerai, capitaine.

— Merci, Michel; maintenant continue.

— Ma foi, c'est fini! je le bâillonnai pour l'empêcher de crier et, après l'avoir ficelé comme une carotte de tabac pour le mettre dans l'impossibilité de courir après nous, je le laissai là et je m'en fus.

— Comment, tu t'en fus, Michel, en abandonnant cet homme ainsi bâillonné et garrotté dans une île déserte?

— Que vouliez-vous que j'en fasse, capitaine?

— Oh! peut-être mieux eût-il valu le tuer, que de le laisser à un aussi horrible supplice.

— Avec cela qu'il était tendre pour vous, lui, capitaine! Allons donc, de la pitié pour une semblable bête féroce, ce serait une duperie de votre part; d'ailleurs le diable protège toujours ses créatures: soyez tranquille, je suis certain qu'il est sauvé.

— Comment cela?

— Pardieu! il n'est pas venu à la nage dans Saint-Honorat, ses gens étaient probablement cachés quelque part; ennuyés de ne pas le voir revenir, ils se seront mis à sa recherche et l'auront ramassé où je l'ai couché; il en aura été quitte pour ronger son frein pendant deux ou trois heures peut-être.

— Au fait, c'est possible, Michel, c'est probable même. Où nous conduis-tu ?

— Dame! c'est vous qui commandez ici, capitaine ; nous irons où vous voudrez.

— Je te le dirai, mais d'abord débarquons le major ; je crois qu'il désire autant se débarrasser de notre société que nous de la sienne.

En ce moment on entendit la voix de Vent-en-Panne.

— Ohé! Michel, criait-il, nous avons un grand navire sous vent.

— Diable! fit le matelot, a-t-il hissé ses couleurs ?

— Oui, c'est un Norvégien.

— Ce serait pour vous une bonne occasion, major, dit le comte.

— Hé! matelot, cria Michel sans attendre la réponse du major, laisse arriver sur le Norvégien.

Le major jugea inutile de protester.

Deux heures après, les deux navires se trouvaient dans les eaux l'un de l'autre, à portée de porte-voix ; le navire étranger se rendait à Helsingfors, le capitaine consentit à prendre le passager qu'on lui offrait.

Le major fut donc transporté à bord avec tout ce qui lui appartenait.

— Maintenant, capitaine, dit Michel lorsque l'embarcation fut de retour, où mettons-nous le cap ?

— Allons aux Iles, répondit tristement le comte, c'est là seulement que nous trouverons désormais un abri ; et jetant un dernier regard vers les côtes de France dont les contours commençaient à se noyer dans les lointains bleuâtres de l'horizon : France, adieu ! murmura-t-il avec un soupir en cachant avec douleur sa tête dans ses mains.

Dans ces deux mots s'exhalait tout entier le dernier sentiment humain demeuré au fond du cœur de cet homme si éprouvé par l'adversité et qui, vaincu par le désespoir, allait demander au nouveau monde la vengeance que le vieux monde lui refusait si obstinément.

XII

LE COMMENCEMENT DE L'AVENTURE

Le XVIIe siècle fut une époque de transition entre le moyen âge qui exhalait son dernier soupir et l'ère moderne que les grands penseurs du XVIIIe siècle devaient si splendidement constituer.

Sous les coups répétés de l'implacable cardinal de Richelieu, ce sombre faucheur de l'unité du pouvoir despotique des rois, une réaction immense s'était opérée dans les idées. Réaction sourde, qui sapait dès le principe l'œuvre du ministre, et dont il était loin de soupçonner les causes ni la puissance.

Ce fut surtout pendant la seconde moitié du xvii⁰ siècle que le monde offrit un spectacle étrange.

A cette époque, les Espagnols, possesseurs par le droit du plus fort de la plus grande partie de l'Amérique, où ils avaient accumulé les colonies, étaient maîtres de la mer que le célèbre *balai de Hollande* n'avait pas encore nettoyée. La marine anglaise s'ébauchait à peine et, malgré les efforts continus de Richelieu, la marine française n'existait pas.

On vit tout à coup, sans savoir d'où ils venaient, surgir quelques aventuriers qui, seuls, enfants perdus de la civilisation, hommes de toutes castes, depuis la plus haute jusqu'à la plus humble, appartenant à toutes les nations, mais surtout à la française, perchés comme des vautours sur un îlot imperceptible de l'océan Atlantique, avaient entrepris de lutter contre la puissance castillane, et, de leur autorité privée, lui avaient déclaré une guerre sans merci ; attaquant les flottes espagnoles avec une audace inouïe, et comme un taon attaché au flanc d'un lion, tenant en échec le colosse espagnol, ils le contraignaient à traiter avec eux de puissance à puissance, sans autre secours que leur courage et leur énergique volonté.

En quelques années leurs exploits incroyables, leurs coups de main audacieux, inspirèrent une terreur telle aux Espagnols et leur acquirent une réputation si grande et si méritée, que les déshérités de la fortune, les chercheurs d'aventures, affluèrent de tous les coins du monde à l'île qui leur servait de repaire, et leur nombre s'accrut dans des proportions telles, qu'ils parvinrent presque à se constituer une nationalité par la seule force de leur volonté et de leur audace.

Disons en quelques mots quels étaient ces hommes et quelle fut l'origine de leur étrange fortune.

Il nous faut pour cela revenir aux Espagnols.

Ceux-ci, après leurs immense découvertes dans le nouveau monde, avaient obtenu du pape Alexandre VI une bulle qui leur concédait la propriété exclusive des deux Amériques.

Forts de cette bulle et se considérant comme seuls *propriétaires* du nouveau monde, les Espagnols prétendirent en écarter tous les autres peuples, et commencèrent à traiter en corsaires tous les bâtiments qu'ils rencontrèrent entre les deux tropiques.

Leur puissance maritime et le rôle important qu'ils jouaient alors sur le continent américain ne laissaient pas aux gouvernements la faculté de protester comme ils l'auraient désiré contre cette odieuse tyrannie.

Alors il arriva que des armateurs français et anglais, excités par l'appât du gain et ne tenant aucun compte des prétentions espagnoles, armèrent des navires qu'ils envoyèrent vers les riches régions si convoitées, pour enlever les convois espagnols, piller les côtes américaines et incendier les villes.

Traités en pirates, ces hardis marins acceptèrent franchement la position qui leur était faite, commirent des excès épouvantables partout où ils débarquèrent, se chargèrent de riches dépouilles, et, méprisant les droits des nations, ne se souciant guère que les Espagnols fussent ou non en guerre avec les pays auxquels ils appartenaient, ils les attaquèrent partout où ils les rencontrèrent.

Les Espagnols, tout occupés de leurs riches possessions du Mexique, du Pérou et en général de leurs colonies, de terre ferme, mines pour eux de richesses inépuisables, avaient commis la faute de négliger les Antilles, qui s'étendent du golfe du Mexique au golfe de Maracaïbo, et de n'établir des colonies que sur les quatre grandes îles de cet archipel.

Cachés au fond des anses, derrière les sinuosités du rivage les aventuriers fondaient subitement sur les navires espagnols, les prenaient à l'abordage, puis revenaient à terre partager leur butin.

Les Espagnols, malgré le grand nombre de leurs bâtiments, l'active surveillance qu'ils exerçaient, ne pouvaient plus traverser la mer des Antilles, que les aventuriers avaient choisie pour théâtre de leurs exploits, sans courir le risque de combats acharnés contre des hommes que la petitesse et la légèreté de leurs navires rendaient presque insaisissables.

La vie errante avait tant de charmes pour ces aventuriers qui s'étaient à eux-mêmes donné le nom caractéristique de *flibustiers*, c'est-à-dire *franc butineurs*[1], que pendant longtemps la pensée ne leur vint pas de former un établissement durable au milieu de ces îles qui leur servaient de retraites passagères.

Les choses en étaient là, lorsqu'en 1625 un cadet de Normandie, nommé d'Esnambuc, auquel le droit d'aînesse ne laissait d'autre espoir de fortune que celle qu'il pourrait acquérir par son industrie ou par son courage, arma à Dieppe un brigantin de soixante-dix tonneaux à peu près, sur lequel il mit quatre canons et quarante hommes résolus, et partit pour faire la chasse aux Espagnols et essayer de s'enrichir par quelque bonne prise.

Arrivé aux Caïmans, petites îles situées entre Cuba et la Jamaïque, il tomba à l'improviste dans les eaux d'un grand vaisseau espagnol portant trente-cinq canons et trois cent cinquante hommes d'équipage; la situation était critique pour le corsaire.

D'Esnambuc, sans donner aux Espagnols le temps de le reconnaître, laissa arriver en grand sur eux et les attaqua. Le combat dura trois heures avec un acharnement inouï; les Dieppois se défendirent si bien que les Espagnols, désespérant de les vaincre et ayant perdu la moitié de leur équipage, cessèrent les premiers la lutte et prirent honteusement chasse devant le petit navire.

Cependant celui-ci avait beaucoup souffert, à peine pouvait-il se soutenir au-dessus de l'eau; dix hommes de son équipage avaient été tués, les autres, couverts de blessures, ne valaient guère mieux.

L'île Saint-Christophe n'était pas fort éloignée, d'Esnambuc l'atteignit à grand'peine et s'y réfugia pour renflouer son navire et soigner ses blessés; puis, calculant que pour la réussite de ses courses futures il avait besoin d'une retraite sûre, il résolut de s'établir dans cette île.

Saint-Christophe, que des Caraïbes nommaient *Liamniga*, est située par 17° 18' de latitude N. et 65° de longitude O.; elle se trouve à vingt-trois

---

1. De *free booters*.

D'Esnambuc rencontra en débarquant quelques Français qui vivaient avec les Caraïbes.

lieues O.-N.-O. d'Antigoa et à trente lieues environ N.-O. de la Guadeloupe, elle fait partie des petites Antilles.

L'aspect général de cette île est d'une beauté remarquable ; elle est dominée par le mont Misère, volcan éteint, d'une hauteur de trois mille cinq cents pieds, qui en occupe toute la partie N.-O. et descend graduellement en chaînes inférieures, jusqu'à ce qu'il se perde au S. dans les plaines de la Basse-Terre.

La stérilité des montagnes forme un contraste frappant avec la fertilité des plaines.

Les vallées sont d'une richesse de végétation réellement extraordinaire, tandis que les montagnes ne présentent à l'œil qu'un chaos confus de roches brisées, dont les interstices sont remplis d'une matière argileuse qui arrête toute végétation.

Les eaux sont rares et d'assez mauvaise qualité, car les quelques sources qui descendent du mont Misère sont fortement imprégnées de particules salines, auxquelles les étrangers ne s'habituent que difficilement.

Mais, chose précieuse pour les flibustiers, Saint-Christophe possède deux ports magnifiques, bien abrités, faciles à défendre, et ses côtes sont dentelées d'anses profondes où en cas de danger leurs légers navires trouveraient aisément un refuge.

D'Esnambuc rencontra, en débarquant, quelques Français réfugiés qui vivaient en bonne intelligence avec les Caraïbes et qui non seulement le reçurent à bras ouverts, mais encore se joignirent à lui et le choisirent pour chef.

Par un hasard singulier, le même jour où les Dieppois abordaient à Saint-Christophe, des flibustiers anglais, commandés par le capitaine Warner, maltraités aussi dans un combat avec les Espagnols, venaient s'y réfugier sur un autre point.

Les corsaires des deux nations, qui ne pouvaient être séparés par aucune idée de conquête, d'agriculture ou de commerce, et qui poursuivaient le même but, combattre les Espagnols et se créer un refuge contre l'ennemi commun, s'entendirent facilement; puis, après s'être partagé l'île, ils s'établirent les uns à côté des autres et vécurent dans une bonne harmonie que rien ne troubla pendant longtemps.

Une fois même ils réunirent leurs forces contre les Caraïbes qui, effrayés des progrès de leur nouvel établissement, essayèrent de les chasser.

Les flibustiers firent un carnage horrible des Indiens et les réduisirent à implorer leur clémence.

Quelques mois plus tard, Warner et d'Esnambuc reprirent la mer; le premier se rendait à Londres, le second à Paris; chacun d'eux allait solliciter la protection de son gouvernement pour la colonie naissante.

Comme toujour, ces hommes, qui d'abord n'avaient cherché qu'un refuge provisoire, éprouvaient maintenant le désir de voir se développer un établissement créé par eux et qui en peu de temps avait pris une importance réelle.

Le cardinal de Richelieu, toujours disposé à favoriser les projets tendant à augmenter au dehors la puissance de la France, accueillit le flibustier avec la plus grande distinction, entra dans ses vues et forma une compagnie nommée *Compagnie des Iles*, pour l'exploitation de la colonie.

Le fonds social était de quarante-cinq mille livres dont Richelieu pour sa part souscrivit personnellement une somme de dix mille.

D'Esnambuc fut investi du commandement suprême.

Parmi les clauses stipulées dans sa commission il en est une que nous devons rapporter à cause de son étrangeté, qui constitue pour les blancs en Amérique un esclavage temporaire plus dur encore que celui imposé aux noirs.

Voici cette clause dont nous verrons les sinistres conséquences se développer dans le cours de cette histoire :

« Nul travailleur destiné à la colonie ne sera admis à s'embarquer s'il ne s'engage à rester pendant trois ans au service de la Compagnie, qui aura le droit de l'employer à tous les travaux qu'il lui plaira sans qu'il ait la faculté de se plaindre ou de rompre le traité passé par lui. »

Ces travailleurs furent nommés engagés, terme honnête pour ne pas dire esclaves.

Le retour du nouveau gouverneur ne fut pas heureux. Assailli par une suite non interrompue de tempêtes, les maladies décimèrent ses équipages et il ne débarqua que quelques hommes agonisants.

Le capitaine Warner, plus favorisé, était revenu avec de nombreux colons. Cependant la bonne intelligence se maintint pendant quelque temps entre les deux nations; mais les Anglais, plus nombreux, profitèrent de ce que les Français, vu leur faiblesse, ne pouvaient s'opposer à leurs usurpations pour empiéter sur leurs droits et fonder un nouvel établissement sur l'île de Nièves, voisine de Saint-Christophe.

Cependant d'Esnambuc ne désespéra pas du sort de la colonie, il se rendit de nouveau en France et sollicita du cardinal des secours d'hommes et d'argent pour repousser les entreprises de ses incommodes voisins.

Richelieu lui accorda sa demande.

Sur son ordre, le chef d'escadre de Cussac arriva à Saint-Christophe avec six grands navires fortement équipés ; il surprit en rade même dix bâtiments anglais, en prit trois, en fit échouer trois autres et mit le reste en fuite.

Les Anglais épouvantés n'essayèrent plus de sortir de leurs limites et la paix fut rétablie.

M. de Cussac, après avoir fourni la colonie d'hommes et de provisions, remit à la voile et alla fonder un établissement à Saint-Eustache, île située à quatre lieues nord-ouest de Saint-Christophe.

Cependant les Espagnols qui, depuis l'apparition des flibustiers dans les mers américaines, avaient eu tant à souffrir de leurs déprédations, les virent avec une inquiétude extrême se fixer définitivement sur les îles des Antilles.

Ils comprirent de quelle importance il était pour eux de ne pas les laisser former des établissements stables dans ces régions, s'ils ne voulaient voir leurs colonies détruites et leur commerce ruiné.

Ils résolurent donc d'agir vigoureusement contre ceux qu'ils considéraient comme des pirates, et d'anéantir à jamais leurs repaires qui déjà avaient pris des proportions formidables.

En conséquence l'amiral don Fernand de Tolède, que la cour de Madrid avait mis à la tête d'une puissante flotte expédiée en 1680 au Brésil pour combattre les Hollandais, reçut l'ordre de détruire en passant les *nids de vipères* fondés par les flibustiers à Saint-Christophe.

L'apparition subite de cette force immense devant l'île remplit les habitants de stupeur. Les forces réunies des aventuriers français et anglais, leur courage désespéré ne suffirent pas pour conjurer le danger qui les menaçait et repousser une aussi formidable attaque.

Après un combat acharné où un grand nombre de flibustiers, particulièrement français, furent tués, les autres montèrent dans leurs légères pirogues et se réfugièrent sur les îles voisines, à Saint-Barthélemy, à l'Anguille, à Antigoa, à Saint-Martin, à Montserrat, enfin partout où ils espérèrent trouver un refuge provisoire.

Les Anglais, nous sommes malheureusement contraints de le constater, avaient honteusement lâché pied dès le commencement du combat et finalement demandèrent à capituler.

La moitié d'entre eux fut renvoyée en Angleterre sur les vaisseaux espagnols, le reste s'engagea à évacuer l'île le plus tôt possible, promesse qui naturellement fut mise en oubli aussitôt après le départ de la flotte espagnole.

Du reste, cette expédition fut la seule que l'Espagne tenta sérieusement contre les flibustiers.

Les Français ne tardèrent pas à quitter les îles sur lesquelles ils s'étaient réfugiés et à revenir à Saint-Christophe où ils s'établirent de nouveau, non pas sans avoir maille à partir avec les Anglais qui avaient profité de l'occasion pour s'emparer de leurs terres, mais qu'ils contraignirent à rentrer dans leurs anciennes limites.

Observation singulière et qui prouve que les flibustiers n'étaient pas des bandits et des gens sans aveu comme on s'est efforcé de le faire croire, c'est que les habitants de Saint-Christophe se faisaient remarquer entre tous les autres colons par la douceur de leurs mœurs et l'urbanité de leurs manières ; les traditions de politesse laissées par les premiers Français qui s'y établirent se sont conservées même jusqu'à aujourd'hui ; au XVIIIe siècle on la nommait l'*Ile Douce* et il y a un proverbe aux Antilles qui dit : « La noblesse était à Saint-Christophe, les bourgeois à la Guadeloupe, les soldats à la Martinique, et les paysans à la Grenade. »

Les choses demeurèrent pendant assez longtemps dans l'état que nous venons de rapporter ; les flibustiers, s'enhardissant de plus en plus devant la couardise espagnole, élargirent le théâtre de leurs exploits et, conservant un amer souvenir du sac de leur île, redoublèrent de haine pour les Espagnols qui les avaient flétris du nom de *ladrones* (voleurs). Ils ne gardèrent plus aucune mesure, et, montés sur leurs légères pirogues qui composaient toute leur marine, ils épiaient les riches convois du Mexique, sautaient résolument à bord, s'en emparaient et retournaient à Saint-Christophe gorgés de butin.

La colonie prospérait, les terres étaient bien entretenues, les plantations faites avec soin.

Car ces hommes auxquels, pour la plupart, il ne restait au cœur aucun espoir de rentrer un jour dans leur patrie, avaient accompli leur œuvre avec l'ardeur fébrile de gens qui se créent une nouvelle nationalité et se préparent un dernier asile, si bien que quelques années à peine après la destruction de la colonie par les Espagnols, Saint-Christophe était de nouveau devenue une colonie florissante, grâce d'abord à sa fertilité, à l'énergique initiative et à l'intelligence de ses habitants, mais surtout au travail incessant des engagés de la Compagnie.

C'est ici le moment de faire connaître ce que c'était que ces pauvres gens et le sort qui leur était fait par les colons.

Nous avons dit plus haut que la Compagnie envoyait aux îles des hommes qu'elle engageait pour trois ans.

Tout lui était bon : ouvriers de tous états, chirurgiens même, qui, se persuadant qu'on les destinait à aller exercer leur profession dans les colonies, se laissèrent séduire par les belles promesses que la Compagnie ne se faisait pas faute de prodiguer.

Mais une fois leur consentement donné, c'est-à-dire signé, la Compagnie les considérait comme des hommes lui appartenant corps et âme; et lorsqu'ils arrivaient aux colonies, ses agents les *vendaient* pour trois ans aux planteurs moyennant trente ou quarante écus par tête, et cela à la face du soleil, devant le gouverneur.

Ils devenaient ainsi de véritables esclaves soumis aux aventuriers de la colonie et condamnés aux corvées les plus rudes.

Aussi les pauvres misérables, si indignement abusés, roués de coups, accablés de fatigue sous un climat meurtrier, succombaient-ils pour la plupart avant d'avoir atteint la troisième année qui devait les rendre à la liberté.

Ceci fut poussé si loin qu'il arriva que les maîtres prétendirent prolonger au delà des trois ans l'esclavage stipulé. Vers la fin de 1632, la colonie de Saint-Christophe courut d'extrêmes dangers, parce que les engagés dont le temps était fini et auxquels leurs maîtres refusaient la liberté prirent les armes, organisèrent la résistance et se préparèrent à attaquer les colons avec cette énergie du désespoir à laquelle aucune force ne résiste. M. d'Esnambuc ne parvint à leur faire mettre bas les armes et à éviter l'effusion du sang qu'en faisant droit à leurs réclamations.

Plus tard, lorsqu'enfin on connut en France la triste condition faite aux engagés par les agents de la Compagnie, il devint à ceux-ci presque impossible de trouver des hommes de bonne volonté, si bien qu'ils furent contraints de s'en aller par les places et les carrefours recruter les vagabonds qu'ils enivraient et auxquels ils faisaient ensuite signer un engagement qu'il leur était impossible de rompre.

Nous n'insisterons pas davantage sur ce chapitre, d'autant plus que pendant le cours de cette histoire nous aurons à revenir souvent sur les engagés; nous n'ajouterons qu'un mot à propos des malheureux que l'Angleterre expédiait aux îles dans les mêmes conditions.

Si le sort des engagés français était affreux, il est prouvé que celui des engagés anglais était horrible.

Ils étaient traités avec la barbarie la plus atroce, contractaient un engagement de sept années, puis au bout de ce temps, lorsque le moment de recouvrer leur liberté était enfin arrivé, on les enivrait et, profitant de leur abrutissement, on leur faisait signer un second engagement pour le même laps de temps.

Cromwell, après le sac de Drogheda, fit vendre plus de trente mille Irlandais pour la Jamaïque et la Barbade.

Près de deux mille de ces malheureux réussirent à se sauver à la fois sur un navire que dans leur ignorance de la navigation ils laissèrent aller à la dérive et que le courant drossa jusqu'à Saint-Domingue; les pauvres diables, ne sachant où ils se trouvaient, étant sans vivres et sans ressources, moururent tous de faim. Leurs os amoncelés et blanchis par le temps demeurèrent plusieurs années sur le cap Tiburon, dans un endroit qui fut appelé à cause de cette horrible catastrophe l'*anse aux Ibernois*, nom qu'il porte encore.

Le lecteur me pardonnera d'être entré dans d'aussi grands détails sur l'établissement des flibustiers à l'île Saint-Christophe; mais comme c'est sur ce coin de terre que la terrible association de ces aventuriers prit naissance et que nous entreprenons aujourd'hui de raconter leur histoire, il nous fallait mettre le lecteur bien au courant de ces faits afin de ne pas être obligé d'y revenir plus tard. Maintenant nous reprendrons notre récit auquel les chapitres qui précèdent servent pour ainsi dire de prologue, et, franchissant d'un bond l'espace compris entre l'île Sainte-Marguerite et l'archipel des Antilles, nous nous transporterons à Saint-Christophe quelques mois après l'évasion, car nous n'osons dire la mise en liberté du comte Ludovic de Barmont-Senectaire.

XIII

LE CONSEIL DES FLIBUSTIERS

Plusieurs années s'écoulèrent sans apporter de changements notables dans la colonie.

Les flibustiers continuaient toujours, avec le même acharnement, leurs courses contre les Espagnols; mais comme leurs expéditions étaient isolées, qu'ils n'avaient entre eux aucune espèce d'organisation, les pertes éprouvées par les Espagnols, bien que fort grandes, étaient cependant beaucoup moins considérables qu'on l'avait pu supposer.

Sur ces entrefaites, un lougre monté par une quarantaine d'hommes résolus et armé de quatre canons de fer vint mouiller à Saint-Christophe, en arborant fièrement le drapeau français à son arrière.

Ce navire apportait aux colons un nouveau contingent de braves aventuriers.

A peine arrivés, ils débarquèrent, s'abouchèrent avec les habitants, et témoignèrent le désir de s'établir sur l'île.

Leur chef, auquel ses compagnons donnaient le nom de Montbars, et pour lequel ils semblaient éprouver un dévouement sans bornes, annonça aux colons que, comme eux, il professait une haine profonde pour les Espagnols, et qu'il ne faisait que précéder deux navires de cette nation, amarinés par lui, et que des capitaines de prise, sous ses ordres, étaient chargés de faire atterrir à Saint-Christophe.

Ces bonnes nouvelles furent reçues avec des acclamations de joie de la part des habitants, et peu s'en fallut que Montbars ne fût porté en triomphe.

Ainsi qu'il l'avait annoncé, trois ou quatre jours plus tard, deux vaisseaux espagnols vinrent mouiller à Saint-Christophe ; ils portaient à l'arrière le pavillon castillan renversé en signe d'humiliation, au-dessus flottait fièrement le drapeau français.

Seulement, chose horrible et qui glaça d'effroi les plus braves, ces navires portaient à leur beaupré, à leur civadière, et à leur vergue barrée, ainsi qu'à la grand'vergue et à celle de misaine, des grappes de cadavres : par l'ordre de Montbars, les équipages des deux navires avaient été pendus, sans qu'il eût été fait grâce à un seul mousse.

Le chef des aventuriers français fit généreusement don du chargement des deux navires aux colons, ne demandant, en retour, que de la terre où il pût se construire une habitation.

Cette demande lui fut aussitôt accordée ; les nouveaux venus désarmèrent alors leur lougre, descendirent à terre et commencèrent leur installation.

Montbars était un jeune homme de vingt-sept à vingt-huit ans, aux traits mâles et accentués, au regard fixe et pénétrant ; l'expression de sa figure était essentiellement triste, railleuse et cruelle ; une pâleur mate, répandue sur son visage, ajoutait encore, s'il est possible, un cachet d'étrangeté à toute sa personne ; d'une taille haute, fortement charpentée, mais souple et gracieuse, ses gestes étaient élégants et nobles, sa parole douce, les termes qu'il employait, toujours choisis ; il exerçait une singulière fascination sur ceux qui l'approchaient, ou que le hasard mettait en rapport avec lui. On se sentait à la fois repoussé et attiré vers cet homme singulier, qui semblait être seul de son espèce jeté sur cette terre, et qui, sans paraître s'en soucier, imposait à tous sa volonté, se faisait obéir d'un geste ou d'un froncement de sourcils, et ne semblait réellement vivre que lorsqu'il se trouvait au milieu de la bataille, que les feux se croisaient au-dessus de sa tête, lui formant une auréole de flamme, que les cadavres s'amoncelaient autour de lui, que le sang ruisselait à flots sous ses pieds, que les balles sifflaient à ses oreilles, se mêlant aux éclats du canon, et qu'il s'élançait, ivre de poudre et de carnage, sur le pont d'un navire espagnol.

Voilà ce que disaient de lui ses compagnons, à ceux que sa physionomie singulière avait frappés, et qui cherchaient à le connaître ; mais, à part ce portrait moral et physique de cet homme, il était impossible d'obtenir le plus léger renseignement sur sa vie passée ; aucun des marins venus avec lui n'en savait le moindre épisode, ou plutôt ce qui était probable, n'en voulait rien découvrir.

Aussi, lorsque les colons eurent reconnu que toutes leurs questions demeureraient éternellement sans réponse, de guerre lasse, ils renoncèrent à en faire ; ils acceptèrent Montbars pour ce qu'il lui plaisait d'être, d'autant plus que sa vie antérieure, non seulement ne les regardait pas, mais encore les intéressait fort peu.

L'aventurier ne demeura à terre que le temps strictement nécessaire pour établir son habitation dans de bonnes conditions; puis, un jour, sans avoir prévenu personne, il se rembarqua sur son lougre avec l'équipage qui l'avait amené, ne laissant que cinq ou six hommes à Saint-Christophe pour surveiller sa plantation, mit à la voile et partit.

Un mois plus tard il était de retour traînant à la remorque un vaisseau espagnol richement chargé, ayant comme les premiers son équipage tout entier pendu à ses vergues.

Montbars continua ainsi pendant une année tout entière, ne demeurant jamais plus de deux ou trois jours à terre, puis partant et toujours revenant avec une prise, balançant à ses vergues tout son équipage pendu.

Les choses en vinrent à un tel point, l'audace du hardi corsaire fut couronnée d'un si grand succès que le bruit en parvint en France; alors des aventuriers dieppois, comprenant tout le profit qu'ils pourraient tirer de cette guerre interlope, armèrent des navires et vinrent se joindre aux colons de Saint-Christophe dans le but d'organiser la course contre les Espagnols et de la faire plus en grand.

La flibusterie allait entrer dans sa deuxième phase et devenir une association régulière.

Montbars avait construit son hatto ou principale habitation à l'endroit où plus tard les Anglais élevèrent leur batterie de Sandy-Point.

Position fort bien choisie, militairement parlant, et où en cas d'attaque il était facile, non seulement de se défendre, mais encore de repousser l'ennemi après des pertes sérieuses.

Ce hatto, construit en troncs d'arbres et recouvert avec des feuilles de palmier, s'élevait presque à l'extrémité d'un cap d'où on dominait la plus grande partie de l'île et la mer à une distance considérable à droite et à gauche. On ne parvenait à ce cap taillé à pic du côté de la mer à une élévation de plus de quarante mètres, que par un sentier étroit et raboteux, coupé de distance en distance par de fortes palissades et des fossés larges et profonds qu'on était contraint de traverser sur des planches jetées négligemment en travers et faciles à enlever en cas d'alerte; deux pièces de canon d'un calibre de quatre, placées en batterie au sommet du sentier, en défendaient les approches.

Le hatto était divisé en cinq chambres assez grandes, meublées avec un luxe et un confort, comme on dirait aujourd'hui, assez singuliers, dans une île perdue comme Saint-Christophe, mais que justifiait pleinement l'occupation habituelle du propriétaire, qui n'avait eu que la peine d'enlever sur ses prises les meubles qui lui avaient convenu.

Une longue perche servant de mât de pavillon, plantée devant la porte du hatto, faisait flotter dans l'air un drapeau blanc, avec un yack rouge à l'angle supérieur du côté de la drisse. Ce drapeau était celui des corsaires, que Montbars changeait quelquefois pour un tout noir, portant au centre une tête de mort et deux os en croix de couleur blanche, pavillon sinistre qui,

Montbars ne semblait réellement vivre que lorsqu'il se trouvait au milieu de la bataille.

lorsqu'il était frappé à sa corne, signifiait qu'il n'y avait pas de quartier à espérer pour les vaincus.

C'était par une chaude journée de la fin du mois de mai, dix-huit mois environ après l'arrivée de Montbars à Saint-Christophe; plusieurs individus, à l'aspect farouche et aux manières brusques, armés jusqu'aux dents, suivaient en causant entre eux le sentier qui de la plaine conduisait à la plate-forme où s'élevait le hatto de Montbars.

Il était à peu près dix heures du soir, la nuit était transparente et claire ; des milliers d'étoiles scintillaient au ciel, la lune déversait à profusion sa blanche lumière, l'atmosphère était d'une transparence telle qu'à une longue distance les plus petits objets se faisaient visibles ; il n'y avait pas un souffle dans l'air, pas un frémissement dans les feuilles des arbres ; la mer, calme comme un miroir, venait avec un doux et mystérieux murmure mourir sur la plage sablonneuse, avec ce mouvement de va-et-vient si terrible dans la tempête, si suave dans la bonace ; les lucioles volaient avec bruit et parfois frôlaient les voyageurs qui se contentaient de les écarter nonchalamment de la main, sans pour cela interrompre une conversation qui semblait beaucoup les intéresser.

Ces hommes étaient au nombre de cinq ; tous dans la force de l'âge, leurs traits étaient énergiquement accentués, leur physionomie respirait l'audace et la résolution portées au plus haut degré ; leurs épaules un peu voûtées et la façon dont ils écartaient les jambes en marchant, en balançant les bras, les auraient fait reconnaître au premier coup d'œil pour des marins si leur costume ne les avait pas surabondamment dénoncés.

Ils parlaient anglais.

— Bah ! disait l'un au moment où nous nous mêlons à leur conversation, il faut voir : tout ce qui reluit n'est pas or, comme on dit là-bas ; d'ailleurs, je ne demande pas mieux que de me tromper, après tout.

— C'est égal, répondit un autre, selon ta louable habitude, tu commences par émettre un doute.

— Non pas, répondit vivement le premier interlocuteur, une crainte tout au plus.

— Enfin, dit un troisième, nous saurons bientôt à quoi nous en tenir, car nous voici à peu près à la moitié du sentier, grâce à Dieu.

— Ce démon de Montbars, reprit le premier, a fameusement choisi sa position : quel coup d'œil ! son hatto est imprenable, foi d'homme !

— Oui, je ne crois pas que les *Gavachos*[1] se hasardent jamais à en essayer l'escalade ; eh mais ! fit-il tout à coup en s'arrêtant, pourvu que nous ne fassions pas une course inutile et que Montbars soit au hatto.

— Pour le rencontrer, je vous en réponds, *Bas-Rouge* ; il y est, soyez tranquille.

— Qu'en savez-vous ? dit celui auquel on venait de donner le nom assez singulier de Bas-Rouge.

— *By God !* ne voyez-vous pas son pavillon collé à la tête du mât ?

— C'est vrai, je ne l'avais pas aperçu.

— Mais maintenant vous le voyez, je suppose ?

— A moins d'être aveugle !

— Ah çà ! fit un des flibustiers qui jusqu'alors avait gardé le silence, tout cela ne nous dit pas pourquoi cette convocation ; en savez-vous quelque chose, frère ?

— Pas plus que vous, répondit Bas-Rouge ; c'est probablement quelque audacieux projet que médite Montbars et auquel il veut nous associer.

---

1. Terme de mépris donné aux Espagnols.

— Mais vous savez que non seulement il nous a appelés, nous, mais encore les principaux flibustiers français.

— Alors je me perds sur le but de cette réunion, reprit Bas-Rouge; du reste, peu importe quant à présent, nous ne tarderons pas, je le présume, à savoir à quoi nous en tenir.

— C'est juste, puisque nous voici arrivés.

En effet, ils atteignaient en ce moment le sommet du sentier et se trouvaient sur la plate-forme, juste en face du hatto, dont la porte était ouverte comme pour les engager à entrer.

Une lumière assez vive s'échappait par l'ouverture de cette porte, et un bruit de voix assez fort témoignait qu'il y avait grande réunion dans l'intérieur du hatto.

Les Anglais continuèrent à s'avancer, et bientôt ils se trouvèrent sur le seuil de la porte.

— Entrez, frères, dit alors de l'intérieur la voix harmonieuse de Montbars, entrez, on vous attend.

Ils entrèrent.

Six ou sept personnes se trouvaient réunies dans la pièce où ils pénétraient; ces sept ou huit personnes étaient les chefs les plus renommés de la flibuste. Parmi eux se trouvaient *Belle-Tête*, ce féroce Dieppois qui avait assommé plus de trois cents de ses engagés qu'il accusait ensuite d'être morts de paresse; Pierre le Grand, le Breton qui ne pouvait attaquer les Espagnols qu'au son du biniou et qui ne montait à l'abordage des galions que déguisé en femme; Alexandre *Bras-de-Fer*, jeune homme frêle et délicat en apparence, aux traits efféminés, mais doué en réalité d'une vigueur prodigieuse et véritablement herculéenne, qui devait devenir plus tard un des héros de la flibuste; Roc, surnommé le Brésilien, bien qu'il fût né à Groningue, ville de la Frise orientale, puis deux de nos anciennes connaissances, Vent-en-Panne et Michel le Basque, tous deux arrivés à Saint-Christophe en même temps que Montbars et dont la réputation comme flibustiers était déjà fort grande.

Quant aux Anglais qui venaient d entrer dans le hatto au nombre de cinq, c'étaient Bas-Rouge, dont le nom a déjà été prononcé dans la conversation qui précède; Morgan, jeune homme de dix-huit ans à peine, à la figure hautaine et aux manières aristocratiques; Jean David, marin hollandais établi dans la partie anglaise de l'île; Barthélemy, Portugais établi aussi dans la colonie anglaise, et enfin Williams Drack, qui avait fait le serment de n'attaquer les Espagnols que lorsqu'ils se trouveraient vis-à-vis de lui au moins dans la proportion de quinze contre un, tant était grand le mépris qu'il professait pour cette nation superbe.

C'était, ainsi qu'on le voit, une réunion choisie de tout ce que la flibuste comptait d'illustre à cette époque.

— Soyez les bienvenus, frères, dit Montbars, je suis heureux de vous voir, je vous attendais avec impatience; voici des pipes, du tabac et de l'eau-de-vie, fumez et buvez, ajouta-t-il en indiquant d'un geste une table placée au milieu de la salle et sur laquelle se trouvaient des pipes, un pot rempli de tabac, une cruche d'eau-de-vie et des verres.

Les flibustiers prirent place, allumèrent les pipes et emplirent les verres.

— Frères, reprit Montbars au bout d'un instant, je vous ai priés de venir à mon hatto pour deux raisons, fort importantes, et dont la seconde découle nécessairement de la première; êtes-vous disposés à m'écouter?

— Parle, Montbars, répondit Williams Drack au nom de tous, toi que les *Gavachos* ont surnommé l'*Exterminateur*, nom que je t'envie, frère, tu ne peux vouloir que le bien de la flibuste.

— C'est de ce bien même qu'il s'agit, répondit Montbars.

— J'en étais sûr, frère, parle, nous t'écoutons religieusement.

Ils prêtèrent attentivement l'oreille; tous ces hommes si énergiquement trempés qui ne reconnaissaient d'autres lois que celles qu'ils s'étaient faites eux-mêmes, ignoraient l'envie, ils étaient prêts à discuter avec la plus entière bonne foi les propositions qu'ils prévoyaient que Montbars désirait leur faire.

Celui-ci se recueillit un instant, puis il prit la parole d'une voix douce, dont l'accent sympathique captiva bientôt son auditoire.

— Frères, dit-il, je serai bref, car vous êtes des hommes d'élite au cœur chaud et à la main ferme, avec lesquels les longs discours sont non seulement inutiles, mais encore ridicules. Depuis mon arrivée à Saint-Christophe, j'étudie la flibuste, sa vie, ses mœurs, ses aspirations; j'ai reconnu avec peine que les faits ne justifient pas ses efforts. Que faisons-nous? rien ou presque rien; malgré notre courage indompté, les Espagnols se rient de nous; trop faibles à cause de notre isolement pour leur imposer des pertes réelles, nous usons vainement notre énergie, nous versons notre sang pour leur enlever quelques misérables navires; ce n'est pas ainsi que les choses doivent aller, ce n'est pas cette vengeance misérable que chacun de nous avait rêvée. Quelle est la cause de notre faiblesse relative vis-à-vis de notre formidable ennemi? Cet isolement dont je vous parlais, il n'y a qu'un instant, isolement qui toujours paralysera nos efforts.

— C'est vrai, murmura Bras-Rouge.

— Mais que pouvons-nous faire à cela? dit David.

— Hélas! fit Williams Drack, le remède est malheureusement impossible.

— Nous ne sommes que des aventuriers, et non une puissance, dit Belle-Tête.

Montbars sourit de ce sourire pâle et sinistre qui lui était particulier et qui faisait froid au cœur.

— Vous vous trompez, frères, dit-il, le remède est trouvé; si nous le voulons, bientôt nous serons une puissance.

— Parle! parle! frère, s'écrièrent tous les aventuriers en se levant d'un bond.

— Voici mon projet, frères, reprit-il; nous sommes ici douze, de toutes nations, mais d'un même cœur, la fleur de la flibuste, je le déclare hautement sans craindre d'être démenti, car chacun de nous a fait ses preuves, et quelles preuves! Eh bien! associons-nous, formons une famille; sur nos parts des prises, prélevons une somme destinée à composer le trésor commun, et tout en demeurant libres d'organiser des expéditions particulières, jurons-nous de ne pouvoir jamais nous nuire ou nous contrecarrer les uns les autres, de nous porter secours quand besoin sera, de travailler de tout notre pouvoir à la ruine de l'Espagne, et, tout en laissant ignorer notre association à nos compagnons et à nos frères, de réunir nos forces lorsque le moment sera venu pour écraser d'un coup notre implacable ennemi. Voilà, frères, quelle était la première proposition que j'avais à vous faire; j'attends votre décision.

Il y eut un instant de silence : les flibustiers comprenaient l'importance de la proposition de leur frère et la force qu'elle leur donnerait dans l'avenir; ils échangèrent des regards entre eux, se parlèrent bas, puis enfin Williams Drack, au nom de tous, se chargea de répondre.

— Frère, dit-il, tu viens en quelques mots d'élucider une question qui jusqu'ici était toujours demeurée dans l'ombre; tu as parfaitement défini la cause de notre faiblesse, en trouvant du même coup, ainsi que tu nous l'avais promis, non pas le remède, mais le moyen de rendre une association due au hasard et presque inutile jusqu'ici, réellement formidable et utile. Mais ce n'est pas tout : cette association dont tu parles a besoin d'une tête qui la dirige et, le moment venu, lui assure le succès de ses efforts. Il faut donc que de même que notre association demeurera secrète et que, pour tout ce qui n'en regardera pas essentiellement le but, elle sera comme si elle n'existait pas, un de nous en soit nommé le chef, chef d'autant plus fort, que nous lui serons dévoués et nous l'aiderons à travailler au bien général, tout en lui conservant un secret absolu.

— Est-ce bien là votre avis, frères? demanda Montbars, acceptez-vous ma proposition telle que je vous l'ai faite et que Williams Drack l'a modifiée?

— Nous l'acceptons ainsi, répondirent les flibustiers d'une seule voix.

— Fort bien, seulement je crois que ce chef dont vous parlez doit être élu par nous à l'unanimité, que ses pouvoirs pourront lui être enlevés dans une réunion de l'assemblée à la majorité des voix, s'il ne remplissait pas strictement les conditions qu'il aura acceptées; que, gardien du trésor des associés, il sera toujours prêt à rendre ses comptes, et que son mandat, à moins d'être renouvelé, ne pourra excéder cinq ans.

— Tout ceci est juste, dit Bras-Rouge, on ne saurait mieux comprendre l'intérêt général que toi, frère.

— Ainsi, fit observer David, nous serons *matelots* : nulle querelle, nulle discussion quelconque, enfin, ne sera possible entre nous?

— Tout en conservant ostensiblement notre libre arbitre et notre indépendance la plus complète, appuya Belle-Tête?

— Oui, répondit Montbars.

— Maintenant, frères, dit Williams Drack en se levant et en ôtant son bonnet, écoutez-moi : Je jure, moi, Williams Drack, sur ma foi et sur mon honneur, le dévouement le plus complet à l'association *des Douze*, me soumettant d'avance à subir le châtiment qu'il plairait à mes frères de m'infliger, même la mort, si je trahissais le secret de l'association et si je faussais mon serment. Ainsi Dieu me soit en aide!

Après Villiams Drack, chaque flibustier, d'une voix ferme et d'un accent recueilli, prononça le même serment.

Ils reprirent leurs places.

— Frères, dit Montbars, ce que nous avons fait jusqu'à présent n'est rien, ce n'est que l'aurore de l'ère nouvelle qui va s'ouvrir, les beaux jours de la flibuste vont commencer ; douze hommes comme nous, unis par la même pensée, doivent faire des miracles.

— Nous en ferons, sois tranquille, frère, dit Morgan en se curant nonchalamment les dents avec une épingle d'or.

— Maintenant, frères, avant que je vous soumette ma seconde proposition, je crois que nous ferions bien d'élire un président.

— C'est juste, dit David; puisque la société est constituée, élisons le président.

— Un mot d'abord, dit Michel le Basque en s'avançant au milieu du cercle.

— Parle, frère.

— Je demande à ajouter ceci : tout membre de l'association qui tombera au pouvoir des Gavachos sera délivré par les autres membres, quelques périls qu'ils aient à courir pour y parvenir.

— Nous le jurons ! s'écrièrent les flibustiers avec enthousiasme.

— A moins que cela soit impossible, dit Morgan.

— Il n'y a rien d'impossible pour nous, répondit brusquement Williams Drack.

— C'est vrai, frère, tu as raison, je me trompais, répondit Morgan avec un sourire.

— La société se nommera société des Douze ; la mort seule de l'un de ses membres permettra d'en admettre un autre qui ne pourra être élu qu'à l'unanimité, reprit Michel le Basque.

— Nous le jurons ! s'écrièrent de nouveau les flibustiers.

— Maintenant, frères, dit Barthélemy, procédons à l'élection, au scrutin secret, afin de sauvegarder la liberté du vote.

— Voici, sur cette table, papier, plumes et encre, frères, dit Montbars.

— Et voilà mon bonnet, s'écria en riant Bas-Rouge, jetez vos votes dedans, frères.

Et enlevant de sa tête son bonnet en peau de castor, le flibustier le posa à terre au milieu de la salle.

Les aventuriers alors, avec un ordre parfait, se levèrent les uns après les autres, et à tour de rôle, ils allèrent écrire leur bulletin de vote qu'ils déposèrent, après l'avoir roulé, dans le bonnet de Bas-Rouge.

— Avons-nous voté tous? demanda David.

— Tous, répondirent en chœur les flibustiers.

David prit le bonnet, retira les votes, et les compta, ils étaient bien au nombre de douze.

— Maintenant, frères, dit Williams Drack à David, puisque tu tiens le bonnet, proclame le résultat du vote.

David interrogea ses compagnons du regard, ils baissèrent affirmativement la tête; alors il prit le bulletin qui le premier lui tomba sous la main, le déroula, et lut :

— Montbars l'Exterminateur, dit-il, et il passa au second.

« Montbars l'Exterminateur », lut-il encore; puis, ce fut le tour du troisième, du quatrième et ainsi jusqu'au douzième et dernier; tous portaient ces deux mots :

« Montbars l'Exterminateur. »

Sinistre défi porté à la nation espagnole, dont cet homme était l'ennemi le plus acharné.

Montbars se leva, se découvrit, et saluant gracieusement ses compagnons :

— Frères, dit-il, je vous remercie, la confiance que vous mettez en moi ne sera pas trompée.

— Vive Montbars l'Exterminateur! s'écrièrent avec élan tous les flibustiers.

La terrible société des Douze était créée. La flibuste devenait alors réellement une puissance formidable.

XIV

LA SECONDE PROPOSITION

Montbars laissa à l'enthousiasme de ses compagnons le temps de se calmer, puis il reprit la parole.

Rien n'était changé dans son aspect, rien ne dénotait en lui la joie du triomphe ou de l'ambition satisfaite; cependant le vote de ses compagnons, en le nommant chef de la flibuste, en avait fait en un instant un homme plus puissant que bien des princes. Son visage était aussi impassible, sa voix aussi ferme.

— Frères, dit-il, j'avais une seconde proposition à vous faire, vous le rappelez-vous?

— C'est vrai, dit Williams Drack; parle donc, frère, nous t'écoutons.

— Cette seconde proposition, la voici : seulement je vous prie, avant de me répondre, d'y réfléchir mûrement; votre opinion ne doit pas être donnée à la légère, car je vous le répète, et j'insiste exprès pour que vous me compreniez bien, cette proposition est des plus graves et des plus sérieuses; en un mot la voici : Je vous propose d'abandonner l'île Saint-Christophe, et de choisir un autre lieu de refuge plus commode et surtout plus sûr pour nous.

Les flibustiers le regardèrent avec étonnement.

— Je m'explique, dit-il en étendant le bras comme pour réclamer le silence, écoutez-moi bien, frères, car ce que vous allez entendre vous intéresse tous; notre refuge est mal choisi, trop éloigné du centre de nos expéditions; les difficultés qu'il nous faut surmonter pour y revenir, à cause des courants qui drossent nos navires et des vents contraires qui s'opposent à la rapidité de leur marche, nous font perdre un temps précieux. Or, l'archipel des Antilles se compose de plus de trente îles, au milieu desquelles il nous est facile, il me semble, de choisir celle qui nous conviendra le mieux. Cette idée, que j'émets aujourd'hui devant vous, depuis longtemps déjà je la mûris dans ma pensée ; je n'ai pas borné mes courses à poursuivre les Gavachos, je suis allé à la découverte, et j'ai trouvé, je le crois, la terre qui nous convient.

— De quelle terre parles-tu, frère ? demanda David, se faisant l'interprète de ses compagnons.

— Je parle de l'île que les Espagnols appellent Hispaniola et que nous autres nous nommons Santo Domingo ou Saint-Domingue.

— Mais, frère, dit alors Barthélemy, cette île, qui, j'en conviens, est immense et possède des forêts magnifiques, est habitée par les Espagnols ; ce serait, si nous y allions, nous mettre littéralement dans la gueule du loup.

— Je le croyais comme vous avant de m'être assuré de la réalité du fait, mais maintenant je suis certain du contraire ; non seulement l'île n'est qu'en partie occupée par les Gavachos maudits, mais encore, sur la partie qu'ils ont dédaignée, nous rencontrerons des auxiliaires.

— Des auxiliaires ! s'écrièrent avec étonnement les flibustiers.

— Oui, frères, et voici comment. Lors de la descente de l'amiral don Fernand de Tolède à Saint-Christophe, les Français qui parvinrent à échapper au massacre se sauvèrent, ainsi que vous le savez, sur les îles voisines ; beaucoup d'entre eux allèrent plus loin, ils atteignirent Saint-Domingue, où ils se réfugièrent ; c'était hardi, n'est-ce pas ? mais, je vous le répète, les Espagnols n'en occupent que la moitié à peu près. A l'époque de la découverte ils avaient laissé quelques bêtes à cornes sur l'île ; ces animaux ont peuplé, maintenant ils pullulent et les immenses savanes de Saint-Domingue sont couvertes d'innombrables troupeaux de taureaux sauvages qui paissent dans toute la partie inhabitée ; ces troupeaux, vous ne l'ignorez pas, sont une ressource certaine pour le ravitaillement de nos navires, et en sus le voisinage des colons espagnols nous offre le moyen d'assouvir notre haine contre eux ; du reste, ceux de nos compagnons qui depuis quelques années se sont établis sur cette terre leur font une guerre incessante et acharnée.

— Oui, oui, fit Belle-Tête d'un air rêveur, je comprends ce que tu nous dis, frère ; tu as raison jusqu'à un certain point, mais discutons paisiblement et de sang-froid comme des hommes sérieux.

— Parle, répondit Montbars ; chacun de nous, lorsqu'il s'agit de l'intérêt commun, a le droit d'émettre son avis.

— Si braves que nous soyons, et nous pouvons nous en vanter hardiment, car, grâce à Dieu, notre courage est connu, nous ne sommes pas cependant assez forts, quant à présent, pour nous mesurer sur la terre ferme avec la puissance espagnole ; autre chose est s'emparer d'un vaisseau par un coup de main et affronter la population tout entière ; tu le reconnais, frère, n'est-ce pas ?

— Certes, frère, je le reconnais.

— Bien, je continue. Il est évident que les Espagnols, qui jusqu'à présent

En apercevant Montbars il poussa un cri de joie et s'élança vers lui en courant à travers les rochers.

ne se sont peut-être pas aperçus, ou du moins, à cause de leur petit nombre et de leur peu d'importance, ont dédaigné les aventuriers établis dans la partie déserte de l'île, lorsqu'ils verront que cet établissement qu'ils ont supposé être provisoire et dû au caprice de nos frères, devient permanent et prend les proportions menaçantes d'une colonie, ne le voudront pas souffrir; alors qu'arrivera-t-il ? ceci : ils réuniront toutes leurs forces, nous assailliront à l'improviste, nous massacreront après une défense désespérée et ruineront du même coup, non seulement notre nouvelle colonie, mais encore nos espérances de vengeance.

Ces paroles de Belle-Tête, d'une logique excessivement serrée et qui tombaient parfaitement justes, produisirent un certain effet sur les flibustiers qui commencèrent à échanger entre eux des signes d'intelligence ; mais Montbars ne laissa pas à cet esprit d'opposition le temps de se propager, et reprenant aussitôt la parole :

— Tu aurais raison, frère, dit-il, si, ainsi que tu le supposes, nous placions notre principal établissement sur Saint-Domingue : il est évident que nous serions écrasés par le nombre et contraints d'abandonner honteusement la place ; mais ce serait bien mal me connaître que de supposer que, moi qui porte une haine implacable à cette race infâme des Gavachos, j'ai pu un instant concevoir un tel projet, si je ne m'étais auparavant assuré de sa réussite et du profit qu'il nous procurera.

— Voyons, frère, dit Williams Drack, explique-toi clairement, nous t'écoutons avec la plus sérieuse attention.

— Dans le nord-ouest de Saint-Domingue, séparée seulement de la Grande-Terre par un étroit chenal, se trouve une île longue d'environ huit lieues, entourée de rochers nommés les Côtes-de-Fer, qui rendent tout débarquement impossible, excepté au midi où se trouve un assez beau port, dont le fond est de sable fort menu et où les navires sont abrités de tous les vents qui d'ailleurs ne sont jamais violents dans ces parages ; quelques anses de sable se rencontrent encore disséminées le long des côtes, mais elles ne sont abordables que pour les pirogues. Cette île se nomme l'île de la Tortue, à cause de sa forme qui affecte l'apparence de cet animal. Voilà, frères, où je prétends que nous formions notre établissement principal, ou si vous le préférez, notre quartier général. Le port de Paix et le port Margot, situés en face de la Tortue, nous mettront, quand cela nous conviendra, en communication avec Saint-Domingue ; réfugiés dans notre île, comme dans un fort inexpugnable, nous braverons les efforts de toute la puissance castillane. Mais je ne veux pas vous tromper, je dois tout vous dire ; les Espagnols sont sur leurs gardes ; ils ont prévu que si la course continue, c'est-à-dire s'ils ne parviennent pas à nous détruire, l'excellente position de cette île ne nous échapperait pas, et que probablement nous tenterions de nous en emparer ; aussi l'ont-ils fait occuper par un détachement de vingt-cinq soldats commandés par un alferez. Ne souriez pas, frères, bien que cette garnison soit peu nombreuse, elle est suffisante à cause de la façon dont elle est retranchée et des difficultés qu'offre le débarquement, et puis il lui est facile d'obtenir dans un délai fort court des renforts de la Grande-Terre ; je me suis plusieurs fois introduit déguisé à la Tortue, j'ai visité l'île avec le plus grand soin, vous pouvez donc attacher la plus entière confiance aux renseignements que je vous donne.

— Montbars a raison, dit alors Roc le Brésilien, je connais la Tortue, je suis comme lui persuadé que cette île nous offrira un abri beaucoup plus sûr et beaucoup plus avantageux que Saint-Christophe.

— Maintenant, frères, reprit Montbars, réfléchissez et répondez oui ou non. Si vous acceptez mon offre, je me mettrai en mesure de réaliser mon projet en m'emparant de l'île; si vous refusez, il n'en sera plus question.

Et pour laisser par son absence plus de liberté à la discussion, l'aventurier quitta la chambre et se rendit sur la terrasse qui précédait le hatto, où il commença à se promener de long en large, indifférent en apparence à ce qui se passait, mais intérieurement fort inquiet du résultat de la délibération.

A peine se promenait-il ainsi depuis quelques minutes, lorsqu'un léger sifflement se fit entendre à peu de distance, si doucement modulé qu'il fallut toute l'acuité d'ouïe dont le flibustier était doué pour le percevoir.

Il fit vivement quelques pas dans la direction où cette espèce de signal s'était fait entendre; au même instant un homme étendu sur le sol et si bien confondu avec l'ombre que, à moins de le savoir là, il était impossible de l'apercevoir, leva vers lui sa tête et montra, aux reflets blanchâtres des rayons de la lune, le visage cuivré et les traits fins et intelligents d'un Caraïbe.

— O-mo-poua? dit le flibustier.

— J'attends, répondit laconiquement l'Indien en se redressant d'un bond et se tenant droit devant lui.

O-mo-poua, c'est-à-dire le *sauteur*, était un jeune homme de vingt-cinq ans au plus, à la taille haute et admirablement proportionnée, dont la peau avait la nuance dorée du bronze florentin; il était nu à l'exception d'un léger caleçon de toile bise nommé pagne, qui lui serrait les hanches et lui tombait un peu au-dessus des genoux; ses longs cheveux noirs, partagés également sur le sommet de la tête, lui retombaient de chaque côté sur les épaules; il ne portait d'autre arme qu'un long couteau et une baïonnette passée dans une ceinture de cuir de vache.

— L'homme est-il venu? demanda Montbars.

— Il est venu.

— O-mo-poua l'a vu?

— Oui.

— Se croit-il reconnu?

— L'œil seul d'un ennemi acharné le pouvait deviner sous son déguisement.

— Bon! cela; mon frère me conduira vers lui.

— Je conduirai le chef pâle.

— Bien! où trouverai-je O-mo-poua une heure après le lever du soleil?

— O-mo-poua sera dans sa case.

— J'irai. Et entendant plusieurs voix qui l'appelaient de l'intérieur du hatto : Je compte sur la promesse de l'Indien, dit-il.

— Oui, si le chef tient la sienne.

— Je la tiendrai.

Après avoir échangé un dernier geste d'intelligence avec le flibustier, le Caraïbe se glissa sur les flancs de la falaise et disparut presque instantanément.

Montbars demeura un moment immobile, plongé dans de profondes réflexions, puis faisant un mouvement brusque et passant la main sur son front comme pour en effacer toute trace d'émotion, il rentra à grands pas dans le hatto.

La délibération était terminée, les flibustiers avaient repris leurs sièges, Montbars regagna le sien et attendit avec une indifférence affectée qu'il plût à un de ses compagnons de prendre la parole.

— Frère, dit alors David, nous avons mûrement réfléchi à ta proposition; nos compagnons me chargent de te dire qu'ils l'acceptent; seulement ils désirent savoir quels moyens tu comptes employer pour mettre ton projet à exécution et le faire réussir

— Frères, je vous remercie, répondit Montbars, de m'avoir donné votre assentiment; quant aux moyens que je compte employer pour m'emparer de la Tortue, permettez-moi, quant à présent, de les tenir secrets, la réussite même de l'expédition m'en fait un devoir; sachez seulement que je ne veux compromettre personne et que seul j'ai l'intention de courir tous les risques.

— Tu me comprends mal, frère, ou je me suis mal expliqué, reprit David; si je t'ai demandé de quelle façon tu comptais agir, ce n'était nullement poussé par une curiosité puérile, mais parce que, dans une question aussi grave et qui intéresse l'association tout entière, nous avons résolu de t'accompagner et de mourir ou de vaincre avec toi; nous voulons partager l'honneur du triomphe ou assumer une partie de la défaite.

Malgré lui, Montbars se sentit ému à ces généreuses paroles si noblement prononcées, et tendant par un mouvement spontané ses mains aux flibustiers qui les serrèrent avec énergie :

— Vous avez raison, frères, dit-il, tous nous devons concourir à cette grande œuvre qui, je l'espère, nous mettra enfin à même d'accomplir de nobles choses; nous irons donc tous à la Tortue, seulement, et croyez bien que ce n'est pas par ambition que je parle en ce moment, laissez-moi diriger l'expédition.

— N'es-tu pas notre chef! s'écrièrent les flibustiers.

— Nous t'obéirons selon les lois de la flibuste, dit David; celui qui conçoit une expédition a seul le droit de la commander; nous serons tes soldats.

— C'est convenu, frères. Aujourd'hui même, vers onze heures du matin, après avoir assisté à la vente des nouveaux engagés arrivés de France avant-hier, j'irai trouver le gouverneur pour le prévenir que je prépare une nouvelle course, les enrôlements commenceront aussitôt.

— Aucun de nous ne manquera au rendez-vous, dit Belle-Tête; j'ai justement deux engagés à acheter pour remplacer deux fainéants qui se sont laissés mourir de paresse.

— Voilà qui est dit, fit Barthélemy, à onze heures nous serons tous à la Basse-Terre.

Ils se levèrent alors et se préparèrent à se retirer, car la nuit tout entière s'était écoulée dans ces discussions, et déjà le soleil, bien qu'encore au-dessous de l'horizon, commençait à le nuancer de larges bandes nacrées qui se fondaient peu à peu dans des tons de pourpre et témoignaient qu'il ne tarderait pas à paraître.

— A propos, dit Montbars d'un air indifférent à Morgan qu'il accompagnait, ainsi que ses autres visiteurs, jusqu'au commencement du sentier, si tu ne tiens pas trop à ton Caraïbe... je ne sais comment tu l'appelles.

— O-mo-poua.

— Ah! très bien, je disais donc que si tu ne répugnes pas à t'en défaire, je te serai obligé de me le céder.

— Tu en as besoin?

— Oui, je crois qu'il me sera utile.

— Alors prends-le, frère, je te le cède, bien que ce soit un bon travailleur et que j'en sois satisfait.

— Merci, frère, combien l'estimes-tu?

— Mon Dieu, je ne ferai pas une affaire avec toi, frère; j'ai vu un assez beau fusil chez toi, donne-le-moi et prends l'Indien, nous serons quittes.

— Attends alors.

— Pourquoi?

— Parce que je te veux donner tout de suite ce fusil; tu m'enverras l'Indien ou, si j'en ai le temps, je passerai le prendre aujourd'hui.

Le flibustier rentra dans le hatto, décrocha le fusil et l'apporta à Morgan qui le mit sur son épaule avec un mouvement de joie.

— Eh bien! c'est arrangé ainsi, dit-il; à bientôt.

— A bientôt, répondit Montbars, et ils se séparèrent.

Montbars jeta un épais manteau sur ses épaules, se coiffa d'un chapeau à larges bords dont les ailes retombaient sur son visage et dissimulaient ses traits, et se tournant vers Michel :

— Matelot, lui dit-il, une affaire importante m'oblige à me rendre à la Basse-Terre; tu iras trouver notre gouverneur, M. le chevalier de Fontenay, et, sans entrer dans aucun détail et en ayant bien soin de ne rien découvrir de notre secret; tu l'avertiras simplement que je prépare une nouvelle expédition.

— C'est bien, matelot, j'irai, répondit Michel.

— Puis tu passeras la visite du lougre et tu t'occuperas avec Vent-en-Panne à le mettre en état de prendre la mer.

Après avoir donné ces instructions aux deux marins, Montbars sortit et descendit la falaise.

M. le chevalier de Fontenay, de même que M. d'Esnambuc auquel il avait succédé depuis deux ans en qualité de gouverneur de Saint-Christophe, était un cadet de Normandie venu aux Iles pour tenter la fortune et qui, avant d'être gouverneur, avait fait longtemps la course avec les flibustiers. C'était bien l'homme qui convenait à ceux-ci : il les laissait libres d'agir à leur guise, ne leur demandait jamais de comptes, comprenait à demi-mot, et se contentait de prélever un dixième sur les prises, tribut volontaire que lui payaient les aventuriers en retour de la protection qu'il était censé leur donner au nom du roi en régularisant leur position.

Le soleil était levé, une fraîche brise de mer faisait doucement frissonner les feuilles des arbres, les oiseaux chantaient cachés sur les branches; Montbars marchait à grands pas, ne regardant ni à droite ni à gauche, plongé en apparence dans de profondes réflexions.

Arrivé à l'entrée du village de la Basse-Terre, au lieu d'y entrer, il le contourna et, s'engageant dans un étroit sentier qui traversait une plantation de tabac, il s'enfonça dans l'intérieur de l'île, se dirigeant vers le mont Misère dont les premiers renflements se faisaient déjà sentir sous ses pieds.

Après une course assez longue, le flibustier s'arrêta enfin à l'entrée d'une gorge aride sur un des versants de laquelle s'élevait une misérable hutte de troncs d'arbres recouverte tant bien que mal en feuilles de palmiers. Un homme se tenait debout sur le seuil de cette hutte; en apercevant Montbars il poussa un cri de joie et s'élança vers lui en courant à travers les rochers avec la rapidité et la légèreté d'un daim.

Cet homme était O-mo-poua, le Caraïbe; en arrivant auprès du flibustier, il se jeta à ses genoux.

— Relève-toi, lui dit l'aventurier, à quoi bon me remercier?

— Mon maître m'a dit, il y a une heure, que je n'appartenais plus à lui, mais à toi.

— Eh bien! ne te l'avais-je pas promis?

— C'est vrai, mais les blancs promettent toujours et ne tiennent jamais.

— Tu vois la preuve du contraire; allons, relève-toi. Ton maître t'a vendu à moi, c'est vrai; moi, je te donne la liberté; tu n'as plus qu'un seul maître, Dieu!

L'Indien se leva, il porta la main à sa poitrine, chancela, ses traits se contractèrent et, pendant un instant, il parut en proie à une violente émotion inférieure que, malgré toute la puissance qu'il avait sur lui-même, il ne parvenait pas à maîtriser.

Montbarts, calme et sombre, l'examinait attentivement en fixant sur lui un regard scrutateur.

Enfin l'Indien réussit à parler, sa voix s'échappa sifflante de sa gorge.

— O-mo-poua était un chef renommé parmi les siens, dit-il; un Espagnol l'avait avili en le faisant esclave par trahison et le vendant comme une bête de somme; toi tu rends à O-mo-poua le rang dont il n'aurait jamais dû descendre. C'est bon. Tu perds un mauvais esclave, mais tu gagnes un ami dévoué; sans toi je serais mort, ma vie t'appartient.

Montbars lui tendit la main, le Caraïbe la baisa respectueusement.

— Comptes-tu demeurer à Saint-Christophe, ou bien veux-tu retourner à Haïti [1]?

— La famille d'O-mo-poua, répondit l'Indien, ce qui reste de son peuple erre dans les savanes de Bohio [2], mais où tu iras, j'irai.

— Bien, tu me suivras; maintenant conduis-moi vers l'homme que tu sais.

— Tout de suite.

— Es-tu certain qu'il soit Espagnol?

— J'en suis certain.

— Tu ignores pour quel motif il s'est introduit dans l'île?

---

1. Nom donné par les Caraïbes à Saint-Domingue. Il signifie : terre montagneuse.
2. Maison, autre nom donné par les Caraïbes à Saint-Domingue.

— Je l'ignore.
— Et dans quel endroit s'est-il réfugié?
— Chez un Anglais.
— Dans la colonie anglaise alors?
— Non, à la Basse-Terre.
— Tant mieux. Quel est le nom de cet Anglais?
— C'est le capitaine Williams Drack.
— Le capitaine Drack! s'écria Montbars avec surprise. C'est impossible!
— Cela est.
— Alors, le capitaine ne le connaît pas!
— Non, cet homme est entré chez lui, il lui a demandé l'hospitalité, le capitaine ne pouvait pas la lui refuser.
— C'est juste; monte à mon hatto, prends des vêtements, un fusil, enfin les armes que tu voudras, et reviens me rejoindre chez le capitaine Drack; si je n'y étais plus, tu me rencontrerais sur le port; va.

Montbars retourna alors sur ses pas et se dirigea vers la Basse-Terre, tandis que le Caraïbe prenait à vol d'oiseau, selon la coutume indienne, le chemin du hatto.

La Basse-Terre était l'entrepôt, ou pour mieux dire le quartier général de la colonie française; à l'époque où se passe notre histoire, ce n'était qu'une misérable bourgade bâtie sans ordre, selon le caprice ou la convenance de chaque propriétaire; une agglomération de huttes plutôt qu'une ville, mais produisant de loin un effet des plus pittoresques à cause même de ce chaos de maisons de toutes formes et de toutes grandeurs groupées ainsi sur le bord de la mer, devant une rade magnifique remplie de navires se balançant sur leurs ancres et constamment sillonnée par un nombre infini de pirogues.

Une batterie de six pièces de canon établie sur une pointe avancée défendait l'entrée de la rade.

Mais dans cette ville si chétive, si sale et si misérable en apparence, on sentait circuler la vie pleine de sève, de vigueur et de violence des singuliers habitants, uniques au monde, qui en formaient l'hétérogène population. Les rues étroites et sombres étaient encombrées de gens de toutes sortes et de toutes couleurs qui allaient et venaient d'un air affairé.

Des cabarets chantaient au coin de toutes les places et de tous les carrefours, des marchands ambulants hurlaient leur marchandise d'une voix éraillée, et des crieurs publics, suivis d'une foule qui, à chaque pas, se grossissait de tous les oisifs, annonçait à grand renfort de trompettes et de tambours la vente, pour le jour même, des nouveaux engagés arrivés l'avant-veille sur un vaisseau de la Compagnie.

Montbars passa inaperçu au milieu de la foule et arriva à la porte de la case du capitaine Williams Drack, maison d'une assez belle apparence, proprement tenue, qui s'élevait sur le bord de la mer, non loin de l'habitation du gouverneur.

Le flibustier poussa la porte qui, selon l'habitude du pays, n'était pas fermée, et il entra dans l'intérieur de la case.

XV

L'ESPION

Montbars entra donc dans la case.

Deux personnes se trouvaient dans la première pièce, espèce de chambre à deux fins, demi-salon, demi-cuisine.

Ces deux personnes étaient un engagé du capitaine Williams Drack et un inconnu.

Quant au capitaine, il était absent en ce moment.

L'œil du flibustier étincela à la vue de l'inconnu et un sourire funèbre plissa ses lèvres pâles.

Quant à celui-ci, assis devant une table placée au milieu de la pièce, il déjeunait tranquillement avec un morceau de lard froid accommodé à la pimentade et arrosé par une bouteille de vin de Bordeaux, vin qui, soit dit entre parenthèses, bien qu'ignoré à Paris où il ne fut connu que sous Louis XV, grâce au duc de Richelieu de retour de son gouvernement de Guyenne, était déjà depuis longtemps apprécié en Amérique.

L'inconnu était un homme d'une taille assez élevée, au visage pâle, aux traits ascétiques, maigre, osseux et anguleux, mais dont les manières nobles dénotaient un rang élevé dans la société, rang que son costume simple et même plus que modeste essayait vainement de dissimuler, sinon de déguiser complètement.

A l'entrée du flibustier, sans même relever la tête, il laissa glisser un regard de côté sous ses longues paupières de velours et de nouveau s'absorba ou parut s'absorber dans la contemplation du plantureux déjeuner placé devant lui.

Tout était commun entre les flibustiers; chacun prenait chez l'autre, que celui-ci y fût ou non, ce dont il avait besoin, armes, poudre, habits ou nourriture, sans que celui auquel ces emprunts étaient faits eût le droit de s'en formaliser ou de faire la plus légère observation; ceci était non seulement admis et toléré, mais bien considéré comme un droit dont tous usaient sans le moindre scrupule.

Montbars, après avoir jeté un regard circulaire dans la pièce, prit une chaise, s'assit sans façon en face de l'inconnu et s'adressant à l'engagé :

— Sers-moi à déjeuner, j'ai faim! lui dit-il.

Celui-ci, sans se permettre la moindre observation, se mit immédiatement en devoir d'obéir.

En un instant, avec une célérité extrême, il eut servi un copieux déjeuner au flibustier; puis il se plaça derrière lui afin de le servir.

— Mon ami, dit nonchalamment le flibustier, je vous remercie; mais je n'aime pas, lorsque je prends mon repas, avoir quelqu'un derrière moi. Retirez-vous, tenez-vous devant la porte de la case; et, ajouta-t-il avec un coup d'œil

— Vous êtes un espion et un traître, dit brutalement Montbars, dans dix minutes vous serez pendu.

d'une expression singulière, ne laissez pénétrer sans mon ordre personne ici ; personne ! vous m'entendez ? fit-il, en appuyant sur les mots, quand votre maître lui-même se présenterait ; vous m'avez compris, n'est-ce pas ?

— Oui, Montbars, répondit l'engagé, et il sortit.

Au nom de Montbars, prononcé par l'engagé, l'inconnu avait tressailli imperceptiblement en fixant un regard inquiet sur le flibustier ; mais, se remettant aussitôt, il avait recommencé à manger avec la plus entière tranquillité, du moins en apparence.

De son côté, Montbars mangeait sans s'occuper, ou du moins sans paraître s'occuper du convive placé juste en face de lui.

Ce manège dura quelques minutes : on n'entendait d'autre bruit dans cette pièce, où cependant grondaient de si vives passions intérieures, que celui produit par les couteaux et les fourchettes grinçant sur les tranchoirs.

Enfin Montbars releva la tête et fixa son regard sur l'inconnu.

— Vous êtes bien taciturne, monsieur, lui dit-il, du ton de bonhomie d'un individu qu'un long silence fatigue et qui désire entamer la conversation.

— Moi, monsieur ? répondit l'inconnu, en relevant la tête à son tour et de l'accent le plus calme ; mais non pas, que je sache.

— Cependant, monsieur, reprit le flibustier, je vous ferai observer que depuis plus d'un quart d'heure que j'ai l'honneur de me trouver en votre compagnie, vous ne m'avez pas encore adressé un mot, même de bienvenue.

— Excusez-moi, alors, monsieur, fit l'inconnu avec une légère inclination de la tête. Cette faute est entièrement involontaire ; d'ailleurs, n'ayant pas l'avantage de vous connaître...

— En êtes-vous bien sûr, monsieur ? interrompit l'aventurier avec ironie.

— Du moins, je le crois, monsieur ; donc, n'ayant rien à vous dire, j'ai supposé qu'il était inutile d'entamer une conversation qui ne saurait avoir de but.

— Qui sait, monsieur ? reprit railleusement le flibustier ; les conversations les plus frivoles quand on les commence deviennent souvent fort intéressantes au bout de quelques instants.

— Je doute qu'il en soit ainsi de la nôtre, monsieur. Permettez-moi donc de l'interrompre à ces premiers mots ; d'ailleurs, mon repas est terminé, dit l'inconnu en se levant, et des affaires sérieuses réclament ma présence. Veuillez donc m'excuser de vous fausser aussi brusquement compagnie et croire à tous mes regrets.

L'aventurier ne quitta pas sa place ; mais, se renversant avec une gracieuse nonchalance sur sa chaise tout en jouant avec le couteau qu'il tenait à la main :

— Pardon, cher monsieur, dit-il de sa voix douce et insinuante, un mot seulement, je vous prie.

— Alors faites vite, monsieur, répondit l'inconnu en s'arrêtant ; car je suis fort pressé, je vous jure.

— Oh ! vous m'accorderez bien quelques minutes, reprit l'aventurier, toujours railleur.

— Puisque vous le désirez si vivement, je ne vous refuserai pas, monsieur ; mais je vous certifie que je suis fort pressé.

— Je n'ai aucun doute à cet égard, monsieur, pressé de quitter cette case surtout, n'est-il pas vrai ?

— Que voulez-vous dire, monsieur ? demanda l'inconnu avec hauteur.

— Je veux dire, répondit en se levant le flibustier et en marchant vers lui et se plaçant devant la porte, qu'il est inutile de feindre davantage et que vous êtes reconnu, monsieur.

— Reconnu, moi ? Je ne vous comprends pas ; que signifient ces paroles ?

— Elles signifient, dit brutalement Montbars, que vous êtes un espion et un traître, et que dans dix minutes vous serez pendu !

— Moi ! s'écria l'inconnu avec une surprise fort bien jouée. Allons, vous vous méprenez étrangement, monsieur. Laissez-moi passer, je vous prie.

— Je ne suis pas fou et je ne me méprends pas, señor don Antonio de la Ronda.

L'inconnu tressaillit : une pâleur livide couvrit son visage ; mais se remettant aussitôt :

— Oh ! mais c'est de la démence ! fit-il.

— Monsieur, reprit Montbars toujours calme, mais demeurant comme scellé devant la porte, lorsque j'affirme vous niez. Il est évident qu'un de nous deux ment ou se trompe. Or, je certifie que ce n'est pas moi. Il faut donc que ce soit vous ; et pour vous enlever vos derniers doutes à cet égard, écoutez ceci. Mais d'abord, veuillez, je vous prie, vous rasseoir. Nous avons, bien que cela vous contrarie, à causer pendant quelque temps, et je vous ferai observer qu'il est de très mauvais goût de parler debout en face l'un de l'autre comme deux coqs de combat prêts à se sauter à la crête, lorsqu'il est possible de faire autrement.

Dominé malgré lui par le regard fulgurant de l'aventurier opiniâtrement fixé sur lui et par son accent bref et impératif, l'inconnu fut reprendre sa place et se laissa tomber plutôt qu'il ne s'assit sur son siège.

— Maintenant, monsieur, reprit le flibustier du même ton calme, en se rasseyant et en appuyant les coudes sur la table, en même temps qu'il se penchait en avant, afin de dissiper d'un coup tous les doutes que vous pourriez conserver et vous prouver que je sais beaucoup plus de choses que vous ne le désireriez sans doute sur ce qui vous concerne, laissez-moi en deux mots vous raconter votre histoire.

— Monsieur ! interrompit l'étranger.

— Oh ! ne craignez rien, ajouta-t-il d'un ton de sarcasme froid et sec ; je serai bref : pas plus que vous je n'aime à perdre mon temps en vains discours ; mais, remarquez en passant, je vous prie, comment, ainsi que je l'avais prévu, notre conversation, d'abord frivole, est devenue promptement intéressante. N'est-ce pas, en effet, singulier, je vous le demande ?

— J'attends, monsieur, qu'il vous plaise de vous expliquer, répondit froidement l'inconnu ; car, jusqu'à présent, quoi que vous en disiez, je ne comprends pas un seul mot de tout ce qu'il vous plaît de me débiter.

— Allons, vive Dieu ! vous êtes un homme selon mon cœur. Je ne m'étais pas trompé sur votre compte. Brave, froid, dissimulé, vous seriez digne d'être flibustier et de mener avec nous la vie d'aventures.

— Vous me faites beaucoup d'honneur, monsieur, mais tout cela ne me dit pas...

— M'y voici, monsieur, un peu de patience. Comme vous êtes vif ! Prenez garde : dans le métier que vous faites, il faut surtout du sang-froid, et vous en manquez en ce moment.

— Vous êtes très spirituel, monsieur, dit l'inconnu en saluant ironiquement son interlocuteur.

Celui-ci fut froissé de cette attaque subite et frappant du poing la table :

— Votre histoire, monsieur, la voici en deux mots, dit-il : Vous êtes Andalou, né à Malaga, cadet de famille, et par conséquent, destiné à entrer dans les ordres. Vous avez un beau jour, ne vous sentant aucun goût pour la tonsure, fui la maison paternelle et vous vous êtes embarqué sur un vaisseau espagnol destiné pour Hispaniola. Votre nom est don Antonio de la Ronda ; vous voyez, monsieur, que jusqu'à présent, je suis bien renseigné, n'est-ce pas ?

— Continuez, je vous prie, monsieur, répondit l'étranger avec un flegme parfait, vous m'intéressez au plus haut point.

Montbars haussa les épaules et reprit :

— Arrivé à Hispaniola, vous avez su en peu de temps, grâce à votre bonne mine, et surtout à votre esprit fin et délié, vous faire des protecteurs puissants ; si bien que, arrivé d'Europe depuis trois ans à peine, vous avez fait un chemin si rapide, que vous êtes aujourd'hui un des hommes les plus influents de la colonie ; malheureusement...

— Vous dites malheureusement ? interrompit l'inconnu avec un sourire railleur.

— Oui, monsieur, répondit imperturbablement l'aventurier ; malheureusement donc, la fortune vous tourna la tête et cela si bien...

— Si bien ?

— Que malgré vos amis, on vous arrêta et on vous menaça d'un jugement pour détournement d'une somme de près de deux millions de piastres : un beau chiffre ! je vous en fais mon compliment. Tout autre que vous, monsieur, je me plais à le reconnaître, aurait été perdu, ou à peu près, le cas étant des plus graves ; et le conseil des Indes ne plaisante pas en matière d'argent.

— Permettez-moi de vous interrompre, cher monsieur, dit l'étranger avec la plus complète aisance ; vous contez cette histoire avec un talent extrême ; mais si vous continuez ainsi, elle menace de durer indéfiniment. Si vous me le permettez, je la terminerai en quelques mots.

— Ah ! ah ! vous la reconnaissez donc vraie, maintenant ?

— Pardieu ! fit l'inconnu avec un merveilleux aplomb.

— Vous reconnaissez être don Antonio de la Ronda ?

— Pourquoi le nierais-je plus longtemps, puisque vous êtes aussi bien instruit ?

— De mieux en mieux ; de sorte que vous avouez vous être introduit en fraude dans la colonie, dans le but de...

— J'avoue tout ce qu'il vous plaira, fit vivement l'Espagnol.

— Alors, ceci bien établi, vous méritez d'être pendu et vous allez l'être, dans quelques instants.

— Eh bien, non ! reprit-il sans rien perdre de son sang-froid ; voilà où nous différons essentiellement d'opinion, cher monsieur. Votre conclusion n'est pas logique le moins du monde.

— Hein ? s'écria l'aventurier, surpris de ce brusque changement d'humeur auquel il ne s'attendait pas.

— J'ai dit que votre conclusion n'était pas logique.
— J'ai parfaitement entendu.
— Et je le prouve, continua-t-il ; accordez-moi, à votre tour, quelques instants d'attention.
— Soit ; il faut être miséricordieux pour ceux qui vont mourir.
— Vous êtes bien bon ; mais, grâce à Dieu, je n'en suis pas encore là. Il y a loin de la coupe aux lèvres, dit un proverbe fort sensé de mon pays.
— Allez toujours, dit le flibustier avec un sourire sinistre.
Mais l'Espagnol ne s'émut pas.
— Il est évident pour moi, monsieur, que vous avez quelque affaire ou quelque marché à me proposer !
— Moi !
— Certainement. Voici pourquoi : m'ayant reconnu pour espion, car je dois convenir que j'en suis bien réellement un, vous voyez que je mets de la franchise dans mes aveux, rien ne nous était plus facile que de me faire brancher au premier arbre venu, et cela, sans autre forme de procès.
— Oui, mais je vais le faire.
— Non, vous ne le ferez pas maintenant, et voici pourquoi : vous croyez, pour des raisons que j'ignore, car je ne vous fais pas l'injure de supposer que vous éprouviez un mouvement de pitié pour moi, vous si justement nommé par mes compatriotes l'*Exterminateur;* vous croyez, dis-je, que je puis vous servir, vous être utile, que sais-je enfin, pour la réussite d'un de vos projets ; en conséquence, au lieu de me faire pendre, ainsi que vous l'eussiez fait en toute autre circonstance, vous êtes venu tout droit me trouver ici, où je me croyais cependant bien caché, afin de causer avec moi. Voyons, parlez, je vous écoute, de quoi s'agit-il ?

Et après avoir prononcé ces paroles de l'air le plus dégagé qu'il put affecter, don Antonio se renversa sur le dossier de sa chaise en tordant délicatement une cigarette entre ses doigts.

Le flibustier considéra un instant l'Espagnol avec une surprise qu'il n'essaya pas même de dissimuler ; puis, éclatant de rire :

— Eh bien ! à la bonne heure, dit-il ; je préfère cela, il n'y aura pas de malentendu entre nous. Oui, vous avez deviné, j'ai une proposition à vous faire.
— Cela n'était pas difficile à découvrir, monsieur ; mais passons : cette proposition, quelle est-elle ?
— Mon Dieu, elle est bien simple. Il s'agit tout uniment pour vous d'intervertir vos projets, de changer de rôle en un mot.
— Très bien ! je vous comprends ; c'est-à-dire que, au lieu de vous trahir au bénéfice de l'Espagne, je trahirai l'Espagne à votre profit.
— Voilà ; vous voyez que c'est facile.
— Très facile, en effet, mais diablement scabreux ; et, en supposant que je consente à ce que vous me demandez, quel avantage en retirerai-je ?
— D'abord, il va sans dire que vous ne serez pas pendu.
— Peuh ! mourir pendu, noyé, ou fusillé, c'est toujours à peu près la même chose. Je désirerais un bénéfice plus net et plus clair, si vous voulez.

— Diable ! vous êtes difficile ; ce n'est donc rien que de sauver sa vie du nœud coulant ?

— Cher monsieur, lorsque comme moi on n'a rien à perdre et par conséquent tout à gagner à un changement quelconque de position, la mort est plutôt un bienfait qu'une calamité.

— Vous êtes philosophe, à ce qu'il paraît.

— Non, du diable ! si de pareilles sornettes m'ont jamais tourmenté. Je ne suis qu'un homme désespéré.

— C'est souvent la même chose ; mais revenons à notre affaire.

— Oui, revenons-y, cela vaudra mieux.

— Eh bien ! je vous offre ma part de prise entière du premier navire dont je m'emparerai, cela vous convient-il ?

— Ceci est déjà mieux, malheureusement le navire dont vous me parlez est comme l'ours de la fable, il court encore. Je préférerais quelque chose de plus substantiel.

— Allons, je vois qu'il faut vous céder ; servez-moi bien et je vous récompenserai si généreusement que le roi d'Espagne lui-même ne pourrait faire davantage.

— Eh bien ! c'est convenu, je me risque ; maintenant, veuillez me dire les services que vous attendez de moi ?

— Je veux que vous m'aidiez à m'emparer par surprise de l'île de la Tortue que vous avez assez longtemps habitée et dans laquelle vous avez, je le crois, conservé des relations.

— Je ne vois pas d'inconvénient à tenter cela, bien que je commence par faire mes réserves.

— Qui sont ?

— Que je ne m'engage pas à vous assurer la réussite de ce hasardeux projet.

— Cette observation est juste ; mais soyez tranquille, si l'île est bien défendue, elle sera bien attaquée.

— Pour cela, j'en ai la conviction ; voyons l'autre chose.

— Celle-là je vous la ferai connaître lorsqu'il en sera temps, señor ; quant à présent, d'autres soins nous occupent.

— A votre aise, monsieur, vous-même jugerez de l'opportunité.

— Maintenant, monsieur, ainsi que j'ai eu l'honneur de vous le dire en commençant, comme je vous sais un homme très fin et fort capable de me glisser comme un serpent entre les mains sans le moindre scrupule, et comme je veux éviter toute éventualité et vous mettre à l'abri de toute pensée à cet égard, vous allez me faire le plaisir de vous rendre à l'instant même à bord de mon lougre.

— Prisonnier ! fit l'Espagnol avec un geste de mauvaise humeur.

— Non pas prisonnier, cher don Antonio, mais considéré comme un otage et traité en cette qualité, c'est-à-dire avec toutes les attentions compatibles avec notre sûreté commune.

— Cependant la parole d'un gentilhomme...

— Est bonne entre gentilshommes, c'est vrai, mais avec nous autres *ladrones*, ainsi que vous nous nommez, elle n'a, à mon avis, aucune valeur; vous vous faites même un cas de conscience, vous, hidalgos de la vieille Espagne, de la violer sans le moindre scrupule lorsque votre intérêt vous y engage.

Don Antonio baissa la tête sans répondre, reconnaissant intérieurement, bien qu'il ne voulût pas en convenir, l'exacte vérité des paroles du flibustier.

Celui-ci jouit un instant du désarroi de l'Espagnol, puis il frappa deux ou trois fois la table du manche de son couteau.

L'engagé du capitaine entra immédiatement.

— Que me voulez-vous, Montbars? demanda-il.

— Dites-moi, mon brave camarade, fit l'aventurier, n'avez-vous pas vu un Caraïbe rouge rôder autour de cette maison?

— Pardonnez-moi, Montbarts, un Caraïbe rouge m'a demandé il n'y a qu'un instant si vous étiez ici; je lui ai répondu affirmativement, mais je n'ai pas voulu transgresser les ordres que j'avais reçus de vous et le laisser entrer ainsi qu'il le désirait.

— Fort bien, cet homme n'a pas dit son nom?

— Si, au contraire, c'est la première chose qu'il ait faite; il se nomme O-mo-poua.

— C'est bien l'homme que j'attendais; faites-le donc entrer, je vous prie, car il doit attendre à la porte, et revenez avec lui.

L'engagé sortit.

— Que voulez-vous faire de cet homme? demanda l'Espagnol avec une nuance d'inquiétude qui n'échappa pas à l'œil clairvoyant de l'aventurier.

— Cet Indien est simplement destiné à être votre garde du corps, monsieur, dit-il.

— Hum! il paraît en effet alors que vous tenez réellement à me conserver.

— Extrêmement, señor.

En ce moment, l'engagé rentra suivi du Caraïbe qui n'avait rien changé à son costume primitif, mais qui avait profité de la permission de Montbars pour s'armer jusqu'aux dents.

— O-mo-poua et vous, mon ami, écoutez bien ce que je vais vous dire : vous voyez cet homme? fit-il en désignant du geste l'Espagnol toujours impassible.

— Nous le voyons, répondirent-ils.

— Vous allez le conduire vous deux à bord du lougre, où vous le remettrez à mon matelot, Michel le Basque, auquel vous le confierez en lui recommandant de veiller avec le plus grand soin sur lui; si, pendant le trajet d'ici au navire, cet homme essayait de prendre la fuite, brûlez-lui la cervelle sans pitié. M'avez-vous bien compris?

— Oui, dit l'engagé, rapportez-vous-en à nous, nous répondons de lui sur notre tête.

— C'est bien, je compte sur votre parole; monsieur, ajouta-il en s'adressant à don Antonio, veuillez, je vous prie, suivre ces deux hommes.

— J'obéis au plus fort, monsieur.

— Très bien, c'est ainsi que je l'entends; mais rassurez-vous, votre captivité ne sera ni dure ni longue ; je tiendrai strictement les promesses que je vous ai faites, si de votre côté vous tenez les vôtres. Allez donc et à bientôt.

L'Espagnol, sans répondre, se plaça de lui-même entre ses deux gardiens et sortit avec eux.

Montbars demeura seul.

XVI

LA VENTE DES ESCLAVES

Au bout d'un instant Montbars se leva, reprit son manteau qu'il avait en entrant jeté sur un siège et se prépara à quitter la maison.

Sur le seuil de la porte il se trouva face à face avec le capitaine Drack.

— Eh! fit celui-ci, te voilà, frère?

— Oui, j'ai déjeuné chez toi.

— Tu as bien fait.

— M'accompagnes-tu à la vente?

— Je n'ai pas besoin d'engagés.

— Ni moi, mais tu sais que l'enrôlement commencera aussitôt après.

— C'est juste, laisse-moi seulement dire un mot à mon engagé et je te suis.

— Ton engagé est sorti.

— Bah! je lui avais recommandé de ne pas quitter la case.

— Je l'ai chargé d'une commission.

— Alors c'est différent.

Les deux flibustiers s'éloignèrent en causant.

— Tu ne me demandes pas quelle est la commission que j'ai donnée à ton engagé? dit Montbars au bout d'un instant.

— Pourquoi faire? cela ne me regarde pas, je suppose.

— Plus que tu ne le crois, frère.

— Bah! comment cela?

— Tu avais donné l'hospitalité à un étranger, n'est-ce pas?

— En effet, mais qu'a de commun?...

— Tu vas voir; cet étranger que tu ne connais pas, car tu ne le connais aucunement?

— Ma foi non! que m'importe qui il est? l'hospitalité est une de ces choses qui ne se peuvent refuser.

— C'est vrai, mais j'ai reconnu cet homme.

— Ah! ah! et qui est-il donc?

— Rien moins qu'un espion espagnol, frère.

— *By God!* fit le capitaine en s'arrêtant tout net.

— Qu'as-tu donc? qu'est-ce qui te prend?

LES ROIS DE L'OCÉAN 129

Le gouverneur, par un geste rapide, releva du bout de sa canne le canon de l'arme.

— Rien, rien, sinon que je vais aller lui brûler la cervelle, si tu ne l'as déjà fait.
— Garde-t'en bien, frère; cet homme, j'en ai la conviction, nous sera bientôt très utile.
— Bah! comment cela?
— Laisse-moi faire : on peut, en sachant bien s'y prendre, tirer parti même d'un espion espagnol; en attendant, je l'ai fait conduire par ton engagé

et un homme à moi à bord du lougre, où il sera surveillé de façon à ne pouvoir nous fausser compagnie.

— Je m'en rapporte à toi pour cela ; je te remercie, frère, de m'avoir débarrassé de ce drôle.

Tout en causant ainsi, les deux hommes arrivèrent à l'endroit où devait avoir lieu la vente des engagés aux colons.

A droite de la place se trouvait un vaste hangar construit en planches mal équarries, ouvert au vent et à la pluie ; au centre de ce hangar on avait préparé une table pour les employés et secrétaires de la Compagnie, chargés de procéder à la vente et de rédiger les contrats ; un fauteuil avait été réservé pour le gouverneur auprès d'une estrade assez élevée où chaque engagé, homme ou femme, montait à tour de rôle, afin que les acheteurs pussent les examiner à leur aise.

Ces malheureux, trompés par les agents de la Société en Europe, avaient contracté des engagements dont ils ne comprenaient nullement les conséquences, et étaient convaincus qu'à leur arrivée en Amérique, à part une certaine redevance que pendant un temps plus ou moins long ils payeraient à la Compagnie, ils seraient complètement libres de gagner leur vie comme bon leur semblerait ; la plupart étaient des charpentiers, des maçons, des menuisiers, il se trouvait aussi parmi eux des fils de famille et de ces libertins auxquels le travail est antipathique et qui se figuraient qu'en Amérique, le pays de l'or, la fortune venait pour ainsi dire en dormant.

Un navire de la Compagnie était arrivé quelques jours auparavant, amenant cent cinquante engagés parmi lesquels se trouvaient quelques femmes, jeunes et jolies pour la plupart, mais perdues de vices et qui, comme la Manon Lescaut de l'abbé Prévost, avaient été ramassées par la police sur le pavé de Paris, et déportées sans autre forme de procès.

Ces femmes étaient vendues aussi aux colons, non pas en apparence comme esclaves, mais en qualité d'épouses.

Ces unions, contractées à la mode de la bohème, ne devaient durer qu'un laps de temps déterminé qui ne pouvait pas excéder sept ans, à moins du consentement mutuel des époux, clause qui n'était presque jamais invoquée par eux ; ce temps terminé, ils se séparaient et chacun était libre de contracter une nouvelle union.

Les engagés avaient été mis à terre depuis deux jours déjà ; ces deux jours leur avaient été laissés pour qu'ils pussent se remettre un peu des fatigues d'un long voyage fait sur mer, se promener et respirer l'air vivifiant de la terre dont pendant si longtemps ils avaient été privés.

Au moment où les deux aventuriers arrivèrent, la vente était commencée depuis une demi-heure environ, le hangar était encombré par la foule des habitants qui désiraient acheter des esclaves, car nous sommes bien forcé de dire le mot, et les pauvres diables n'étaient pas autre chose.

Cependant, à la vue de Montbars, dont le nom était justement célèbre, les rangs se serrèrent à droite et à gauche, un passage s'ouvrit et il parvint assez facilement, suivi par le capitaine, à aller se placer auprès du gouverneur, M. le chevalier de Fontenay, aux côtés duquel se tenaient les aventuriers les plus renommés, au nombre desquels se trouvait Michel le Basque.

M. de Fontenay reçut Montbars avec distinction, il se leva même de son fauteuil et fit un pas ou deux au-devant de lui, ce que les flibustiers trouvèrent de fort bon goût et dont ils lui furent reconnaissants : cet honneur rendu au plus célèbre d'entre eux rejaillissait sur eux tous.

Après avoir échangé quelques mots de politesse avec le gouverneur, Montbars se pencha à l'oreille de Michel :

— Eh bien ! matelot? lui dit-il.

— L'Espagnol est à bord, répondit Michel, surveillé avec soin par Vent-en-Panne.

— Alors je puis être tranquille?

— Parfaitement.

Pendant cet aparté, la vente avait continué.

Tous les engagés hommes avaient été vendus, un excepté, qui se tenait en ce moment sur l'estrade auprès de l'agent de la Société, faisant fonction de ce que nous nommons aujourd'hui commissaire-priseur, et chargé de faire valoir les qualités de la marchandise humaine qu'il proposait aux assistants.

Cet engagé était un homme de petite taille, trapu, fortement charpenté, âgé de vingt-cinq à vingt-six ans, aux traits durs, énergiques, mais intelligents, dont les yeux gris respiraient l'audace et la bonne humeur.

— Pierre Nau, né aux Sables-d'Olonne, dit l'agent de la Compagnie, âgé de vingt-cinq ans, vigoureux et bien portant, matelot. A quarante écus l'Olonnais, à quarante écus pour trois ans, messieurs.

— Allez, allez, dit l'engagé, si celui qui m'achètera est un homme, il fera une bonne affaire.

— A quarante écus, reprit l'agent de la Compagnie, à quarante écus, messieurs.

Montbars se tourna vers l'engagé.

— Comment, drôle, lui dit-il, tu es matelot, et au lieu de venir te joindre à nous, tu t'es vendu? tu n'as pas de cœur !

L'Olonnais se mit à rire.

— Vous n'y entendez rien, je me suis vendu parce qu'il le fallait, répondit-il, pour que ma mère puisse vivre pendant mon absence.

— Comment cela?

— Que vous importe? vous n'êtes pas mon maître encore, et quand même vous le seriez, vous n'auriez pas le droit de m'interroger sur mes affaires privées.

— Tu me parais un hardi compagnon, reprit Montbars.

— Je crois l'être, en effet; d'ailleurs, je veux devenir un aventurier comme vous autres, et pour cela il est nécessaire que je fasse l'apprentissage du métier.

— A quarante écus, cria l'agent.

Montbars examina un instant avec la plus sérieuse attention l'engagé, dont le regard ferme ne se baissa que difficilement devant le sien; puis, satisfait sans doute de ce triomphe, il se tourna vers l'agent :

— C'est bon, dit-il, taisez-vous; j'achète cet homme.

— L'Olonnais est adjugé à Montbars l'Exterminateur, au prix de quarante écus, dit l'agent.

— Les voilà, répondit l'aventurier en jetant une poignée d'argent sur la table; allons, viens, commanda-t-il à l'Olonnais, tu es maintenant mon engagé.

Celui-ci sauta en bas de l'estrade et accourut vers lui d'un air joyeux.

— C'est vous qui êtes Montbars l'Exterminateur ? lui demanda-t-il curieusement.

— Tu m'interroges, je crois! dit en riant l'aventurier; cependant, comme ta question me semble assez naturelle, pour cette fois j'y répondrai : oui, c'est moi.

— Alors je vous remercie de m'acheter, Montbars; avec vous je suis certain de devenir promptement un homme.

Et, sur un signe de son nouveau maître, il alla respectueusement se placer derrière lui.

La partie la plus curieuse de la vente commençait alors pour les aventuriers, c'est-à-dire la vente des femmes.

Les pauvres malheureuses, jeunes et jolies pour la plupart, montaient en tremblant sur l'estrade, et malgré leurs efforts pour faire bonne contenance, elles rougissaient de honte et des larmes brûlantes coulaient sur leurs visages en se voyant ainsi exposées aux regards de tous ces hommes, dont les yeux ardents se fixaient sur elles.

C'était surtout sur les femmes que la Compagnie faisait de grands bénéfices, d'autant plus faciles à réaliser qu'elle les avait pour rien et les vendait le plus cher possible.

Les hommes étaient ordinairement adjugés à un prix qui variait de trente à quarante écus, mais ne pouvait jamais aller au delà; pour les femmes, c'était différent, elles étaient mises aux enchères, seulement le gouverneur avait le droit d'arrêter la vente, lorsque le prix lui paraissait assez élevé.

Ces femmes étaient toujours adjugées au milieu de cris, de quolibets et de plaisanteries fort crues, pour la plupart adressées aux aventuriers qui ne craignaient pas de se risquer sur l'océan rempli d'écueils du mariage.

Belle-Tête, ce féroce aventurier dieppois dont nous avons parlé déjà et que nous avons rencontré à la réunion du hatto, avait, ainsi qu'il se l'était proposé, acheté deux engagés pour remplacer deux des siens morts, ainsi qu'il disait, de paresse, mais en réalité des coups qu'il leur avait administrés; puis, au lieu de retourner dans sa case, il avait confié les engagés à son commandeur : car les aventuriers, de même que les propriétaires de noirs, avaient des commandeurs chargés de faire travailler leurs esclaves blancs, et l'aventurier était demeuré dans le hangar, suivant avec le plus vif intérêt la vente des femmes.

Ses amis ne se firent pas faute de le plaisanter, mais il se contenta de hausser les épaules d'un air de dédain et demeura les deux mains croisées sur l'extrémité du canon de son long fusil et les yeux opiniâtrement tournés vers l'estrade.

Une jeune femme venait d'y prendre place à son tour : c'était une enfant frêle, délicate, aux cheveux blonds et bouclés, tombant sur sa poitrine blanche et un peu maigre ; son front lisse et rêveur, ses grands yeux bleus, pleins de larmes, ses joues fraîches, sa bouche mignonne, la faisaient paraître beaucoup plus jeune qu'elle ne l'était en réalité; elle avait dix-huit ans; sa taille fine et cambrée, ses hanches rebondies, sa tournure décente, enfin tout dans sa délicieuse personne avait un charme de séduction qui formait un contraste complet avec la tournure décidée et les manières triviales des femmes qui l'avaient précédée sur l'estrade et de celles qui devaient y monter après elle.

— Louise, née à Montmartre, âgée de dix-huit ans : qui l'épouse pour trois ans, au prix de quinze écus? dit l'agent de la Compagnie de sa voix railleuse.

La pauvre enfant cacha sa tête dans ses mains et fondit en larmes.

— Vingt écus pour Louise! dit un aventurier en s'approchant.

— Vingt-cinq ! cria immédiatement un autre.

— Faites-lui donc relever la tête, qu'on la voie ! cria brutalement un troisième.

— Allons, petite, dit l'agent en l'obligeant à ôter ses mains de devant son visage, sois gentille, laisse-toi voir, c'est dans ton intérêt, que diable ! vingt-cinq écus !

— Cinquante ! dit Belle-Tête sans bouger de place.

Tous les regards se fixèrent sur lui ; jusqu'à ce moment Belle-Tête avait professé une haine profonde pour le mariage.

— Soixante ! cria un aventurier qui ne se souciait pas d'acheter la jeune fille, mais dans le but de faire pièce à son camarade.

— Soixante-dix ! dit un autre avec la même charitable intention.

— Cent ! cria Belle-Tête avec colère.

— Cent écus ! messieurs ! cent écus, Louise pour trois ans ! dit l'agent toujours impassible.

— Cent cinquante !

— Deux cents !

— Deux cent cinquante !

— Trois cents ! crièrent presque en même temps plusieurs aventuriers, en se rapprochant de plus en plus de l'estrade.

Belle-Tête était pâle de rage, il craignait qu'elle ne lui échappât.

L'aventurier s'était à tort ou à raison persuadé qu'il lui fallait une femme pour tenir son ménage ; or, il avait vu Louise, Louise lui avait plu, elle était à vendre, il voulait l'acheter.

— Quatre cents écus ! cria-t-il d'un air de défi.

— Quatre cents écus ! répéta l'agent de la Compagnie de sa voix monotone.

Il y eut un silence.

Quatre cents écus forment une somme ; Belle-Tête triompha.

— Cinq cents ! s'écria tout à coup une voix brève et stridente.

Le tournoi recommençait, les adversaires ne s'étaient arrêtés que pour reprendre des forces.

L'agent de la Compagnie se frottait les mains d'un air de jubilation en répétant :

— Six cents ! sept cents ! huit cents ! neuf cents écus !

Une espèce de frénésie s'était emparée des spectateurs, chacun enchérissait avec colère ; la jeune fille pleurait toujours.

Belle-Tête était dans un état de fureur qui approchait de la folie ; serrant son fusil avec rage entre ses doigts crispés, il éprouvait des tentations insensées d'envoyer une balle au plus décidé de ses compétiteurs.

La présence seule de M. de Fontenay le retenait.

— Mille ! cria-t-il d'une voix rauque.

— Douze cents ! hurla immédiatement le compétiteur le plus acharné.

Belle-Tête frappa du pied avec rage, jeta son fusil sur son épaule, renfonça d'un coup de poing son bonnet sur sa tête, et d'un pas lent et solennel, comme serait celui des statues, si les statues pouvaient marcher, il alla se placer côte à côte avec son insupportable compétiteur ; et laissant retomber lourdement sur le sol la crosse de son fusil à quelques lignes des pieds de cet homme, il le regarda un instant en face d'un air de défi, et d'une voix étranglée par l'émotion :

— Quinze cents ! cria-t-il.

L'aventurier le regarda à son tour fièrement, recula d'un pas et changea froidement l'amorce de son fusil, puis d'une voix calme :

— Deux mille ! dit-il.

Devant ces deux adversaires acharnés, les autres enchérisseurs s'étaient prudemment retirés ; la lutte se métamorphosait en querelle et menaçait de devenir sanglante.

Un silence de mort planait sur le hangar, les passions surexcitées de ces deux hommes avaient tari toute la joie des assistants, arrêté toutes les plaisanteries.

Le gouverneur suivait avec intérêt les diverses péripéties de cette lutte, se préparant à intervenir.

Les aventuriers s'étaient peu à peu reculés et avaient laissé un grand espace libre entre les deux hommes.

Belle-Tête fit, lui aussi, quelques pas en arrière, visita d'un geste brusque l'amorce de son fusil et l'épaulant en couchant en joue son adversaire :

— Trois mille ! dit-il.

L'autre épaula aussitôt.

— Trois mille cinq cents ! s'écria-t-il en lâchant la détente ; le coup partit.

Mais le gouverneur, par un geste rapide comme la pensée, releva du bout de sa canne le canon de l'arme et la balle alla se loger dans le toit.

Belle-Tête était demeuré immobile, seulement, en entendant le coup, il avait rabaissé la crosse de son fusil.

— Monsieur ! s'écria avec indignation le gouverneur en s'adressant à l'aventurier qui avait tiré, vous venez de manquer à l'honneur, vous avez failli commettre un assassinat.

— Monsieur le gouverneur, répondit froidement l'aventurier, lorsque j'ai tiré, j'étais couché en joue, donc c'est un duel.

Le gouverneur hésita, la réponse était spécieuse.

— N'importe, monsieur ! reprit-il au bout d'un instant, les lois du duel n'ont pas été respectées ; pour vous punir, je vous mets hors de concours. Monsieur, dit-il en s'adressant à l'agent de la Compagnie, j'ordonne que la femme cause de cette déplorable agression soit adjugée au sieur Belle-Tête au prix de trois mille écus.

L'agent s'inclina d'un air assez maussade ; le digne homme avait espéré, à la façon dont marchaient les choses, atteindre un chiffre beaucoup plus élevé ; mais il n'y avait pas d'observations à faire à M. le chevalier de Fontenay, il fallait se résigner, il se résigna.

— Louise est adjugée au prix de trois mille écus, dit-il avec un soupir de regret, non pas pour la femme, mais pour l'argent, à M. Belle-Tête.

— Soit, monsieur le gouverneur ! dit l'aventurier avec un mauvais sourire, je dois me courber devant votre arrêt suprême, mais Belle-Tête et moi nous nous retrouverons.

— Je l'espère bien ainsi, Picard ! répondit froidement le Dieppois ; il faut du sang versé entre nous, maintenant !

Pendant ce temps Louise était descendue de l'estrade où une autre femme avait pris sa place, et elle était venue, toute pleurante, se placer auprès de Belle-Tête, désormais son seigneur et maître.

M. de Fontenay jeta un regard de commisération à la pauvre femme pour laquelle allait, selon toute probabilité, commencer une existence si cruelle avec un homme d'un caractère aussi dur ; et lui adressant la parole d'une voix douce :

— Madame, lui dit-il, à compter d'aujourd'hui et pour trois ans, vous êtes l'épouse légitime de M. Belle-Tête, vous lui devez affection, obéissance et fidélité ; telles sont les lois de la colonie ; dans trois ans vous serez maîtresse de vous-même, libre de le quitter ou de continuer à demeurer avec lui s'il y consent ; veuillez, je vous prie, signer ce papier.

La malheureuse femme, aveuglée par les larmes, affolée par le désespoir, signa sans le voir le papier que le gouverneur lui présentait ; puis, jetant un regard navré autour d'elle, sur cette foule silencieuse et indifférente où elle savait ne devoir rencontrer aucun ami :

— Maintenant, monsieur, dit-elle d'une voix douce et tremblante, que me faut-il faire ?

— Il vous faut suivre cet homme qui est désormais et pour trois ans votre mari, répondit M. de Fontenay, avec un mouvement de pitié dont il ne fut pas maître.

Belle-Tête toucha alors l'épaule de la jeune fille dont tout le corps frissonna et qui le regarda d'un air hébété.

— Oui, dit-il, mignonne, il faut me suivre : car, ainsi que l'a dit monsieur le gouverneur, je suis votre mari pour trois ans, et jusqu'à l'expiration de notre traité vous n'aurez pas d'autre maître que moi. Or, écoutez ceci, mignonne, et gravez-le bien dans votre mémoire afin de vous en souvenir en temps et lieu : ce que vous avez fait, ce que vous avez été jusqu'à présent ne me regarde pas et je m'en soucie peu, ajouta-t-il d'une voix sombre et farouche qui glaça d'épouvante la pauvre jeune fille ; mais à compter d'aujourd'hui, du moment où nous sommes, vous dépendez de moi seul, je vous confie mon honneur qui devient le vôtre, et si vous compromettez cet honneur, si vous oubliez vos devoirs, fit-il en frappant fortement son fusil dont les batteries résonnèrent avec un bruit sinistre, voilà qui vous les rappellera ; maintenant, suivez-moi.

— Soyez doux pour elle, Belle-Tête, ne put s'empêcher de dire M. de Fontenay, elle est si jeune !

— Je serai juste, monsieur le gouverneur ; maintenant, merci de votre impartialité, il est temps que je me retire. Picard, mon vieil ami, tu sais où me trouver !

— Je ne manquerai pas de t'aller voir, mais je ne veux pas interrompre ta lune de miel, répondit Picard en goguenardant.

Belle-Tête se retira, suivi de sa femme.

La vente ne présenta plus rien d'intéressant : les quelques femmes qui restaient furent adjugées à des prix fort inférieurs à celui auquel Louise avait été vendue, au grand regret, constatons-le, de messieurs de la Compagnie.

Les aventuriers se préparèrent à quitter le hangar où ils croyaient ne plus avoir rien à voir ; mais alors Montbars monta sur l'estrade, et d'une voix vibrante s'adressant à la foule :

— Frères, dit-il, arrêtez, j'ai une importante communication à vous faire.

Les aventuriers demeurèrent immobiles.

XVII

L'ENROLEMENT

Tous les aventuriers s'étaient groupés autour de l'estrade, attendant avec anxiété ce que Montbars avait à leur apprendre.

— Frères, dit-il, au bout d'un instant, je prépare une nouvelle expédition pour laquelle j'ai besoin de trois cents hommes résolus : qui de vous veut venir en course avec Montbars l'Exterminateur ?

— Tous ! tous ! s'écrièrent les aventuriers avec enthousiasme.

Le gouverneur fit un mouvement pour se retirer.

— Pardon, monsieur le chevalier de Fontenay, dit Montbars, veuillez demeurer quelques instants encore, je vous prie ; l'expédition que je projette est des plus sérieuses : je vais dicter une charte-partie à laquelle, comme gouverneur de la colonie, je vous prierai d'apposer votre signature avant celle de nos compagnons ; de plus, j'ai un marché à vous proposer.

— Je resterai donc, puisque vous le désirez, Montbars, répondit le gouverneur en reprenant son siège ; maintenant, quel est, je vous prie, le marché que vous me voulez proposer ?

— Monsieur, vous êtes possesseur de deux brigantins de quatre-vingts tonneaux chaque ?

— En effet, monsieur.

— Frères, dit-il, qui de vous veut venir en course avec Montbars l'Exterminateur ?

— Ces brigantins vous sont inutiles en ce moment, puisque vous paraissez, jusqu'à nouvel ordre du moins, avoir renoncé à la course, tandis qu'à moi ils me seraient fort utiles.

— Qu'à cela ne tienne, monsieur, ces brigantins sont dès à présent à votre disposition, répondit galamment le gouverneur.

— Je vous remercie comme je le dois de votre gracieuseté, monsieur; mais ce n'est pas ainsi que je l'entends : dans une expédition comme celle-ci, nul ne saurait prévoir ce qui peut advenir; je vous propose donc de vous acheter ces deux navires au prix de quatre mille écus comptant.

— Soit, monsieur, puisque vous le désirez; je suis heureux de vous être agréable, les deux navires sont à vous.

— J'aurai l'honneur de vous faire remettre les quatre mille écus avant une heure.

Les deux hommes se saluèrent, puis le flibustier se retourna vers les aventuriers qui attendaient, haletants d'impatience, et dont l'achat des deux navires avait encore augmenté la curiosité.

— Frères, dit-il, de sa voix vibrante et sympathique, depuis deux mois aucune expédition n'a été tentée, aucun navire n'est sorti en course; est-ce que vous ne commencez pas à vous ennuyer de cette vie de fainéants que vous et moi nous menons? est-ce que l'or ne commence pas à vous manquer? est-ce que vos bourses ne sonnent pas le creux déjà? Vive Dieu! compagnons, venez avec moi et avant quinze jours vos poches seront pleines de gourdes espagnoles, et les jolies filles qui aujourd'hui vous tiennent rigueur vous prodigueront leurs plus charmants sourires. Sus à l'Espagnol, frères! que ceux de vous qui veulent me suivre donnent leurs noms à Michel le Basque, mon matelot. Seulement, comme les parts de prise seront belles, les dangers seront grands; pour les obtenir je ne veux que des hommes résolus à vaincre ou à se faire bravement tuer sans demander quartier à l'ennemi et sans le lui faire : je suis Montbars l'Exterminateur, je n'accorde pas de grâce aux Espagnols et je n'en accepte pas d'eux!

Des trépignements d'enthousiasme accueillirent ces paroles prononcées avec cet accent que savait si bien affecter le célèbre flibustier, lorsqu'il voulait séduire les individus auxquels il s'adressait.

L'enrôlement commença : Michel le Basque s'était assis devant la table précédemment occupée par les agents de la Compagnie, et écrivait au fur et à mesure les noms des aventuriers qui se pressaient en foule autour de lui et qui, tous, voulaient faire partie d'une expédition qu'ils prévoyaient devoir être des plus lucratives.

Mais Michel avait reçu des instructions sévères de son matelot; convaincu que les hommes ne lui manqueraient pas, et qu'il s'en présenterait toujours plus qu'il ne lui en faudrait, il choisissait avec soin ceux dont il prenait les noms et repoussait impitoyablement les aventuriers dont la réputation, nous ne dirons pas de bravoure, tous étaient braves comme des lions, mais de folle témérité, n'était pas parfaitement établie.

Cependant, malgré la sévérité calculée de Michel le Basque, le nombre de trois cents hommes fut bientôt parfait ; il va sans dire que c'était l'élite des flibustiers, tous aventuriers aux noms renommés qui avaient accompli des prouesses d'audace d'une témérité incroyable, hommes avec lesquels tenter l'impossible et l'atteindre ne devenait plus qu'un jeu d'enfant.

Les premiers inscrits étaient, ainsi que cela avait été convenu la nuit précédente, les membres de la société des Douze,

Aussi M. de Fontenay qui, ancien flibustier lui-même, connaissait, non seulement de réputation, mais encore pour les avoir vus à l'œuvre, tous ces hommes, ne revenait-il pas de son étonnement et répétait-il à chaque instant à Montbars qui se tenait calme et souriant à ses côtés :

— Mais que prétendez-vous ? voulez-vous vous emparer d'Hispaniola ?

— Qui sait ? répondit en raillant le flibustier.

— Cependant, il me semble que j'ai droit à votre confiance ! dit le gouverneur d'un ton blessé.

— A la plus entière, monsieur ; seulement, vous savez que la première condition de réussite dans une expédition, c'est le secret.

— C'est juste.

— Je ne puis rien vous dire, mais je ne vous empêche pas de deviner.

— Deviner ! mais comment?

— Dame, peut-être la charte-partie vous mettra-t-elle sur la voie.

— Eh bien ! dites-la donc, cette charte-partie.

— Encore un peu de patience ; mais, tenez, voici Michel qui vient vers moi. Eh bien ! lui demanda-t-il, as-tu complété notre effectif, matelot ?

— Il ferait beau voir qu'il en fût autrement ! j'ai trois cent cinquante hommes.

— Diable ! c'est beaucoup.

— Je n'ai pu faire autrement que de les prendre ; quand il s'agit d'aller avec Montbars, il est impossible de les retenir.

— Allons, nous en passerons par là, puisqu'il le faut, dit en souriant Montbars; donne-moi ta liste.

Michel la lui présenta ; le flibustier jeta un regard autour de lui et aperçut un agent de la Compagnie que la curiosité avait retenu, et qui était resté dans le hangar pour assister à l'enrôlement.

— Monsieur, lui dit-il poliment, vous êtes un agent de la Compagnie, je crois ?

— Oui, monsieur, répondit l'agent en saluant, j'ai cet honneur.

— Alors, monsieur, s'il en est ainsi, permettez-moi de vous prier de me rendre un service.

— Parlez, monsieur, je serai trop heureux de vous être agréable.

— Monsieur, mes compagnons et moi nous ne sommes pas de grands clercs, nous savons mieux nous servir d'une hache que d'une plume. Serait-ce trop présumer de votre obligeance que de vous prier de vouloir bien, pour quelques instants, me servir de secrétaire et écrire la charte-partie que je vais avoir l'honneur de vous dicter, et que mes compagnons signeront ensuite, comme il convient, après lecture ?

— Trop heureux, monsieur, que vous vouliez bien m'honorer de votre confiance, répondit en s'inclinant l'agent.

Puis, il s'assit devant la table, choisit du papier, prépara une plume et attendit.

— Silence, s'il vous plaît, messieurs, dit le chevalier de Fontenay, qui avait échangé quelques mots à voix basse avec Montbars.

Les conversations particulières s'arrêtèrent aussitôt, et un profond silence s'établit presque instantanément.

M. de Fontenay reprit :

— Une expédition flibustière, composée de trois navires, deux brigantins et un lougre, va quitter Saint-Christophe, sous le commandement de Montbars, que je nomme, au nom de Sa Majesté le roi très chrétien Louis, quatorzième du nom, amiral de la flotte. Cette expédition, dont le but demeure secret, a réuni trois cent cinquante hommes, l'élite de la flibuste ; les trois capitaines désignés pour commander les navires sont Michel le Basque, Williams Drack et Jean David ; il leur est ordonné de se conformer en tout aux ordres qu'ils recevront de l'amiral ; chaque capitaine nommera lui-même les officiers de son équipage. Et, se tournant vers Montbars : Maintenant, amiral, ajouta-t-il, dictez la charte-partie.

L'aventurier s'inclina, et s'adressant à l'agent de la Compagnie qui attendait, la tête et la plume en l'air :

— Êtes-vous prêt, monsieur ? lui dit-il.

— J'attends vos ordres.

— Alors écrivez, car je dicte.

Jamais une expédition ne quittait le port sans avoir primitivement proclamé la charte-partie, où les droits de chacun étaient rigoureusement stipulés, et qui servait de loi suprême à ces hommes, qui, ingouvernables lorsqu'ils étaient à terre, se courbaient, sans murmurer, aux exigences les plus sévères de la discipline maritime ; aussitôt qu'ils avaient posé le pied sur le navire à bord duquel ils s'étaient engagés, le capitaine d'hier, devenu matelot aujourd'hui, acceptait, sans murmures, cette infériorité éventuelle, que la durée de la campagne seule maintenait, et qui se terminait, au retour, pour remettre chaque membre de l'expédition au même niveau, et sur le pied de la plus complète égalité.

Nous citons textuellement la singulière charte-partie qu'on va lire, parce que, par cet acte authentique de la façon dont les flibustiers traitaient entre eux, le lecteur comprendra plus facilement la portée et la force de cette étrange association.

Montbars dicta ce qui suit d'une voix calme et reposée, au milieu du silence religieux des assistants qui ne l'interrompaient, par intervalles, que par des cris d'approbation.

« Charte-partie décrétée par l'amiral Montbars, les capitaines Michel le Basque, Williams Drack, Jean David et les Frères de la Côte qui sont volontairement placés sous leurs ordres, et librement consentie par eux.

« L'amiral aura droit, en dehors de son lot, à un homme sur cent.

« Chaque capitaine touchera douze lots.

« Chaque frère quatre lots.

« Ces lots ne seront comptés que lorsque la part du roi aura été prélevée sur la totalité des lots.

« Les chirurgiens toucheront, outre leur lot, chacun deux cents gourdes, à titre de récompense pour leurs remèdes.

« Les charpentiers, outre leur lot, auront droit, pour rémunérer leur travail, chacun à cent gourdes.

« Toute désobéissance sera punie de mort, quel que soit le nom ou le grade de celui qui s'en rendra coupable.

« Les frères qui se signaleront pendant l'expédition seront récompensés de la manière suivante :

« Celui qui renversera le pavillon ennemi d'une forteresse, pour y arborer le pavillon français, aura droit, outre sa part, à cinquante piastres.

« Celui qui fera un prisonnier quand on sera en quête de nouvelles de l'ennemi, outre son lot, cent piastres.

« Les grenadiers, pour chaque grenade jetée dans un fort, cinq piastres.

« Celui qui s'emparera, dans un combat, d'un officier supérieur ennemi, sera récompensé, s'il a risqué sa vie, d'une façon généreuse, par l'amiral.

« Primes accordées en sus de leurs lots, aux blessés et estropiés :

« Pour la perte des deux jambes, quinze cents écus ou quinze esclaves, au choix de l'estropié, s'il y a assez d'esclaves.

« Pour la perte des deux bras, dix-huit cents piastres, ou dix-huit esclaves au choix.

« Pour une jambe, sans distinction de la droite ou de la gauche, cinq cents piastres, ou six esclaves.

« Pour un œil, cent piastres ou un esclave; pour un bras ou une main, sans distinction de droite ou de gauche, cinq cents piastres ou six esclaves.

« Pour deux yeux, dix mille piastres ou vingt esclaves.

« Pour un doigt, cent piastres ou un esclave ; si quelqu'un est dangereusement blessé en plein corps, il aura cinq cents piastres ou cinq esclaves.

« Il est bien entendu que, de même que pour la part du roi, toutes ces récompenses seront prélevées sur le total du butin, avant que de faire les lots.

« Tout navire ennemi pris, soit en mer, soit au mouillage, sera partagé entre tous les membres de l'expédition, à moins qu'il soit estimé plus de dix mille écus, auquel cas, mille écus seront prélevés et donnés à l'équipage du navire qui, le premier, l'aura abordé ; l'expédition arborera le drapeau royal de France, l'amiral portera, en sus, à la tête du grand mât, le pavillon aux trois couleurs : *bleu, blanc, rouge*.

« Nul officier ou marin de l'expédition ne pourra, en aucun lieu, demeurer à terre, s'il n'en a obtenu primitivement l'autorisation de l'amiral, sous peine d'être déclaré *marron*, et poursuivi comme tel. »

Lorsque ce dernier paragraphe qui, ainsi que les précédents, avait été écouté dans le plus profond silence, eut été transcrit par l'agent de la Compagnie, Montbars se fit donner la charte-partie, et la relut tout entière, d'une voix haute, claire et accentuée.

— Cette charte-partie convient-elle, frères ? demanda-t-il ensuite aux flibustiers.

— Oui ! oui, s'écrièrent-ils en agitant leurs bonnets ; vive Montbars ! vive Montbars !

— Et vous jurez, comme mes officiers et moi nous le jurons, d'obéir sans murmurer et de remplir strictement toutes les clauses de cette charte-partie ?

— Nous le jurons ! dirent-ils encore.

— C'est bien, reprit Montbars, demain au lever du soleil l'embarquement commencera, tous les équipages devront être à bord de la flotte avant dix heures du matin.

— Nous y serons.

— Maintenant, frères, laissez-moi vous rappeler que chacun de vous doit être armé d'un fusil et d'un sabre, avoir un sac de balles et au moins trois livres de poudre ; je vous répète que l'expédition que nous entreprenons est des plus sérieuses, pour que vous n'oubliiez pas de choisir vos *matelots* afin de pouvoir vous aider en cas de maladie ou de blessure et de vous laisser par testament vos parts de prises, qui sans cette précaution reviendraient au roi. Vous m'avez bien compris, n'est-ce pas, frères ? profitez comme cela vous plaira des quelques heures de liberté qui vous restent encore, mais n'oubliez pas que demain au point du jour je vous attends à bord.

Les flibustiers répondirent par des vivats et quittèrent le hangar où il ne resta plus que le gouverneur, Montbars, ses capitaines et le nouvel engagé nommé l'Olonnais que l'aventurier avait acheté à l'encan quelques heures auparavant, et qui, loin d'être triste, paraissait, au contraire, extrêmement joyeux de tout ce qui se passait devant lui.

— Quant à vous, messieurs, dit Montbars, je n'ai pas d'ordres à vous donner, aussi bien que moi vous savez ce que vous devez faire : tirez entre vous au sort vos commandements, puis rendez-vous à bord, visitez la mâture et le gréement et préparez-vous à appareiller au premier signal : voilà les seules recommandations que je crois devoir vous faire ; allez.

Les trois capitaines saluèrent, et ils se retirèrent aussitôt.

— Ah ! fit d'un ton de regret le chevalier de Fontenay, mon cher Montbars, je ne vois jamais se préparer une expédition sans éprouver un vif sentiment de tristesse et presque d'envie.

— Vous regrettez la vie d'aventure, monsieur ? je comprends ce sentiment, bien que chaque expédition vous apporte une augmentation de richesse.

— Que m'importe cela ? Ne croyez pas que je fasse un calcul d'avarice ! non, mes pensées sont d'un ordre plus élevé, du reste le moment serait mal choisi pour en causer avec vous. Partez, monsieur, et si vous réussissez, comme je n'en doute pas, eh bien, qui sait ? à votre retour peut-être parviendrons-nous à nous entendre, et alors à nous deux nous tenterons une expédition dont, je l'espère, longtemps on parlera.

— Je serais heureux, monsieur, répondit poliment le flibustier, de vous avoir pour associé ; votre brillant courage et votre mérite peu commun sont pour moi des garanties certaines de succès ; j'aurai donc l'honneur de me tenir à vos ordres, s'il plaît à Dieu que je réussisse cette fois encore et que je revienne sain et sauf de l'expédition que j'entreprends.

— Bonne chance, monsieur, et à bientôt.

— Merci, monsieur.

Ils se serrèrent la main, et comme tout en causant ils étaient sortis du hangar, après un dernier salut, ils tirèrent chacun d'un côté.

Le flibustier, suivi de son engage, se dirigea à petits pas vers sa demeure.

A l'instant où il quittait la ville, un homme se plaça devant lui et le salua.

— Que me voulez-vous? lui demanda l'aventurier en lui jetant un regard scrutateur.

— Vous dire un mot.
— Lequel?
— Êtes-vous le capitaine Montbars?
— Il faut que vous soyez étranger pour m'adresser cette question.
— Qu'importe, répondez !
— Je suis le capitaine Montbars.
— Alors, cette lettre est pour vous.
— Une lettre pour moi ! s'écria-t-il avec surprise.
— La voilà, dit l'inconnu en la lui présentant.
— Donnez. Et il la lui prit des mains.
— Maintenant, ma commission est faite, adieu.
— Un mot, à votre tour.
— Parlez.
— De qui vient cette lettre ?
— Je ne sais pas; mais en lisant le contenu il est probable que vous l'apprendrez.
— C'est juste.
— Alors je puis me retirer?
— Rien ne vous en empêche.

L'inconnu salua et partit.

Montbars ouvrit la lettre, il la parcourut rapidement des yeux en pâlissant; puis il la relut, mais cette fois lentement et comme s'il eût voulu en peser toutes les expressions.

Au bout d'un instant, il sembla prendre une résolution et se retourna vers son engagé immobile à quelques pas.

— Approche, lui dit-il.
— Me voilà, fit l'autre.
— Tu es matelot?
— Fin matelot, je le crois.
— C'est bon, suis-moi.

Le flibustier rétrograda rapidement, rentra dans la ville et se dirigea vers la mer.

Il semblait chercher quelque chose; au bout d'un instant, sa physionomie sombre s'éclaircit.

Il venait d'apercevoir une pirogue fine et légère échouée au plein.

— Aide-moi à pousser cette pirogue à la mer, dit-il à l'engagé.

Celui-ci obéit.

Aussitôt que la pirogue fut à flot, Montbars sauta dedans, immédiatement suivi par son engagé, et, saisissant les avirons, ils s'éloignèrent de la plage.

— Dresse le mât et croche la vergue au collet, afin que nous puissions hisser la voile dès que nous nous serons débarrassés des navires.

L'Olonnais, sans répondre, fit ce qui lui était ordonné.

— Bien! reprit Montbars, arrête le point d'amure; maintenant, passe-moi l'écoute et hisse rondement, mon gars.

En un instant, la voile fut hissée, orientée, et la légère pirogue fila comme un alcyon sur le dos des lames.

Ils coururent assez longtemps ainsi sans échanger un mot, ils avaient laissé loin derrière eux les navires et étaient sortis de la rade.

— Parles-tu l'espagnol? demanda tout à coup Montbars à l'engagé.

— Comme un naturel de la Vieille-Castille, répondit l'autre.

— Ah! ah! fit Montbars.

— Dame! c'est facile à comprendre, reprit l'Olonnais : j'ai navigué avec les Bayonnais et les Basques à la pêche à la baleine et j'ai fait pendant plusieurs années la contrebande sur la côte espagnole.

— Et aimes-tu les Espagnols?

— Non, fit l'autre en fronçant les sourcils.

— Tu as un motif sans doute?

— J'en ai un.

— Veux-tu me le dire?

— Pourquoi pas?

— Allons, parle, je t'écoute.

— J'avais un bateau à moi, avec lequel je faisais, ainsi que je vous l'ai dit, la contrebande; ce bateau, j'avais travaillé six ans pour économiser la somme nécessaire à son achat; un jour, en cherchant à introduire des marchandises prohibées dans une baie située au vent de Portugalete, je fus surpris par un lougre douanier espagnol, mon bateau fut coulé, mon frère tué, moi-même, grièvement blessé, je tombai entre les mains des Gavachos. Le premier appareil qu'ils posèrent sur mes blessures fut une bastonnade qui me laissa pour mort sur place; croyant sans doute qu'ils m'avaient réellement tué, ils m'abandonnèrent là, sans plus s'occuper de moi. Je réussis, à force d'audace et de ruses, après avoir souffert d'indicibles tortures, faim, froid, fatigue, etc., trop longues à énumérer, à sauter enfin de l'autre côté de la frontière et à me retrouver sur le sol français : j'étais libre, mais mon frère était mort, moi j'étais ruiné, et mon vieux père courait le risque de mourir de faim, grâce aux Espagnols. Voilà mon histoire, elle n'est pas longue; comment la trouvez-vous?

— Triste, mon brave; ainsi c'est autant la haine que le désir de t'enrichir qui t'a jeté parmi nous?

— C'est surtout la haine.

— Bien! prends la barre à ma place pendant que je réfléchirai. Nous allons à Nièves : gouverne au vent de cette pointe qui s'avance là-bas dans l'est-quart-sud-est.

L'engagé prit la barre, Montbars s'enveloppa dans son manteau, baissa son chapeau sur ses yeux, laissa tomber sa tête sur sa poitrine et demeura immobile comme une statue.

La pirogue avançait toujours, vigoureusement poussée par la brise.

Fermant brusquement son livre, il se leva et fit quelques pas au-devant des nouveaux venus...

XVIII
NIÈVES

Nièves n'est séparé de Saint-Christophe que par un canal d'une demi-lieue de largeur au plus.

Cette charmante petite île, dont la fertilité est remarquable, est, selon toutes probabilités, la conséquence d'une explosion volcanique, assertion prouvée à peu près par un cratère contenant une source d'eau chaude fortement imprégnée de soufre.

Vue de loin, elle offre l'aspect d'un vaste cône ; elle n'est en effet qu'une montagne fort élevée dont la base est arrosée par les flots ; ses flancs, d'abord d'une montée facile, deviennent, à une certaine hauteur, excessivement abrupts, toute végétation cesse et son sommet couvert de neige va se perdre dans les nuages.

Lors de la descente des Espagnols à Saint-Christophe, plusieurs aventuriers avaient cherché un refuge dans cette île ; quelques-uns, séduits par ses sites romantiques, s'y étaient définitivement fixés et y avaient commencé certaines plantations, en petit nombre, il est vrai, et trop éloignées les unes des autres pour que leurs habitants pussent s'aider entre eux en cas d'attaque d'un ennemi du dehors, mais qui cependant prospéraient et promettaient de prendre promptement une certaine importance.

Le flibustier, bien que sa légère embarcation fût poussée par une bonne brise, mit cependant assez de temps pour atteindre l'île, parce qu'il lui fallut embouquer dans le détroit et le traverser dans toute sa longueur avant que d'arriver à l'endroit où il voulait se rendre.

Le soleil commençait déjà à baisser, lorsque enfin la pirogue donna dans une petite anse de sable au fond de laquelle elle ne tarda pas à atterrir.

— Hale le canot au plein, cache les avirons dans les mangles, dit Montbars, et suis-moi.

L'Olonnais obéit avec cette ponctualité et cette intelligente vivacité qu'il mettait en toute chose, et se tournant vers son maître :

— Prendrai-je mon fusil ? dit-il.

— Prends, cela ne peut pas nuire, dit celui-ci ; un aventurier ne doit jamais marcher désarmé.

— C'est bon, je m'en souviendrai.

Ils s'enfoncèrent dans l'intérieur des terres en suivant un sentier à peine tracé, qui de la plage s'élevait en pente douce, tournait autour d'un morne assez élevé et venait aboutir, après avoir traversé un bois d'acajous assez touffu, à une étroite esplanade, au centre de laquelle une tente de coutil avait été tendue non loin d'un rocher.

Un homme, assis devant l'entrée de cette tente, lisait dans un bréviaire. Cet homme portait le costume rigide des franciscains. Il paraissait avoir passé le milieu de la vie. Il était pâle, maigre, avec des traits ascétiques et sévères, la physionomie intelligente, et une grande expression de douceur était répandue sur son visage ; au bruit du pas pesant des aventuriers, il releva vivement la tête, la tourna vers eux et un sourire triste se dessina sur ses lèvres.

Fermant brusquement son livre, il se leva et fit quelques pas au-devant des nouveaux venus.

— Dieu soit avec vous, mes frères, dit-il en espagnol, si vous venez avec des intentions pures, sinon qu'il vous inspire de meilleures pensées.

— Mon père, répondit le flibustier en lui rendant son salut, je suis celui que les aventuriers de Saint-Cristophe nomment Montbars, mes intentions sont pures : car en venant ici je ne fais que me rendre au désir que vous avez témoigné de me voir, si vous êtes bien fray Arsenio Mendoza, celui qui m'a fait, il y a quelques heures, parvenir une lettre.

— Je suis en effet celui qui vous a écrit, mon frère; mon nom est bien fray Arsenio Mendoza.

— Alors, puisqu'il en est ainsi, parlez; me voici prêt à vous entendre.

— Mon frère, répondit le moine, les choses que j'ai à vous communiquer sont de la plus haute importance, elles ne regardent que vous; peut-être mieux vaudrait-il que vous fussiez seul à les entendre.

— Je ne sais quelles choses si importantes vous pouvez avoir à m'apprendre, mon père; dans tous les cas, sachez que cet homme est mon engagé et que, comme tel, son devoir est d'être sourd et muet lorsque je le lui ordonne.

— Soit, je parlerai devant lui, puisque vous l'exigez; mais, je vous le répète, mieux vaudrait que nous fussions seuls.

— Qu'il soit donc fait selon votre désir; retire-toi hors de portée de la voix, sans cependant que je cesse de te voir, dit-il à son engagé.

Celui-ci s'éloigna d'une centaine de pas dans le sentier et s'appuya sur son fusil.

— Est-ce que vous redoutez quelque trahison de la part d'un pauvre moine comme moi? dit le franciscain avec un sourire triste; ce serait me supposer bien gratuitement des intentions fort éloignées de ma pensée.

— Je ne suppose rien, mon père; seulement j'ai pour habitude, répondit le flibustier d'une voix rude, de toujours me tenir sur mes gardes lorsque, prêtre ou laïque, je me trouve en face d'un homme de votre nation.

— Oui, oui, fit-il d'une voix triste, vous professez une haine implacable contre mon malheureux pays, aussi vous nomme-t-on l'*Exterminateur*.

— Quels que soient les sentiments que je professe pour vos compatriotes et le nom qu'il leur a plu de me donner, ce n'est pas, je suppose, pour traiter avec moi cette question que vous êtes, au risque de ce qui pouvait vous arriver, venu jusqu'ici et que vous m'avez fait prier de vous y joindre.

— En effet, ce n'est pas pour ce motif, vous avez raison, mon fils, quoique peut-être j'aurais bien des choses à dire à ce sujet.

— Je vous ferai observer, mon père, que l'heure s'avance; je ne puis disposer que de fort peu de temps, et si vous ne vous hâtez pas de vous expliquer, je serai, à mon grand regret, contraint de me retirer.

— Vous le regretteriez toute votre vie, mon frère, dût-elle être aussi longue que celle d'un patriarche.

— C'est possible, bien que j'en doute fort. Je ne puis recevoir que de mauvaises nouvelles de l'Espagne.

— Peut-être; dans tous les cas, voici celles dont je suis porteur.

— Je vous écoute.

— Je suis, ainsi que vous le montre mon habit, un moine de l'ordre de San Francisco de Assis.

— Du moins vous en avez la tournure, fit l'aventurier avec un sourire ironique.

— En doutez-vous?

— Pourquoi non? seriez-vous le premier Espagnol qui n'aurait pas craint de profaner un saint habit afin d'espionner plus facilement nos démarches !

— Malheureusement ce que vous dites est vrai, cela n'est arrivé que trop souvent ; quant à moi, je suis bien réellement un moine.

— Je vous crois, jusqu'à preuve du contraire ; continuez donc.

— Soit ; je suis directeur de plusieurs dames de qualité de l'île d'Hispaniola ; une entre autres, jeune et belle, arrivée depuis peu de temps aux Iles avec son mari, semble dévorée d'une douleur incurable.

— Ah ! que puis-je faire à cela, mon père, s'il vous plaît ?

— Je ne sais ; seulement voici ce qui s'est passé entre cette dame et moi : cette dame, qui, ainsi que je vous l'ai dit, est jeune et belle, et dont la charité et la bonté sont inépuisable, passe la plus grande partie de ses journées dans son oratoire, agenouillée devant un tableau représentant Notre-Dame de la Merci, la priant avec des larmes et des sanglots. Intéressé malgré moi par cette douleur si vraie et si profonde, j'ai, à plusieurs reprises, usant du droit que me donne mon saint ministère, essayé de pénétrer dans ce cœur ulcéré et d'amener de la part de ma pénitente une confidence qui me permettrait de lui donner quelques consolations.

— Et vous n'avez pas réussi sans doute, n'est-ce pas, mon père ?

— Hélas ! non, je n'ai pas réussi.

— Permettez-moi de vous répéter que, jusqu'à présent, je ne vois dans cette histoire fort triste, mais qui est un peu celle de la plupart des femmes, rien de bien intéressant pour moi.

— Attendez, mon frère, voilà que j'y arrive.

— Voyons alors.

— Un jour que cette dame me paraissait être plus triste encore que de coutume et que je redoublais d'efforts auprès d'elle pour la décider à m'ouvrir son cœur, vaincue sans doute par mes sollicitations, elle me dit ces paroles, que je vous répète textuellement : « Mon père, je suis une malheureuse créature, lâche et infâme, une malédiction terrible pèse sur moi ; un homme seul a le droit de connaître le secret que j'essaye en vain d'étouffer dans mon cœur, de cet homme dépend mon salut, il peut me condamner ou m'absoudre, mais quel que soit l'arrêt qu'il prononce, je me courberai sans murmures sous sa volonté, trop heureuse de racheter à ce prix le crime dont je me suis rendue coupable. »

Pendant que le moine prononçait ces paroles, le visage déjà si pâle de l'aventurier était devenu livide, un tremblement convulsif agitait ses membres, et malgré ses efforts pour paraître calme, il fut contraint de s'appuyer contre un des piquets de la tente pour ne pas tomber sur le sol.

— Continuez, fit-il d'une voix rauque ; et cette femme vous nomma-t-elle cet homme ?

— Elle le nomma, mon frère : « Hélas ! me dit-elle, malheureusement l'homme dont dépend ma destinée est l'ennemi le plus implacable de notre nation, c'est un des principaux chefs de ces féroces aventuriers qui ont juré à l'Espagne une guerre sans merci ; jamais je ne le rencontrerai, sinon dans l'horreur d'un combat ou le sac d'une ville incendiée par ses ordres ; en un mot, l'homme dont je vous parle n'est autre que le terrible Montbars l'Exterminateur. »

— Ah ! murmura l'aventurier d'une voix étranglée, en serrant avec force sa main sur sa poitrine, elle a dit cela, cette femme ?

— Oui, mon frère, telles sont les paroles qu'elle a prononcées.

— Et, alors ?

— Alors, mon frère, moi, pauvre moine, je lui ai promis de vous chercher et de vous joindre n'importe où vous seriez, et de vous répéter ses paroles : je n'avais à redouter que la mort en essayant de vous voir, depuis longtemps j'ai offert à Dieu le sacrifice de ma vie.

— Vous avez agi en homme de cœur, moine, et je vous remercie d'avoir eu confiance en moi; n'avez-vous rien à ajouter ?

— Si, mon frère. Lorsque cette dame me vit bien résolu à braver tous les périls afin de vous venir trouver : « Allez donc, mon père, ajouta-t-elle, c'est Dieu, sans doute, qui a pitié de moi et vous inspire en ce moment ; si vous parvenez jusqu'à Montbars, dites-lui que j'ai à lui confier un secret duquel dépend le bonheur de sa vie, mais qu'il se hâte, s'il veut l'apprendre, car je sens que mes jours sont condamnés et que bientôt je mourrai. » Je lui promis d'accomplir fidèlement sa volonté et je suis venu.

Il y eut quelques instants de silence. Montbars marchait la tête baissée, les bras croisés sur la poitrine, avec agitation, de long en large, s'arrêtant parfois en frappant du pied avec colère, puis reprenant sa marche saccadée en murmurant à demi-voix des mots sans suite.

Soudain, il s'arrêta devant le moine et le regardant bien en face :

— Vous ne m'avez pas tout dit ? reprit-il.

— Pardonnez-moi, mon frère, tout, mot pour mot.

— Cependant il est un détail important que vous avez oublié sans doute, car vous l'avez passé sous silence.

— Je ne comprends pas à quoi vous faites allusion, mon frère, répondit gravement le moine.

— Vous avez oublié de me révéler le nom et la position de cette femme, mon père.

— C'est vrai, mais ce n'est pas un oubli de ma part : en agissant ainsi je me suis conformé aux ordres que j'ai reçus. Cette dame m'a supplié de ne rien vous dire touchant son nom et sa position ; elle se réserve de vous révéler, à vous-même, l'un et l'autre, j'ai juré de lui garder le secret.

— Ah ! ah ! seigneur moine, s'écria l'aventurier, avec une colère d'autant plus terrible qu'elle était concentrée, vous avez fait ce serment ?

— Oui, mon frère, et je le tiendrai à mes risques et périls, répondit-il avec fermeté.

L'aventurier éclata d'un rire nerveux.

— Vous ignorez sans doute, dit-il d'une voix sifflante, que nous possédons, nous autres *ladrones*, ainsi que nous appellent vos compatriotes, de merveilleux secrets pour délier les langues les plus rebelles, et que vous êtes en mon pouvoir !

— Je suis entre les mains de Dieu, mon frère : essayez, je ne suis qu'un pauvre homme sans défense, incapable de vous résister ; torturez-moi donc, si tel est votre bon plaisir, mais sachez que je mourrai sans trahir mon serment.

Montbars fixa un regard étincelant sur le moine, si calme devant lui, puis au bout d'un instant, se frappant le front avec colère :

— Je suis fou ! s'écria-t-il, que m'importe ce nom, ne le sais-je pas déjà ? Écoutez, mon père, pardonnez-moi ce que je vous ai dit, la colère m'aveuglait : libre vous êtes venu dans cette île, libre vous en sortirez ; à mon tour, je vous le jure, et pas plus que vous je n'ai coutume de fausser les serments que je fais, quels qu'ils soient.

— Je le sais, mon frère, je n'ai pas à vous pardonner, je vois que la douleur vous a égaré et je vous plains, car Dieu m'a choisi pour vous imposer, j'en ai le pressentiment, une grande infortune.

— Oui, vous dites vrai ; cette femme, je ne la cherchais pas, j'essayais de l'oublier ; c'est elle qui, de son plein gré, se remet sur ma route ; c'est bien, Dieu jugera entre elle et moi ; elle exige que j'aille la trouver, eh bien ! soit, j'irai ! mais qu'elle n'accuse qu'elle seule des conséquences terribles de notre entrevue. Cependant je consens à lui laisser encore une voie de salut : lorsque vous serez retourné près d'elle, engagez-la à ne pas tenter davantage de me voir. Vous voyez que j'ai encore pour elle au fond du cœur un reste de pitié malgré tout ce qu'elle m'a fait souffrir ; mais si malgré vos prières elle persiste à se rencontrer avec moi, alors que sa volonté soit faite : je me rendrai au rendez-vous qu'elle m'assignera.

— Ce rendez-vous, mon frère, je suis, dès aujourd'hui, chargé de vous l'indiquer.

— Ah ! fit le flibustier avec méfiance, elle n'a rien oublié ; et ce rendez-vous, quel est-il ?

— Cette dame, vous le comprenez, ne peut, quand même elle en aurait le désir, sortir de l'île.

— En effet, c'est donc à Hispaniola même que nous nous rencontrerons ?

— Oui, mon frère.

— Et quel lieu a-t-elle choisi ?

— La grande savane qui sépare le Mirebalais de San-Juan-de-Goava.

— Ah ! le lieu est parfaitement choisi pour une embuscade, dit en ricanant le flibustier ; car si je connais bien cet endroit, il se trouve sur le territoire espagnol.

— Il en forme l'extrême limite, mon frère ; cependant je puis essayer de faire choisir un autre endroit à cette dame, si vous craignez pour votre sûreté dans celui-là.

Montbars haussa les épaules avec un rire de mépris.

— Craindre, moi ! fit-il, allons donc, moine, vous êtes fou ! que m'importent les Espagnols ! fussent-ils cinq cents embusqués pour me surprendre, je saurai m'en débarrasser ; il est donc convenu que si cette dame persiste dans son intention d'avoir avec moi une explication, je me rendrai dans la savane qui s'étend entre le Mirebalais et San-Juan-de-Goava, au confluent de la grande rivière de l'Artibonite.

— Je ferai ce que vous désirez, mon frère; mais si cette dame exige, malgré mes remontrances et mes prières que le rendez-vous ait lieu, comment vous en avertirai-je?

— Puisqu'il vous a été possible de vous rendre ici, à plus forte raison parviendrez-vous, sans attirer les soupçons, à pénétrer dans la partie française de Saint-Domingue.

— J'essayerai du moins, mon frère, s'il le faut absolument.

— Vous allumerez un grand feu sur la côte aux environs du port Margot, je saurai ce que cela signifiera.

— Je vous obéirai, mon frère; mais quand devrai-je allumer ce feu?

— Combien de temps vous proposez-vous de demeurer encore ici?

— Je compte partir aussitôt après notre entrevue.

— Ce soir même, alors?

— Oui, mon frère.

— Ah! ah! il y a donc un navire espagnol aux environs?

— Probablement, mon frère, mais si vous le découvrez et que vous vous en empariez, comment parviendrai-je à gagner Hispaniola?

— C'est juste, cette considération sauve les Gavachos; mais, croyez-moi, en réfléchissant bien, je crois devoir vous donner un conseil.

— Quel qu'il soit, mon frère, venant de vous, je le recevrai avec plaisir.

— Eh bien! suivez votre pensée, partez tout de suite; demain il ne ferait pas bon pour vous dans ces parages; je ne répondrais pas de votre sûreté ni de celle de votre navire, vous me comprenez?

— Parfaitement, mon frère, et pour le signal?

— Pour le signal, allumez-le à compter d'aujourd'hui en quinze jours, je m'arrangerai de façon à arriver vers cette époque à Saint-Domingue.

— C'est bien, mon frère.

— Et maintenant, moine, adieu ou plutôt au revoir, car il est probable que bientôt nous nous rencontrerons.

— C'est probable, en effet, mon frère; au revoir donc et que le Seigneur miséricordieux soit avec vous!

— Ainsi soit-il, dit le flibustier avec un sourire ironique.

Il fit un dernier salut de la main au moine, jeta son fusil sur l'épaule et s'éloigna, mais au bout de quelques instants il s'arrêta et revint vivement sur ses pas.

Le franciscain était demeuré immobile à la même place.

— Un dernier mot, mon père, dit-il.

— Parlez, mon frère, je vous écoute, répondit-il doucement.

— Croyez-moi, usez de tout votre pouvoir sur cette dame pour la décider à renoncer à ce rendez-vous, dont les conséquences peuvent être terribles.

— Je tenterai l'impossible pour y réussir, mon frère, répondit le moine; je prierai Dieu de me permettre de persuader ma pénitente.

— Oui, reprit Montbars d'une voix sombre, mieux vaudrait pour elle et pour moi, peut-être, que nous ne nous revissions jamais.

Et, tournant brusquement le dos au moine, il s'engagea à grands pas dans le sentier, où il ne tarda pas à disparaître.

Lorsque fray Arsenio se fut assuré que, cette fois, l'aventurier était bien parti, il souleva doucement le rideau de la tente et entra dans l'intérieur.

Une femme s'y trouvait agenouillée sur la terre nue, la tête cachée dans les mains et priant avec des sanglots étouffés.

— Ai-je ponctuellement accompli vos ordres, ma fille ? dit le moine.

Cette femme se redressa, et tournant vers lui son beau visage pâle et inondé de larmes :

— Oui, mon père, murmura-t-elle d'une voix basse et tremblante, soyez béni pour ne pas m'avoir abandonnée dans ma détresse.

— Cet homme est-il bien celui que vous désirez entretenir ?

— C'est lui, oui, mon père.

— Et vous persistez à vouloir vous rencontrer avec lui ?

Elle hésita un instant, un frémissement général agita tout son corps et d'une voix à peine articulée :

— Il le faut, mon père, murmura-t-elle.

— Vous réfléchirez d'ici là, je l'espère, reprit-il.

— Non, non, dit-elle en hochant tristement la tête ; cet homme dût-il me plonger son poignard dans le cœur, je dois avoir avec lui une explication suprême.

— Que votre volonté soit faite, dit-il.

En ce moment, un léger bruit se fit entendre au dehors.

Le moine sortit, mais il rentra presque aussitôt.

— Préparez-vous, madame, dit-il, voici les hommes de notre équipage qui nous viennent chercher ; souvenez-vous du dernier conseil que m'a donné ce ladron, partons le plus tôt possible.

Sans répondre, cette femme se leva, s'enveloppa avec soin dans sa mantille et sortit.

Une heure plus tard, elle quittait l'île de Nièves, accompagnée par fray Arsenio Mendoza.

Depuis longtemps déjà, Montbars avait atteint Saint-Christophe.

XIX

L'EXPÉDITION

Pendant toute la durée de la traversée de l'île de Nièves à Saint-Christophe, Montbars fut en proie à une surexcitation étrange.

L'entretien qu'il avait eu avec le moine avait réveillé dans son cœur une douleur profonde que le temps avait amortie, mais non cicatrisée, et qui, au premier mot échappé pendant cette conversation d'une heure à l'un ou à l'autre des deux interlocuteurs, s'était rouverte saignante et livide, comme au premier jour.

Comment cette femme, qu'il ne voulait pas nommer, dont il ignorait la

LES ROIS DE L'OCÉAN 153

Une femme s'y trouvait, agenouillée sur la terre nue, la tête cachée dans les mains.

présence en Amérique, qu'il avait cru fuir enfin, en se cachant au milieu des flibustiers, était-elle parvenue, en aussi peu de temps, non seulement à apprendre sa présence aux îles, mais encore à le retrouver? Dans quel but s'obstinait-elle à le chercher? Quel intérêt si grand avait-elle à le voir?

Toutes ces questions, qu'il s'adressait coup sur coup, demeuraient forcément sans réponse, et, par cela même, augmentaient son anxiété.

Un instant, il eut la pensée de s'embusquer au débouquement de Nièves et de Saint-Eustache, les deux îles au centre desquelles se trouve placé Saint-Christophe, d'aborder le navire espagnol, de s'en emparer et d'obtenir, par la torture, les renseignements que le moine avait refusé de lui donner.

Mais il abandonna presque aussitôt ce projet ; il avait donné sa parole d'honneur, et pour rien au monde il n'y aurait failli.

Cependant, la nuit était tombée, la pirogue avançait toujours.

Montbars gouverna sur le lougre à l'ancre à peu de distance de terre.

Lorsque la légère embarcation se trouva sous le couronnement du navire, le flibustier fit signe à son engagé de se tenir sur les avirons, et élevant la voix :

— Ohé ! du lougre ! ohé ! cria-t-il d'une voix forte.

Aussitôt, un homme, dont la noire silhouette se dessina sur le bleu sombre de l'horizon, se pencha au dehors.

— Holà ! cria-t-il.
— Est-ce toi, Vent-en-Panne ? reprit Montbars.
— C'est moi, répondit celui-ci.
— Michel est-il à bord ?
— Oui, amiral.
— Ah ! tu m'as reconnu, mon gars.
— Pardieu ! fit le Breton.
— Vous veillez sur mon prisonnier, n'est-ce pas ?
— Soyez calme, je réponds de lui.
— Mais pas de vexations inutiles.
— C'est bon, amiral, on sera doux.
— O-mo-poua se trouve-t-il à bord en ce moment ?
— Me voici, maître, répondit aussitôt une seconde voix.
— Ah ! ah ! fit avec satisfaction le flibustier ; tant mieux. J'ai besoin de toi ; descends à terre !
— Est-ce pressé, maître ?
— Fort pressé.
— Alors, attendez un instant.

Et avant que le flibustier devinât l'intention du Caraïbe, on entendit le bruit d'un corps tombant dans l'eau, et deux ou trois minutes plus tard, l'Indien appuya les mains sur les plats bords de la pirogue.

— Me voici, dit-il.

Montbars ne put s'empêcher de sourire, en voyant avec quelle promptitude le sauvage obéissait à ses ordres. Il lui tendit la main et l'aida à monter dans l'embarcation.

— Pourquoi tant te presser ? lui dit-il d'un ton de reproche amical.

L'Indien se secoua comme un barbet mouillé.

— Bah ! dit-il, me voici tout rendu.
— Avez-vous vu l'Indien ? demanda Vent-en-Panne.
— Oui. Maintenant, bonsoir ; à demain.
— A demain.
— Nage, dit le flibustier à son engagé.

Celui-ci souqua sur les avirons et la pirogue reprit sa course.

Au bout de dix minutes, elle s'engagea dans l'endroit même où Montbars s'en était emparé pour se rendre à Nièves. Les trois hommes descendirent sur le rivage, poussèrent la pirogue au plein et s'éloignèrent du côté du hatto.

Ils traversèrent la ville, ou plutôt le bourg, au milieu de la foule des flibustiers, qui fêtaient par des chants, des cris et des libations leurs dernières heures de liberté.

La route se fit silencieusement. Lorsque les trois hommes atteignirent le hatto, Montbars alluma une chandelle de résine et visita la maison avec le plus grand soin, afin de s'assurer que nul étranger ne s'y trouvait; puis il vint retrouver ses deux compagnons qui l'attendaient sur l'esplanade.

— Entrez, leur dit-il simplement.

Ils le suivirent.

Montbars s'assit alors sur une chaise, et se tournant vers le Caraïbe :

— J'ai à causer avec toi, O-mo-poua, lui dit-il.

— Bon! fit joyeusement l'Indien ; c'est que vous avez besoin de moi alors.

— Au cas où cela serait vrai, tu en serais donc content?

— Oui, j'en serais content.

— Pour quelle raison?

— Parce que, de même que j'ai trouvé un blanc qui est bon et généreux, je tiens à vous prouver que tous les Caraïbes ne sont pas farouches et indomptables, et qu'ils savent être reconnaissants.

— Je t'avais promis, n'est-ce pas, de te faire retourner dans ton pays?

— Oui, vous m'aviez fait cette promesse.

— Malheureusement, nommé chef d'une importante expédition, qui probablement sera longue, il m'est impossible, en ce moment, de te conduire à Haïti.

Le front de l'Indien se rembrunit à ces paroles.

— Ne te chagrine pas encore et écoute-moi avec attention, continua le flibustier, qui s'était aperçu du changement survenu dans la physionomie de l'Indien.

— Je vous écoute.

— Ce que moi je ne puis faire, tu peux l'accomplir, toi, si je t'en fournis les moyens.

— Je ne comprends pas bien ce que veut dire le chef pâle ; je ne suis qu'un pauvre Indien aux idées étroites. J'ai besoin qu'on m'explique bien clairement les choses pour les comprendre; il est vrai que, lorsque j'ai compris, je n'oublie plus.

— Tu es Caraïbe, donc tu sais gouverner une pirogue?

— Oui, répondit l'Indien avec un sourire d'orgueil.

— Si je te donnais une pirogue, crois-tu que tu atteindrais Haïti?

— La grande terre est bien loin, dit-il d'une voix triste, le voyage bien long pour un homme seul, si brave qu'il soit!

— D'accord, mais si dans la pirogue je mettais, non seulement des vivres, mais encore des sabres, des haches, des poignards et quatre fusils avec de la poudre et des balles?

— Le chef pâle ferait cela! s'écria-t-il un air incrédule. Ainsi armé, qui résisterait à O-mo-poua?

— Si je faisais plus encore? reprit l'aventurier avec un sourire.

— Le chef plaisante; il est très gai. Il se dit : les Indiens sont crédules; je veux rire aux dépens d'O-mo-poua.

— Je ne plaisante pas, chef; je suis au contraire très sérieux : les choses que j'ai énumérées, je te les donnerai; et, afin que tu atteignes en sûreté ton pays, je t'adjoindrai un compagnon, un homme brave, qui sera ton frère, et te défendra comme tu le défendras toi-même.

— Et ce compagnon?

— Le voilà, fit Montbars, en désignant son engagé calme et immobile auprès de lui.

— Je ne ferai donc pas l'expédition avec toi, Montbars? dit celui-ci d'une voix triste avec un accent de reproche.

— Rassure-toi, fit Montbars, en lui frappant doucement sur l'épaule, la mission que je te donne est toute de confiance et plus périlleuse encore que l'expédition que j'entreprends. J'avais besoin d'un homme dévoué, d'un autre moi-même, je t'ai choisi.

— Tu as bien fait en ce cas; je te prouverai que tu ne t'es pas trompé sur mon compte.

— J'en suis convaincu déjà, mon gars. Acceptes-tu ce compagnon, O-mo-poua? Il t'aidera à passer sans être insulté ou attaqué au milieu des flibustiers que tu rencontreras sur ta route.

— Bon! le chef pâle aime réellement O-mo-poua. Que fera l'Indien en arrivant dans son pays?

— Les frères d'O-mo-poua sont réfugiés, je crois, aux environs de l'Artibonite?

— Oui, dans les grandes savanes des arbousiers, auxquelles les Français ont donné le nom de Mirebalais.

— Bien! O-mo-poua ira trouver les siens, il leur dira de quelle façon les flibustiers traitent les Caraïbes; il leur présentera son compagnon et il attendra.

— J'attendrai! Le chef pâle viendra donc à Haïti?

— Probablement, dit Montbars, avec un sourire d'une expression indéfinissable; et la preuve, c'est que mon engagé demeurera dans ta tribu jusqu'à mon arrivée.

— Bien! J'attendrai la venue du chef blanc. Mais quand partirai-je?

— Cette nuit même. Descends au rivage; va de ma part trouver le propriétaire de la pirogue qui nous a amenés : voici de l'argent (et il lui donna quelques piastres); tu lui diras que j'achète cette embarcation toute gréée dans l'état où elle se trouve. Tu te procureras en même temps des vivres, et tu attendras ton compagnon auquel j'ai quelques mots à dire encore, mais qui te rejoindra bientôt.

— Je pars alors : le remerciement est dans mon cœur et non sur mes lèvres.

Le jour où tu me demanderas ma vie, je te la donnerai, parce qu'elle est à toi, ainsi que celle de tous ceux qui m'aiment. Adieu.

Et il fit un mouvement pour sortir.

— Où vas-tu? lui demanda Montbars.

— Je pars; ne m'y as-tu pas autorisé?

— Oui; mais tu oublies quelque chose.

— Quoi donc?

— Les armes promises. Prends au râtelier un fusil pour toi et quatre autres dont tu disposeras à ton gré, six sabres, six poignards et six haches; lorsque tu quitteras le port, en passant près du lougre, tu demanderas de ma part deux barils de poudre et deux barils de balles à Michel le Basque; il te les donnera. Maintenant, va, et bonne chance!

Le Caraïbe, dompté par cette générosité si simple et si pleine de grandeur, s'agenouilla devant l'aventurier et lui saisissant les pieds qu'il posa sur sa tête, il s'écria d'une voix profondément émue :

— Je te rends hommage comme au meilleur des hommes. Moi et les miens, nous serons désormais et toujours tes esclaves dévoués.

Il se releva, chargea sur ses épaules les armes que l'engagé lui remit et quitta le hatto.

Pendant quelques instants, on entendit son pas résonner dans le sentier; mais ce bruit alla de plus en plus en s'affaiblissant, cessa bientôt et tout retomba dans le silence.

— A nous deux, l'Olonnais! dit alors Montbars en s'adressant à son engagé.

Celui-ci se rapprocha.

— J'écoute, maître, dit-il.

— Je t'ai vu aujourd'hui pour la première fois, cependant tu m'as plu au premier coup d'œil, continua l'aventurier. J'ai la prétention d'être assez bon physionomiste : ta figure franche et ouverte, tes yeux qui regardent bien en face et l'expression d'audace et d'intelligence répandue sur tes traits m'ont disposé en ta faveur, voilà pourquoi je t'ai acheté; j'espère ne pas m'être trompé sur ton compte, mais je veux faire sur toi une épreuve : tu sais que j'ai le droit de réduire ton engagement, de te donner même, si je veux, demain la liberté; songe à cela et agis en conséquence.

— Engagé ou libre, je te serai toujours dévoué, Montbars, répondit l'Olonnais; ne me parle donc pas de récompense, c'est inutile avec moi; fais ton épreuve, j'en sortirai, je l'espère, à mon honneur.

— Voilà parler en homme et en franc aventurier; écoute-moi donc et que pas un mot de ce que tu vas entendre ne sorte de tes lèvres.

— Je serai muet.

— Dans dix jours au plus je mouillerai au port Margot, à Saint-Domingue; l'expédition que je commande a pour mission de surprendre l'île de la Tortue et de s'en emparer; mais il ne faut pas que pendant que nous serons occupés d'un côté à surprendre les Espagnols, ceux-ci puissent nous attaquer par derrière et ruiner nos établissements de la Grande-Terre.

— Je comprends, les Caraïbes d'O-mo-poua sont épars sur la frontière espagnole, il faut en faire des auxiliaires de l'expédition.

— C'est cela même, tu m'as parfaitement compris, voilà quelle est ta mission, seulement il faut agir avec une extrême finesse et beaucoup de prudence, afin de ne pas donner l'éveil aux Gavachos d'un côté et de ne pas exciter les soupçons des Caraïbes de l'autre ; les Indiens sont susceptibles et méfiants, surtout avec les blancs dont ils ont eu tant à se plaindre. Le rôle que tu vas jouer est assez difficile, mais je crois que, grâce à l'influence d'O-mo-poua, tu réussiras ; d'ailleurs, deux jours après mon arrivée au port Margot, je me rendrai dans les savanes de l'Artibonite afin de m'entendre avec toi et de prendre les dispositions que je jugerai nécessaires ; tu vois que j'agis avec toi en toute franchise et plutôt comme avec un frère que comme avec un engagé.

— Je t'en remercie, tu n'auras pas à t'en repentir.

— Je me plais à le croire... Ah! une dernière recommandation, d'une importance secondaire, il est vrai, mais sérieuse cependant.

— Laquelle?

— Souvent des Espagnols vont chasser ou se promener dans les savanes de l'Artibonite ; surveille-les, mais sans qu'ils puissent s'en apercevoir ; qu'ils ne soupçonnent rien de ce que nous tramons contre eux, la plus légère imprudence aurait des conséquences excessivement graves pour la réussite de nos projets.

— J'agirai avec prudence, sois tranquille.

— Maintenant, mon gars, je n'ai plus qu'à te souhaiter bon voyage et bonne réussite.

— Me permets-tu de t'adresser à mon tour une question avant que de partir?

— Parle, je te le permets.

— Pour quelle raison, toi qui as tant d'amis braves et dévoués, au lieu de t'adresser à l'un d'eux, as-tu choisi un engagé obscur et que tu connais à peine, pour lui confier une mission aussi difficile et aussi confidentielle?

— Tu tiens à le savoir? répondit en riant l'aventurier.

— Oui, si tu ne trouves pas ce désir indiscret.

— Pas le moins du monde, en deux mots tu vas être satisfait. Je t'ai choisi justement, à part la bonne opinion que j'ai de toi, opinion qui m'est toute personnelle, parce que tu n'es qu'un pauvre engagé, arrivé de France depuis deux jours, que personne ne connaît, que tout le monde ignore que je t'ai acheté ; que, pour cette raison, nul ne songera à se méfier de toi et que par conséquent, tu seras pour moi un agent d'autant plus précieux, puisqu'on ne se doutera pas que tu es mon fondé de pouvoirs et que tu n'agis que d'après mes ordres ; me comprends-tu maintenant, mon gars?

— Parfaitement, et je te remercie de l'explication que tu m'as donnée Adieu, avant une heure le Caraïbe et moi nous aurons quitté Saint-Christophe.

— Laisse-toi guider par lui pendant ton voyage ; cet homme est très entendu, bien qu'Indien, et il te conduira de façon à vous faire arriver tous deux à bon port.

— Je n'aurai garde d'y manquer; d'ailleurs la déférence que je lui montrerai le disposera en ma faveur et avancera d'autant la réussite de nos projets.

— Allons, allons, dit en riant l'aventurier, je vois que tu es un garçon d'esprit et j'ai maintenant bon espoir sur l'issue de ta mission.

L'Olonnais s'arma ainsi que le Caraïbe avait fait avant lui, puis il prit congé de son maître et partit.

— Eh! murmura Montbars dès qu'il fut seul, je crois que mes projets commencent à prendre un corps et que bientôt je pourrai frapper un grand coup.

Le lendemain, au lever du soleil, une agitation inusitée régnait dans le bourg, cependant jamais bien tranquille, de la Basse-Terre.

Les flibustiers, armés jusqu'aux dents, prenaient congé de leurs amis et se préparaient à se rendre à bord des navires sur lesquels ils s'étaient enrôlés la veille.

La rade était sillonnée dans tous les sens par une quantité prodigieuse de pirogues qui allaient et venaient, transportant des hommes et des vivres pour les navires en partance.

M. le chevalier de Fontenay, entouré d'un nombreux état-major de flibustiers renommés, et ayant auprès de lui Montbars, David, Drack et Michel le Basque, se tenait à l'extrémité du môle en bois servant de débarcadère et de là assistait au départ des aventuriers.

Ces hommes au teint hâlé, aux traits énergiques et féroces, aux membres vigoureux, à peine vêtus d'un simple caleçon de toile et la tête couverte d'un vieux fond de chapeau ou de casquette, mais armés de longs fusils fabriqués à Dieppe expressément pour eux, ayant un lourd coutelas affilé pendu à la ceinture et portant leur provision de poudre et de balles, avaient un aspect étrange et singulièrement redoutable, rendu plus saisissant encore par l'expression d'insouciance et d'indomptable audace répandue sur leurs visages.

On comprenait, en les voyant, la terreur qu'ils devaient inspirer aux Espagnols et les incroyables faits d'armes qu'ils accomplissaient presque en se jouant, ne comptant leur vie pour rien et ne voyant jamais que le but, c'est-à-dire le pillage.

Au fur et à mesure qu'ils défilaient devant le gouverneur et les officiers élus pour les commander, ils les saluaient respectueusement parce qu'ainsi l'exigeait la discipline, mais ce salut n'avait rien de bas ni de servile, c'était celui d'hommes ayant entière conscience de leur valeur et sachant que, matelots aujourd'hui, ils seraient, s'ils le voulaient, capitaines demain.

Vers midi, tous les équipages étaient au complet, il ne restait à terre que l'amiral et les trois capitaines.

— Messieurs, dit Montbars à ses officiers, aussitôt que nous serons hors des passes, liberté de manœuvre, chacun marchera à sa guise; nous avons fort peu de vivres à bord, les îles espagnoles que nous rencontrerons sur notre route nous en fourniront, ne craignez pas de piller les corales des Gavachos, ce sera toujours autant de pris sur l'ennemi. Ainsi il est bien convenu que nous nous rendrons chacun de notre côté au rendez-vous général ; la prudence nous oblige à ne pas laisser soupçonner nos forces à l'ennemi ; notre point de repère est l'île de la Grande-Caye du nord ; le premier arrivé attendra les deux autres ; là je vous donnerai mes dernières instructions sur le but de l'expédition dont vous connaissez déjà une partie.

— Ainsi, dit M. de Fontenay, vous vous obstinez à garder votre secret ?

— Si vous l'exigez absolument, monsieur le gouverneur, répondit Montbars, je vous...

— Non, non, interrompit-il en riant, gardez-le, je n'en ai que faire ; d'ailleurs, je l'ai déjà à peu près deviné.

— Ah ! fit Montbars d'un air incrédule.

— Pardieu ! je me trompe fort ou vous voulez tenter quelque chose sur Saint-Domingue.

L'aventurier ne répondit que par un fin sourire et prit congé du gouverneur qui se frottait joyeusement les mains, persuadé qu'il avait en effet deviné ce secret qu'on affectait de lui cacher.

Une heure plus tard les trois légers bâtiments levèrent leurs ancres, déployèrent leurs voiles et s'éloignèrent après avoir fait un salut d'adieu à la terre, salut qui leur fut immédiatement rendu coup pour coup par la batterie de la pointe.

Ils ne tardèrent pas à se confondre au loin dans les brumes blanchâtres de l'horizon et à disparaître tout à fait.

— Eh ! fit M. de Fontenay à ses officiers en reprenant le chemin de la maison du gouvernement, vous verrez que je ne me suis pas trompé et que c'est bien à Saint-Domingue qu'en veut ce démon de Montbars ! Hum ! je plains les Espagnols.

XX

LE HATTO

Nous laisserons la flotte flibustière, que nous retrouverons bientôt, naviguer péniblement à travers l'inextricable dédale de l'archipel des Antilles et nous nous transporterons à Saint-Domingue, ainsi que la nomment les Français, Hispaniola selon que la baptisa Colomb, ou Haïti, comme l'appelaient les Caraïbes, ses premiers et seuls véritables propriétaires.

Et lorsque nous parlons des Caraïbes, nous entendons les noirs comme les rouges ; car, particularité que beaucoup de personnes ignorent, certains Caraïbes étaient noirs et ressemblaient si bien à la race africaine que lorsque par exemple les planteurs français vinrent s'établir à l'île Saint-Vincent et amenèrent avec eux des esclaves nègres, les Caraïbes noirs, indignés te ressembler à des hommes dégradés par l'esclavage, et craignant en outre que plus tard leur couleur ne devînt un prétexte pour leur faire subir le même sort, s'enfuirent dans les retraites les plus inexplorées des bois, et, pour créer

Ils saluaient le départ des aventuriers.

et perpétuer une distinction visible entre leur race et les esclaves transportés dans l'île, ils comprimèrent le front de leurs enfants nouveau-nés, de sorte qu'il était entièrement aplati, ce qui, à la génération suivante, devint comme une race nouvelle et fut depuis le signe de leur indépendance.

Avant de reprendre notre récit, nous demandons au lecteur à faire un peu de géographie; comme bien des incidents de l'histoire de la flibuste se passeront à Saint-Domingue, il est indispensable que cette île soit bien connue.

L'île de Saint-Domingue, découverte le 6 décembre 1492 par Christophe Colomb, est, au jugement général, la plus belle de toutes les Antilles; sa longueur est de sept cents kilomètres, sur une largeur moyenne de cent vingt; elle a quatorze cents kilomètres de tour, non compris les anses, et seize cents kilomètres carrés.

Du centre de l'île surgit un groupe de montagnes superposées l'une à l'autre d'où sortent trois chaînes courant dans trois directions différentes. La plus longue s'étend vers l'est; elle traverse le milieu de l'île en la partageant en deux parties presque égales. La seconde chaîne se dirige au nord, et aboutit au cap Fou. La troisième, moins étendue que la précédente, suit d'abord la même direction, mais décrivant bientôt une courbe vers le sud, elle va se terminer au cap Saint-Marc.

Dans l'intérieur de l'île on rencontre encore plusieurs autres chaînons mais beaucoup moins considérables. Il résulte de cette multiplicité de montagnes que les communications, surtout à l'époque où se passe notre histoire, étaient extrêmement difficiles entre la partie nord et la partie sud de l'île.

Au pied de toutes ces montagnes se trouvent des plaines immenses couvertes d'une végétation luxuriante; les montagnes sont sillonnées par des ravins qui entretiennent une constante et bienfaisante humidité; elles contiennent différents métaux, en sus du cristal de roche, du charbon de terre, du soufre, des carrières de porphyre, de chiste et de marbre, et sont couvertes de forêts de bananiers, de palmiers et de mimosas de toutes espèces.

Bien que les rivières soient nombreuses, malheureusement les plus considérables sont à peine navigables et ne peuvent être remontées en canot qu'à une distance de quelques lieues. Les principales sont la Neyva, le Macoris, l'Usaque, ou rivière de Monte-Cristo, l'Ozama, l'Iuna et l'Artibonite, la plus étendue de toutes.

Vue du large, l'aspect de cette île est enchanteur, on dirait un immense bouquet de fleurs surgissant du sein de la mer.

Nous ne ferons pas l'histoire de la colonie de Saint-Domingue. Cette île si riche et si fertile, grâce à l'incurie, à la cruauté et à l'avarice des Espagnols, était, cent cinquante ans après sa découverte, tombée à un tel degré de misère et d'avilissement que le gouvernement espagnol se voyait forcé d'envoyer dans cette colonie, devenue non seulement improductive mais encore onéreuse, des fonds pour solder les troupes et les employés.

Pendant que Saint-Domingue dépérissait ainsi lentement, de nouveaux colons, amenés par le hasard, s'établissaient au nord-ouest de l'île et en prenaient possession malgré la résistance et l'opposition des Espagnols.

Ces nouveaux colons étaient des aventuriers français, chassés pour la plupart de l'île de Saint-Christophe lors de la descente de l'amiral de Tolède dans cette colonie, et qui erraient dans les Antilles à la recherche d'un refuge.

A l'époque de la découverte, les premiers Espagnols avaient abandonné dans l'île une quarantaine de taureaux et de génisses; ces animaux, rendus à la liberté, s'étaient multipliés rapidement et parcouraient en troupeaux immenses les savanes de l'intérieur ; les aventuriers français, à leur arrivée, ne songèrent nullement à travailler la terre, mais, se laissant entraîner par l'attrait d'une chasse périlleuse, ils ne s'occupèrent exclusivement qu'à poursuivre les taureaux et les sangliers, fort nombreux aussi, et surtout excessivement redoutables.

L'unique occupation de ces aventuriers était la chasse ; ils gardaient les cuirs des taureaux et en faisaient sécher la chair à la fumée à la mode indienne ; de là leur vint le nom de *boucaniers*, parce que les Caraïbes nommaient *boucans* les lieux où ils faisaient ainsi fumer la chair des prisonniers faits à la guerre, et qu'ils mangeaient après les avoir engraissés.

Nous aurons occasion de revenir bientôt sur ce sujet, et nous entrerons dans de plus grands détails sur le compte de ces hommes singuliers.

Cependant, malgré leur amour de l'indépendance, ces aventuriers avaient compris la nécessité de se créer des débouchés pour la vente de leurs cuirs ; ils avaient donc fondé quelques comptoirs, au port Margot et au port de la Paix, qu'ils considéraient comme la capitale de leurs établissements, mais leur position était des plus précaires à cause du voisinage des Espagnols, jusque-là seuls maîtres de l'île, et qui ne voulaient pas consentir à les avoir auprès d'eux ; aussi se faisaient-ils constamment une guerre acharnée et d'autant plus cruelle qu'il n'était accordé quartier ni d'un côté ni de l'autre.

Voilà quelle était la situation de Saint-Domingue au moment où nous reprenons notre récit, une quinzaine de jours environ après le départ de la flotte flibustière de Saint-Christophe sous le commandement de Montbars l'Exterminateur.

Le soleil, déjà bas à l'horizon, allongeait démesurément l'ombre des arbres, la brise du soir se levait, agitait doucement les feuilles et courbait les hautes herbes. Un homme monté sur un fort cheval rouan, revêtu du costume des campesinos espagnols, suivait un sentier à peine tracé qui serpentait au milieu d'une vaste plaine couverte de magnifiques plantations de cannes à sucre et de café, et aboutissait à un hatto élégant, dont le mirador dominait au loin la campagne.

Cet homme paraissait âgé de vingt-quatre à vingt-cinq ans au plus ; ses traits étaient beaux mais empreints d'une expression de hauteur et de dédain insupportable ; ses vêtements, fort simples, n'étaient relevés que par une longue rapière dont la poignée en argent ciselé pendait à son flanc gauche et le faisait reconnaître pour gentilhomme, car la noblesse seule avait le droit de porter l'épée.

Quatre esclaves noirs à demi nus et dont le corps ruisselait de sueur couraient derrière son cheval, portant l'un un fusil richement damasquiné, le second une gibecière, et les deux autres un sanglier mort, dont les pieds attachés étaient passés dans un bambou soutenu par les épaules des pauvres diables.

Mais le cavalier semblait fort peu s'occuper de ses compagnons ou du moins de ses esclaves, vers lesquels il ne daignait pas tourner la tête, même en leur parlant, lorsque parfois il lui arrivait de leur adresser la parole pour leur demander une indication d'un ton bref et méprisant.

Il tenait à la main un mouchoir brodé avec lequel, d'instant en instant, il essuyait la sueur qui inondait son front, et lançait des regards de colère autour de lui, en excitant son cheval de l'éperon, au grand désespoir des esclaves contraints de redoubler d'efforts pour le suivre.

— Ah çà ! dit-il enfin d'un ton de mauvaise humeur, nous n'arriverons donc jamais à ce hatto maudit ?

— Encore une demi-heure tout au plus, *mi amo*, répondit respectueusement un nègre, voyez là-bas le mirador.

— Quelle diable d'idée a eue ma sœur de venir s'enterrer dans cet effroyable trou au lieu de demeurer tranquille dans son palais de Santo-Domingo ? Les femmes sont folles, sur mon honneur ! grommela-t-il entre ses dents.

Et il assaisonna cette peu galante observation d'un furieux coup d'éperon à son cheval, qui partit au galop.

Cependant il approchait rapidement du hatto, dont il était facile de distinguer tous les détails.

C'était une charmante maison assez vaste, couverte en terrasse, surmontée d'un mirador, et précédée d'un péristyle formé par quatre colonnes soutenant une véranda.

Une haie épaisse entourait la maison, à laquelle on ne parvenait qu'après avoir traversé un jardin assez vaste ; derrière se trouvaient les corales pour enfermer les bestiaux et les cases des nègres, espèces de huttes misérables, basses, à demi ruinées, bâties avec des branches d'arbres entrelacées tant bien que mal les unes dans les autres, et recouvertes avec des feuilles de palmier.

Ce hatto, calme et solitaire, au milieu de cette plaine à la luxuriante végétation, à demi-caché au milieu des arbres qui lui formaient une ceinture de feuillage, avait un aspect réellement enchanteur, qui ne parut produire sur l'esprit du voyageur d'autre effet que celui d'un profond ennui et d'une vive contrariété.

Cependant l'arrivée de l'étranger avait sans doute été signalée par la sentinelle placée dans le mirador pour surveiller les environs, car un cavalier sortit au galop du hatto et se dirigea vers la petite troupe composée du gentilhomme que nous avons décrit et des quatre esclaves qui couraient toujours derrière lui, en montrant leurs dents blanches et aiguës et en soufflant comme des phoques.

Le nouveau venu était un homme de petite taille, mais dont les épaules larges et les membres bien attachés dénotaient une force musculaire peu commune ; il avait quarante ans, ses traits étaient durs et accentués et l'expression de sa physionomie sombre et sournoise ; un chapeau de paille à larges bords cachait presque son visage ; un manteau, nommé poncho, fait d'une seule pièce et percé au milieu d'un trou pour passer la tête, couvrait ses épaules ; le manche d'un long couteau sortait de sa botte droite, un sabre pendait à son côté gauche, et un long fusil était placé en travers sur le devant de la selle. Lorsqu'il fut arrivé à quelques pas du gentilhomme, il arrêta son cheval court sur les jarrets de derrière, se découvrit, et saluant respectueusement :

— *Santas tardes*, señor don Sancho, dit-il d'une voix obséquieuse.

— Ah ! ah ! c'est toi, Birbomono ! répondit le jeune homme en touchant légèrement son chapeau, que diable fais-tu donc ici ? je te croyais pendu depuis longtemps déjà.

— Son Excellence veut rire, reprit l'autre avec une grimace de mauvaise humeur; je suis le mayordomo de la señora.

— Je lui en fais mon compliment et à toi aussi.

— La señora était bien inquiète de Votre Seigneurie, je me préparais par son ordre à faire une battue aux environs, elle sera heureuse de vous voir arriver sans malencontre.

— Comment, sans malencontre ! reprit le jeune homme en lâchant la bride à son cheval; que veux-tu dire, drôle ? et qu'avais-je à redouter par les chemins ?

— Votre Seigneurie n'ignore pas que les ladrones infestent les savanes.

Le jeune homme éclata de rire.

— Les ladrones, quel plaisant conte me fais-tu, toi aussi ? Allons, cours annoncer mon arrivée à ma sœur sans plus bavarder.

Le mayordomo ne se fit pas répéter l'injonction, il salua, piqua des deux et partit au galop.

Dix minutes plus tard, don Sancho mettait pied à terre devant le péristyle du hatto, où une jeune dame d'une rare beauté, mais d'une pâleur cadavérique, et qui semblait avoir peine à se soutenir tant elle paraissait être faible et malade, attendait son arrivée.

Cette dame était la sœur du seigneur don Sancho et la propriétaire du hatto.

Les deux jeunes gens demeurèrent longtemps embrassés sans échanger une parole, puis don Sancho offrit le bras à sa sœur et rentra avec elle dans l'intérieur de la maison, laissant au mayordomo le soin de veiller sur son cheval et ses bagages.

Le jeune homme conduisit sa sœur à un fauteuil, en prit un pour lui-même, le roula près du premier et s'assit.

— Enfin, dit-elle au bout d'un instant, d'une voix affectueuse, en prenant une des mains du jeune homme dans les siennes, je te revois, mon frère, te voilà, tu es près de moi, que je suis heureuse de te revoir !

— Ma bonne Clara, répondit don Sancho en lui baisant le front, voilà près d'un an que nous sommes séparés.

— Hélas ! murmura-t-elle.

— Et pendant cette année bien des choses se sont passées que tu me raconteras sans doute ?

— Hélas ! ma vie pendant cette année peut se résumer en deux mots : j'ai souffert.

— Pauvre sœur ! comme tu es changée en si peu de temps ! à peine pourrait-on te reconnaître; moi qui accourais si joyeux à Santo-Domingo, à peine débarqué je me rendis à ton palais; ton mari, qui n'est pas changé, lui, et que j'ai retrouvé aussi lourd et aussi silencieux, avec une dose d'importance de plus, à cause de sa haute position, sans doute, m'a dit que tu étais un peu malade et que les médecins t'avaient ordonné l'air de la campagne.

— C'est vrai, fit-elle avec un sourire triste.

— Oui, mais je te croyais indisposée simplement et je te retrouve mourante.

— Ne parlons plus de cela, Sancho, je t'en supplie. Qu'importe que je sois malade ? As-tu reçu ma lettre ?

— Serais-je ici sans cela ? Deux heures après l'avoir reçue j'étais en route ; voilà trois jours, fit-il en souriant, que je cours par monts et par vaux, par des chemins épouvantables, afin d'être plus tôt près de toi.

— Merci, oh ! merci, Sancho, ta présence me rend bien heureuse, tu resteras quelque temps près de moi, n'est-ce pas ?

— Tant que tu voudras, chère sœur : ne suis-je pas libre ?

— Libre ! fit-elle, en le regardant d'un air étonné.

— Mon Dieu, oui, Son Excellence le duc de Peñaflor, mon illustre père et le tien, vice-roi de la Nouvelle-Espagne, a daigné m'accorder un congé illimité.

Au nom de son père, un léger frisson avait parcouru les membres de la jeune femme et ses yeux s'étaient voilés de larmes.

— Ah ! fit-elle, mon père est bien portant ?

— Il va mieux que jamais.

— Et, il t'a parlé de moi ?

Le jeune homme se mordit les lèvres.

— Il m'en a fort peu parlé, dit-il ; mais moi, en revanche, je lui en ai parlé beaucoup, ce qui a rétabli l'équilibre ; je crois même que c'est un peu pour se débarrasser de mon bavardage qu'il m'a octroyé le congé que je sollicitais.

Doña Clara baissa la tête sans répondre, son frère fixait sur elle un regard empreint d'une tendre pitié.

— Parlons de toi, veux-tu ? dit-il.

— Non, non, Sancho, mieux vaut parler de *lui*, répondit-elle avec hésitation.

— De *lui*, répondit-il d'une voix sourde en fronçant le sourcil ; hélas ! pauvre sœur, que pourrais-je te dire ? tous mes efforts ont été vains, je n'ai rien découvert.

— Oui, oui, murmura-t-elle, ses mesures ont été bien prises pour le faire disparaître. Oh ! mon Dieu, mon Dieu ! s'écria-t-elle en joignant les mains avec égarement, n'aurez-vous donc pas pitié de moi !

— Calme-toi, je t'en supplie, ma sœur, je verrai, je chercherai, je redoublerai d'efforts et peut-être parviendrai-je enfin...

— Non, interrompit-elle, jamais, jamais nous ne pourrons rien, il est condamné, condamné par mon père ; cet homme implacable ne me le rendra jamais ! Oh ! je le connais mieux que toi, notre père. Tu es homme toi, Sancho, tu peux essayer de lutter contre lui, mais moi il m'a brisée, brisée d'un seul coup, il a broyé mon cœur dans une étreinte mortelle en faisant de moi l'innocente complice d'une infernale vengeance ! Puis il m'a froidement reproché un déshonneur qui est son ouvrage et a du même coup détruit à jamais le bonheur de trois êtres qui l'auraient aimé et dont il tenait l'avenir entre ses mains.

— Et toi, ma chère Clara, ne sais-tu rien, n'as-tu rien découvert?

— Si, répondit-elle en le regardant fixement, j'ai fait une découverte horrible.

— Tu m'effrayes Clara, que veux-tu dire? explique-toi.

— Pas à présent, mon bon Sancho, pas à présent, il n'est pas temps encore, prends patience; tu sais que jamais je n'ai eu de secrets pour toi, seul tu m'as toujours aimée. C'est pour te révéler ce secret que je t'ai écrit de venir; dans trois jours au plus tard, tu sauras tout et alors...

— Alors? fit-il en la regardant fixement.

— Alors tu mesureras, comme moi, la profondeur immense du gouffre dans lequel je suis tombée; mais je t'en prie, assez sur ce sujet en ce moment, je suis fort souffrante, parlons d'autre chose, veux-tu?

— Je ne demande pas mieux, ma chère Clara, mais de quoi parlerons-nous?

— Mon Dieu! de ce qui te plaira, mon ami, de la pluie, du beau temps, de ton voyage, que sais-je, moi!

Don Sancho comprit que sa sœur était en proie à une surexcitation nerveuse extrême et qu'il aggraverait son état déjà fort sérieux en n'entrant pas dans ses idées; il ne fit donc pas d'objection et se prêta volontiers à son caprice.

— Pardieu! lui dit-il, ma chère Clara, puisqu'il en est ainsi, je profiterai de l'occasion pour te prier de me donner un renseignement.

— Un renseignement? et lequel, mon frère? Je vis fort retirée, comme tu le vois, je doute pouvoir te satisfaire; cependant dis toujours.

— Tu sais, petite sœur, que je suis étranger à Hispaniola, où je ne suis arrivé que depuis quatre jours et cela pour la première fois.

— C'est vrai, jamais tu n'avais visité cette île; comment la trouves-tu?

— Affreuse, c'est-à-dire admirable; affreuse comme chemins et admirable comme points de vues; tu vois que ma proposition n'est pas aussi illogique qu'elle paraissait l'être au premier abord.

— En effet, les routes ne sont pas fort commodes.

— Dis qu'elles n'existent pas et tu seras dans la vérité.

— Tu es sévère.

— Non, je ne suis que juste. Si tu avais vu quelles routes magnifiques nous possédons au Mexique, tu serais de mon avis; mais ce n'est pas de cela dont il s'agit pour le moment.

— De quoi s'agit-il donc?

— Mais du renseignement que je veux te demander.

— Ah! c'est vrai, je l'avais oublié; voyons, explique-toi, je t'écoute.

— M'y voici. Figure-toi que lorsque je me suis embarqué à la Vera-Cruz pour me rendre ici, toutes les personnes auxquelles j'annonçais mon départ me répondaient invariablement avec un ensemble désespérant: « Ah! vous allez à Hispaniola, señor don Sancho de Peñaflor! hum! hum! prenez garde! » A bord du navire sur lequel je me trouvais, j'entendais constamment les officiers murmurer entre eux : « Veillons bien, prenons garde. » Enfin j'arrivai à Santo-Domingo. Mon premier soin, ainsi que je te l'ai dit, fut de me rendre auprès du comte de Bejar, ton époux. Il me reçut aussi bien qu'il est capable de le faire, mais lorsque je lui annonçai mon intention de venir te joindre ici, ses sourcils se froncèrent et son premier mot fut : « Diable! diable! vous voulez aller au hatto; prenez garde, don Sancho, prenez garde! » C'était à en devenir enragé; cet avertissement sinistre qui partout et à toute heure résonnait à mon oreille me rendait fou; je n'essayai pas de demander une explication à ton mari, je n'en aurais rien tiré; seulement je me réservai, *in petto*, d'avoir le cœur net de cette phrase de mauvais augure aussitôt que l'occasion s'en présenterait; elle ne tarda pas, en effet, seulement je ne suis pas plus avancé qu'auparavant et c'est à toi que je demanderai enfin le mot de l'énigme.

— Mais j'attends d'abord que tu t'expliques, car je t'avoue que jusqu'à présent je ne comprends absolument rien à ce que tu me racontes.

— Bon, laisse-moi finir. A peine m'étais-je mis en route avec les esclaves que ton mari m'a prêtés, que je vis ces drôles constamment tourner la tête à droite et à gauche d'un air effaré. Dans le premier moment je n'y attachai pas grande importance; mais ce matin, ayant aperçu un magnifique sanglier, l'envie me prit de le tirer, ce que je fis du reste, je te l'apporte; lorsque ces diables de nègres me virent armer mon fusil, ils se jetèrent à genoux devant moi en joignant les mains avec frayeur et en s'écriant, du ton le plus lamentable : « Prenez garde, Excellence, prenez garde! — A quoi dois-je prendre garde, misérables? m'écriai-je exaspéré. — Aux *ladrones*! Excellence, aux *ladrones*! » Je ne pus obtenir d'eux d'autre explication que celle-là; mais j'espère, petite sœur, que tu voudras bien me dire, toi, ce que c'est que ces *ladrones* si redoutables.

Et il se pencha vers elle; doña Clara, les yeux démesurément ouverts, les bras étendus, les traits bouleversés, fixait sur lui un regard tellement extraordinaire, qu'il recula avec épouvante.

— Les *ladrones*! les *ladrones*! répéta-t-elle, à deux reprises, d'une voix stridente, oh! pitié, mon frère!

Elle se leva toute droite, fit quelques pas en avant, d'un mouvement automatique, et tomba évanouie sur le plancher.

— Qu'est-ce que cela signifie ? s'écria le jeune homme en se précipitant vers elle pour la relever.

XXI

LE RÉCIT DU MAYORDOMO

Don Sancho, fort inquiet de l'état dans lequel il voyait sa sœur, se hâta d'appeler ses femmes qui accoururent aussitôt. Il la confia à leurs soins et se retira dans l'appartement préparé pour lui, en ordonnant qu'on l'avertît aussitôt que doña Clara éprouverait un mieux, si léger qu'il fût.

Elle tomba évanouie sur le parquet.

Don Sancho de Peñaflor était un charmant cavalier, gai, rieur, se laissant insouciamment vivre, ne prenant de la vie que le plaisir et repoussant, avec l'égoïsme de son âge et de sa caste, toute douleur et même tout ennui.

Appartenant à l'une des plus grandes familles de l'aristocratie espagnole, devant un jour être huit ou dix fois millionnaire, destiné, à cause de son nom, à occuper plus tard les plus beaux emplois et à faire un de ces magnifiques mariages de convenance qui rendent si heureux les diplomates en leur laissant complètement l'esprit libre pour leurs hautes combinaisons politiques, il s'attachait, autant que cela lui était possible toutefois, à comprimer les battements de son cœur, et à ne troubler en rien, par une passion insolite, le calme azur de son existence.

Capitaine dans l'armée en attendant mieux et pour avoir l'air de faire quelque chose, il avait suivi, en qualité d'aide de camp, son père au Mexique lorsque celui-ci avait été nommé vice-roi de la Nouvelle-Espagne. Mais trop jeune encore pour envisager sérieusement la vie et être ambitieux, il ne s'était occupé que de jeu et d'amourettes depuis qu'il était arrivé en Amérique, ce qui avait fort contrarié le duc, qui, ayant passé l'âge du plaisir, n'admettait plus que les jeunes gens sacrifiassent à l'idole qu'il avait lui-même si longtemps encensée.

Excellente nature au demeurant, doux, facile à vivre, mais entiché, comme tous les Espagnols de cette époque et peut-être encore de l'époque actuelle, des préjugés de caste, considérant les nègres et les Indiens comme des bêtes de somme créées à son usage et dédaignant de cacher le mépris et le dégoût qu'il éprouvait pour ces races déshéritées.

En un mot, don Sancho, selon un précepte de sa famille, regardait toujours au-dessus de lui et jamais au-dessous ; il supportait ses égaux, mais établissait une infranchissable barrière de hauteur et de dédain entre lui et ses inférieurs.

Cependant, à son insu peut-être, car nous ne voulons pas lui en accorder le mérite, un sentiment tendre s'était glissé au milieu de la froide atmosphère dans laquelle il s'était condamné à vivre, avait pénétré jusqu'à son cœur et parfois menaçait de renverser toutes ses transcendantes théories sur l'égoïsme.

Ce sentiment n'était rien autre que l'amitié qu'il éprouvait pour sa sœur, amitié qui pouvait passer pour de l'adoration, tant elle était dévouée, respectueuse et bien véritablement sans calcul et sans arrière-pensée ; pour plaire à sa sœur, il aurait tenté l'impossible ; un simple mot tombé de ses lèvres le rendait souple, obéissant comme un esclave ; un désir qu'elle manifestait devenait immédiatement pour lui un ordre, aussi sérieux et peut-être davantage que s'il fût venu du roi d'Espagne et des Indes, bien que ce magnifique potentat se flattât orgueilleusement que le soleil ne se couchait jamais dans ses États.

Le premier mot du comte, dès qu'il se trouva seul dans son appartement, montre du reste son caractère mieux que tout ce qu'on en pourrait dire.

— Allons! s'écria-t-il en se laissant aller d'un air désespéré dans un fauteuil, moi qui croyais passer pendant quelques jours une si agréable existence ici, il va me falloir entendre les doléances de Clara et la consoler ; que le diable soit des gens malheureux! on dirait qu'ils s'acharnent après moi pour troubler ma tranquillité.

Au bout de trois quarts d'heure à peu près, une esclave noire vint lui annoncer que doña Clara avait repris connaissance, mais qu'elle se sentait si faible et si brisée, qu'elle le priait de la dispenser de le recevoir ce même soir.

Le jeune homme fut intérieurement assez satisfait de cette liberté qui lui était accordée par sa sœur et qui le dispensait de renouer un entretien qui n'avait aucun charme pour lui.

— C'est bien, dit-il à l'esclave, présentez mes hommages à ma sœur et donnez l'ordre qu'on me serve à souper ici ; vous prierez en même temps le mayordomo de me venir trouver, j'ai à causer avec lui ; allez.

L'esclave sortit et le laissa seul.

Alors le jeune comte se renversa sur le dossier de son fauteuil, allongea les jambes et se plongea, non pas dans une rêverie quelconque, mais dans cet état de somnolence qui n'est ni la veille ni le sommeil, pendant lequel l'âme semble errer dans des régions inconnues, et que les Espagnols nomment la siesta.

Pendant qu'il était ainsi, les esclaves dressaient la table, en ayant bien soin de ne pas le troubler, et la couvraient de mets exquis.

Mais bientôt le fumet des plats posés devant lui rappela le jeune homme à la réalité ; il se redressa et rapprochant son fauteuil, il se mit à table.

— Pourquoi le mayordomo n'est-il pas venu ? demanda-t-il ; aurait-on négligé de l'avertir ?

— Pardon, Excellence, mais le mayordomo est absent en ce moment, répondit respectueusement en esclave.

— Absent, et pour quel motif ?

— Il fait sa visite de chaque soir autour de l'habitation, mais il ne tardera pas à être de retour ; si Votre Excellence veut être assez bonne pour patienter, bientôt elle le verra.

— Soit, bien que je ne comprenne rien à l'urgence de cette visite ; il n'y a pas de bêtes fauves ici, je suppose.

— Non, Excellence, grâce à Dieu.

— Alors que signifient ces précautions ?

— Elles servent à garantir l'habitation des attaques des *ladrones*, Excellence.

— Encore les ladrones ! s'écria-t-il en bondissant sur son siège. Ah çà ! mais c'est un pari ! tout le monde semble s'être donné le mot pour me mystifier, Dieu me pardonne !

En ce moment on entendit résonner des éperons sur le sol, en dehors de la salle où se trouvait le jeune homme.

— Voilà le mayordomo, Excellence, dit un des nègres.

— Enfin, c'est bien heureux ! qu'il entre.

Birbomono parut, ôta son chapeau, salua respectueusement le comte et attendit qu'il lui adressât la parole.

— Eh ! arrivez donc, lui dit le jeune homme, voilà plus d'une heure que je vous demande.

— J'en suis désespéré, Excellence, mais c'est à l'instant seulement que j'ai été prévenu.

— Je sais, je sais. Avez-vous dîné ?

— Pas encore, Excellence.

— Eh bien ! mettez-vous là, en face de moi.

Le mayordomo, qui connaissait le caractère altier du comte, hésitait ; il ne comprenait rien à cette singulière condescendance de sa part.

— Asseyez-vous donc, reprit le jeune homme, nous sommes à la campagne, cela ne tirera pas à conséquence ; d'ailleurs, j'ai à causer avec vous.

Le mayordomo s'inclina et prit, sans se défendre davantage, la place qui lui était indiquée.

Le repas fut court, le comte mangea sans prononcer un mot ; lorsqu'il eut terminé, il repoussa son tranchoir, but un verre d'eau, selon la coutume espagnole, alluma un excellent cigare et en donnant un semblable au mayordomo :

— Fumez, je le permets, lui dit-il.

Birbomono accepta avec reconnaissance ; mais de plus en plus étonné, il ne put s'empêcher de se demander, intérieurement, quel motif si important avait son jeune maître pour se montrer si gracieux envers lui.

Le couvert enlevé, les esclaves retirés, les portes closes, les deux hommes demeurèrent seuls.

La nuit était magnifique, l'atmosphère d'une limpidité extrême ; une multitude d'étoiles nageaient dans l'éther, un air doux et tiède pénétrait par les larges fenêtres laissées ouvertes exprès, un silence profond régnait dans la campagne, et, de l'endroit où ils étaient placés, les deux hommes apercevaient la masse sombre des arbres de la forêt qui fermait l'horizon.

— Maintenant, dit le comte en lançant un flot de fumée bleuâtre, causons.

— Causons, soit, Excellence, répondit le mayordomo.

— J'ai plusieurs choses à vous demander, Birbomono ; vous me connaissez, n'est-ce pas, vous savez que, promesses ou menaces j'accomplis tout ce que je dis ?

— Je le sais, Excellence.

— Bien, ceci posé, je viens au fait sans plus de préambules. J'ai certains renseignements fort importants à vous demander ; répondre à mes questions n'est point trahir votre maîtresse qui est ma sœur et que j'aime par-dessus tout, c'est peut-être lui rendre un service indirect ; d'ailleurs, ce que vous refuseriez de me dire, je ne tarderais pas à l'apprendre d'un autre côté et vous perdriez, par conséquent, à mes yeux, le bénéfice de la franchise ; vous me comprenez bien, je suppose.

— Parfaitement, Excellence.

— Alors que comptez-vous faire ?

— Monseigneur, je suis dévoué corps et âme à votre famille, je me ferai donc un devoir de répondre de mon mieux à toutes les questions que vous daignerez m'adresser, convaincu qu'en m'interrogeant, vous n'avez d'autre motif que celui d'être agréable à ma maîtresse.

— On ne peut mieux raisonner, Birbomono ; j'ai toujours dit que vous étiez un homme intelligent : cette réponse me prouve que je ne me suis pas trompé. Or, je commence, mais procédons par ordre, et d'abord instruisez-moi de ce qui s'est passé entre ma sœur et son mari, jusqu'à son arrivée ici, et les motifs qui lui ont fait quitter Santo-Domingo.

— Vous connaissez, Excellence, M. le comte de Bejar y Sousa, mari de madame votre sœur et mon maître; c'est un gentilhomme peu causeur de sa nature, mais bon et sincèrement attaché à sa femme, dont il s'applique à faire toutes les volontés, la laissant entièrement libre de vivre à sa guise, sans jamais se permettre la moindre observation à ce sujet. A Santo-Domingo, madame la comtesse vivait dans la retraite la plus absolue, constamment retirée dans ses appartements intérieurs, où ne pénétraient que ses femmes, son confesseur et son médecin. M. le comte la venait visiter tous les matins et tous les soirs, demeurait environ un quart d'heure avec elle, causant de choses indifférentes, puis il se retirait.

— Hum! cette existence de ma chère sœur me semble assez monotone. Dura-t-elle longtemps?

— Pendant plusieurs mois, Excellence, et sans doute elle durerait encore sans un événement que nul, excepté moi, ne sait, et qui l'engagea à se rendre ici.

— Ah! ah! et quel est cet événement, s'il vous plaît?

— Le voici, Excellence : un jour un navire de notre nation arriva à Santo-Domingo; il avait, pendant son passage à travers les îles, été attaqué par les ladrones, auxquels il avait échappé par miracle, en s'emparant de plusieurs d'entre eux.

— Ah! je vous arrête ici, s'écria le comte en se redressant subitement; avant que d'aller plus loin, un mot à propos de ces *ladrones* dont on parle sans cesse et que personne ne connaît. Savez-vous qui ils sont, vous?

— Certes, je le sais, Excellence.

— Enfin, reprit le comte tout joyeux, j'ai donc rencontré ce que je voulais! Puisque vous le savez, vous allez me le dire, n'est-ce pas?

— Je ne demande pas mieux, Excellence.

— Allez, je vous écoute.

— Oh! ce ne sera pas long, Excellence.

— Tant pis.

— Mais je crois que cela sera intéressant.

— Tant mieux alors, dites vite.

— Ces ladrones sont des aventuriers français et anglais, dont le courage dépasse tout ce qu'on en saurait dire. Embusqués au milieu des rochers aux débouquements des îles, sur le passage de nos vaisseaux, car ils ont juré une guerre d'extermination à notre nation, ils s'élancent, montés sur de mauvaises pirogues à demi remplies d'eau, sautent à bord du navire qu'ils ont surpris, s'en emparent et l'emmènent avec eux. Les dégâts causés par ces ladrones à notre marine sont immenses; tout navire attaqué par eux, à de rares exceptions près, peut être considéré comme perdu.

— Diable! diable! ceci est fort sérieux. Et on n'a rien fait pour débarrasser les mers de ces effrontés pirates?

— Pardonnez-moi, Excellence, don Fernando de Tolède, amiral de la flotte, saccagea, sur l'ordre du roi, l'île Saint-Christophe, refuge des ladrones, enleva ceux qu'il put saisir et ne laissa pas pierre sur pierre de la colonie qu'ils avaient fondée.

— Ah ! ah ! fit le comte en se frottant les mains, ce fut bien fait, il me semble.

— Non, Excellence, et en voici la raison : chassés mais non anéantis, ces ladrones s'éparpillèrent sur les autres îles ; quelques-uns revinrent à Saint-Christophe, il est vrai, mais la plus grande partie d'entre eux eut l'audace d'aller chercher un refuge à Hispaniola même.

— Oui, mais on les en a chassés, j'espère.

— On a essayé, du moins, Excellence, mais sans y réussir ; depuis cette époque ils sont parvenus à se maintenir dans la partie de l'île qu'ils ont envahie, résistant à toutes les forces envoyées contre eux ; souvent, d'assiégés se faisant assiégeants, ils poussent des pointes jusque sur la frontière espagnole, brûlant, pillant et saccageant tout ce qu'ils rencontrent sur leur passage, d'autant plus facilement qu'ils inspirent une terreur extrême à nos soldats, lesquels, aussitôt qu'ils les voient ou seulement les entendent, prennent la fuite sans regarder derrière eux. Cela est arrivé à un tel point, Excellence, que le comte de Bejar, notre gouverneur, a été contraint d'enlever les fusils des détachements, nommés *cinquantaines*, chargés de protéger nos frontières, et de les armer de lances.

— Comment, leur enlever leurs fusils ! et pour quel motif, bon Dieu ? Ceci me semble par trop incroyable.

— C'est cependant bien facile à comprendre, Excellence ; les soldats ont une terreur si grande des ladrones, que lorsqu'ils se trouvaient dans les parages hantés par eux et que par conséquent ils craignaient de les rencontrer, ils déchargeaient exprès leurs fusils pour les avertir de leur présence et les inviter ainsi à s'éloigner, ce que les ladrones ne manquaient pas de faire, et, connaissant par ce moyen la position des soldats, ils allaient piller d'un autre côté, certains de n'être pas dérangés [1].

— Cela est réellement incroyable. Et vous craignez leur visite ici ?

— Ils ne sont pas encore venus de ce côté, cependant il est bon de se tenir sur ses gardes.

— Je le crois bien, ceci est excessivement prudent, je vous approuve ; mais revenons maintenant au récit que vous me faisiez lorsque je vous ai interrompu pour me donner ces précieux renseignements ; vous disiez donc qu'un bâtiment de guerre espagnol était arrivé à Santo-Domingo amenant à bord plusieurs ladrones prisonniers.

— Oui, Excellence ; or il est bon que vous sachiez que les ladrones, aussitôt pris, sont pendus.

— Cette mesure est fort sage.

— On avait réservé ceux-ci pour en faire un exemple dans l'île même et effrayer leurs complices ; ils furent donc débarqués et mis en capilla en attendant l'exécution. Ce fut frère Arsenio qu'on chargea de réconcilier, si faire se pouvait, ces misérables avec le Ciel.

— Rude tâche ! mais qu'est-ce que c'est que fray Arsenio ?

---

1. Tout ceci est rigoureusement historique.

— Fray Arsenio est le confesseur de Mme la comtesse.
— Ah! très bien, continuez.
— Figurez-vous, Excellence, que ces ladrones sont des hommes très pieux; ils n'attaquent jamais un navire sans adresser des prières au Ciel, et c'est en chantant le *Magnificat* et autres chants d'église qu'ils sautent à l'abordage; fray Arsenio n'eut donc aucune difficulté à leur faire accomplir leurs devoirs religieux. Le gouverneur avait décidé que, pour que l'exemple profitât aux autres, ces ladrones seraient pendus sur la frontière espagnole; on les sortit donc de prison, et bien garrottés, ils traversèrent la ville dans des charrettes, gardés par une nombreuse escorte, passant au milieu de la population qui les accablait de malédictions et de cris de colère et de menace. Mais les ladrones ne semblaient attacher aucune attention à cette manifestation de la haine publique. Ils étaient au nombre de cinq, jeunes et fort vigoureux en apparence; tout à coup, au moment où les charrettes qui, à cause de la foule, allaient fort lentement, se trouvaient devant le palais du gouverneur, les ladrones se levèrent tous à la fois, poussèrent un grand cri et, bondissant dans la rue, ils se réfugièrent dans le palais dont ils désarmèrent la garde, puis ils fermèrent la porte sur eux; ils étaient parvenus, sans qu'on sût comment, à rompre leurs liens. Il y eut d'abord un moment de stupeur profonde dans la foule, en voyant une action d'une audace si insensée. Mais bientôt les soldats reprirent courage et se dirigèrent résolument vers le palais; les ladrones les reçurent à coups de fusil. Le combat s'engagea alors bravement de part et d'autre, seulement tout le désavantage était pour les nôtres, exposés à découvert aux coups d'ennemis invisibles et d'une adresse renommée, dont tous les coups portaient et faisaient plusieurs victimes chaque fois. Déjà une vingtaine de morts et autant de blessés gisaient sur la place, les soldats hésitaient à continuer ce combat meurtrier, lorsque le gouverneur, averti de ce qui se passait, accourut en toute hâte, suivi de ses officiers; heureusement pour lui le comte ne se trouvait pas chez lui lorsque les ladrones s'étaient emparés de son palais, mais Mme la comtesse y était, elle; et le comte tremblait qu'elle ne tombât aux mains de ces misérables. Il les fit sommer de se rendre; ils ne répondirent que par une décharge qui tua plusieurs personnes autour du gouverneur et le blessa lui-même légèrement.
— Les hardis coquins! murmura le comte, j'espère bien qu'ils ont été pendus.
— Non, Excellence; après avoir pendant deux heures tenu en échec toutes les forces de la ville, ils ont offert une capitulation qui a été acceptée.
— Comment! s'écria le comte, acceptée! oh! ceci est trop fort!
— C'est l'exacte vérité, cependant, Excellence; ils menaçaient, si l'on ne les laissait pas libres de se retirer paisiblement, de se faire sauter avec le palais, ce qui aurait entraîné la ruine générale de la ville, d'égorger les prisonniers qui se trouvaient en leur pouvoir et Mme la comtesse la première. Le gouverneur s'arrachait les cheveux de rage, eux ne faisaient que rire.
— Mais ce ne sont pas des hommes! s'écria le comte en frappant du pied avec colère.
— Non, Excellence, je vous l'ai dit, ce sont des démons. Les officiers du

comte lui persuadèrent d'accepter la capitulation; les bandits exigèrent que les rues sur leur passage fussent désertes, ils se firent amener des chevaux pour eux et deux pour Mme la comtesse et une de ses servantes qu'ils gardaient en otage jusqu'à ce qu'ils fussent en sûreté, et ils sortirent bien armés, conduisant au milieu d'eux ma pauvre maîtresse, tremblante de terreur et plus morte que vive. Les ladrones ne se pressaient pas, ils allaient au pas, riant et causant entre eux, se retournant, s'arrêtant même parfois pour jeter en arrière un regard sur la foule qui les suivait à distance respectueuse. Ils quittèrent ainsi la ville, mais ils tinrent religieusement leur promesse : deux heures plus tard Mme la comtesse, envers laquelle ils avaient été extrêmement courtois, était de retour à Santo-Domingo, conduite jusqu'à son palais par les acclamations et les cris de joie de la population qui l'avait crue perdue. Le surlendemain, M. le comte me donna l'ordre d'accompagner ma maîtresse ici, où les médecins lui recommandaient de venir pendant quelque temps se reposer des émotions terribles que sans doute elle avait éprouvées pendant qu'elle était au pouvoir des bandits.

— Et depuis votre installation au hatto, il ne s'est rien passé d'extraordinaire, je suppose ?

— Si, Excellence, et voilà pourquoi je vous disais, en commençant, que seul je connaissais l'événement qui avait modifié la manière de vivre de ma maîtresse. Un des ladrones avait eu avec elle un entretien fort long avant de la quitter, entretien auquel j'assistai de trop loin pour entendre ce qu'il lui dit, il est vrai, mais d'assez près pour juger de l'intérêt qu'il avait pour elle et de l'impression qu'il lui fit; j'avais suivi ma maîtresse, résolu à ne pas l'abandonner et à la secourir si besoin était, au péril de ma vie.

— Ceci est d'un bon serviteur, Birbomono, je vous en remercie.

— Je n'ai fait que mon devoir, Excellence; dès que les ladrones l'avaient laissée seule, je m'étais approché de ma maîtresse et je l'avais escortée à son retour à la ville. Quelques jours après notre arrivée ici, ma maîtresse s'habilla en homme, sortit à l'insu de tout le monde du hatto et, suivie seulement de moi et de fray Arsenio, qui n'avait pas voulu la quitter, elle nous conduisit dans une baie perdue de la côte où un des ladrones nous attendait. Cet homme eut encore une longue conversation avec ma maîtresse, puis, nous faisant entrer dans une pirogue, il nous conduisit à bord d'un brigantin espagnol qui louvoyait en vue de la côte; j'appris plus tard que ce brigantin avait été frété par fray Arsenio, sur l'ordre de ma maîtresse. Dès que nous fûmes à bord de ce navire, il mit le cap au large et partit avec nous; le ladron était retourné à terre dans sa pirogue.

— Ah çà ! interrompit violemment le jeune homme, quels contes bleus me faites-vous là, Birbomono?

— Monseigneur, je vous dis la vérité telle que vous me l'avez demandée, sans ajouter ni retrancher rien.

— Soit, je veux bien le croire, mais tout cela est d'un fantastique que je ne saurais admettre.

— Dois-je terminer là, Excellence, ou continuer mon récit?

Elle nous conduisit dans une baie perdue de la côte où un des ladrones nous attendait.

— Continuez, au nom du diable! peut-être, de tout ce chaos, finira-t-il par sortir quelque lumière.
— Notre brigantin commença à louvoyer à travers les îles, au grand risque d'être happé au passage par les ladrones; mais, par un miracle incompréhensible, il parvint à filer inaperçu, si bien qu'en huit jours il atteignit une île en forme de montagne, nommée l'île Nièves, je crois, et séparée seulement par un étroit canal de Saint-Christophe.

— Mais, d'après ce que vous m'avez dit vous-même, Saint-Christophe est le repaire des ladrones.

— Oui, monsieur le comte, c'est cela même ; le brigantin ne mouilla pas, il vint simplement sur le mât, et amena une embarcation. Ma maîtresse, le moine et moi, on nous descendit dedans et on nous débarqua sur l'île ; seulement, en posant son pied mignon sur le rivage, la comtesse se tourna vers moi et me clouant d'un regard dans la pirogue que je me préparais à quitter : « Voici une lettre, me dit-elle en me remettant un papier ; cette lettre, tu vas la porter à Saint-Christophe ; là tu t'informeras d'un chef célèbre des ladrones, dont le nom est Montbars ; tu te le feras indiquer, tu le suivras et tu lui remettras ce billet en mains propres ; va, je compte sur ta fidélité. » Que pouvais-je faire ? obéir, n'est-ce pas, Excellence ? Les matelots de la pirogue, comme s'ils eussent eu le mot, me conduisirent à Saint-Christophe, où je débarquai sans être vu ; je fus assez heureux pour rencontrer ce Montbars et lui remettre la lettre, puis je m'esquivai ; la pirogue qui m'avait attendu me reconduisit à Nièves ; la señora me remercia. Au soleil couchant, Montbars arriva à Nièves, il causa pendant près d'une heure avec le moine pendant que doña Clara se tenait cachée sous une tente, puis il s'éloigna ; quelques instants plus tard la comtesse et fray Arsenio retournèrent à bord du brigantin qui, avec le même bonheur, nous reconduisit à Hispaniola. Le moine resta dans la partie française de l'île : pour quelle raison, je l'ignore ; ma maîtresse et moi, aussitôt débarqués, nous retournâmes au hatto où nous ne sommes arrivés que depuis dix jours.

— Et ensuite ? dit le comte en voyant que le mayordomo se taisait.

— Voilà tout, Excellence, répondit-il ; depuis lors doña Clara est demeurée enfermée dans ses appartements et rien n'est venu troubler la monotonie de notre existence.

Le comte se leva sans répondre, fit deux ou trois tours dans l'appartement en marchant avec agitation, puis se tournant vers Birbomono :

— C'est bien, mayordomo, lui dit-il, je vous remercie ; bouche close sur tout cela. Retirez-vous maintenant et souvenez-vous que nul dans l'habitation ne doit soupçonner l'importance de la conversation que nous avons eue ensemble.

— Je serai muet, Excellence, répondit le mayordomo, et, après un salut respectueux, il se retira.

— Il est évident, murmura le jeune homme, dès qu'il fut seul, qu'il y a au fond de cette histoire un affreux secret dont ma sœur, selon toute probabilité, me condamne à prendre pour moi la moitié ! Je suis, je le crains, tombé dans un guet-apens. Au diable ! Clara ne pouvait-elle donc pas me laisser tranquillement vivre à Santo-Domingo !

XXII

A TRAVERS CHEMINS

Le lendemain, doña Clara paraissait, sinon complètement remise de l'émotion que la veille elle avait éprouvée, du moins dans un état de santé beaucoup plus satisfaisant que son frère n'aurait osé l'espérer après l'évanouissement dont il avait été le témoin.

Cependant nulle allusion ne fut faite, ni par l'un ni par l'autre, à la conversation du soir précédent. Doña Clara, bien que fort pâle et surtout très faible, affectait de la gaieté et même de l'enjouement ; elle poussa même les choses jusqu'à faire, appuyée sur le bras de son frère, une courte promenade dans le jardin.

Mais celui-ci ne fut pas dupe de ce manège ; il comprit que sa sœur, fâchée de s'être laissée aller à lui parler trop franchement, essayait de lui donner le change sur son état, en affectant une gaieté loin de son cœur ; cependant il ne fit rien paraître, et lorsque la plus grande chaleur du jour fut tombée, il prétexta le désir de visiter la campagne environnante, afin de donner à sa sœur un peu de liberté ; prenant son fusil, il monta à cheval et sortit accompagné du mayordomo, qui lui avait proposé de lui servir de guide pendant son excursion.

Doña Clara ne fit que peu d'efforts pour le retenir ; au fond, elle était charmée de demeurer seule quelques heures.

Le jeune homme s'éloigna rapidement, galopant à travers terre avec une impatience fébrile. Il était dans un état de surexcitation dont il ne se rendait pas compte lui-même ; malgré son égoïsme, il se sentait intéressé au malheur de sa sœur ; tant de douce résignation l'attendrissait malgré lui, il aurait été heureux de jeter un peu de joie dans ce cœur brisé par la douleur. D'un autre côté, le singulier récit du mayordomo lui revenait sans cesse à la pensée et éveillait au plus haut point sa curiosité. Cependant, pour rien au monde il n'eût voulu interroger sa sœur sur les parties obscures de ce récit ou seulement lui laisser deviner qu'il connût ses rapports avec les flibustiers de Saint-Christophe.

Les deux hommes s'étaient lancés dans la savane, chassant et causant de choses indifférentes ; seulement, comme malgré lui le comte ne parvenait pas à éloigner de son esprit le souvenir de ce que lui avait raconté le mayordomo, à un certain moment il se tourna vivement vers lui.

— A propos, lui demanda-t-il brusquement, je n'ai pas encore entrevu le confesseur de ma sœur ; comment le nommez-vous déjà ?

— Fray Arsenio, Excellence, c'est un moine franciscain.

— C'est cela, fray Arsenio ; ah çà ! pourquoi donc s'obstine-t-il à demeurer ainsi invisible ?

— Pour une excellente raison, Excellence, raison que j'ai eu déjà l'honneur de vous expliquer hier au soir.

— C'est possible, je ne dis pas non, mais tout cela est déjà si confus dans mon esprit, fit-il avec une feinte indifférence, que je ne me rappelle plus ce que vous m'avez dit à ce sujet; vous m'obligerez en le répétant.

— C'est facile, Excellence; fray Arsenio nous a quittés au moment où nous sommes débarqués et depuis lors il n'a pas reparu au hatto.

— C'est singulier, et doña Clara ne semble pas inquiète ou contrariée d'une absence aussi longue?

— Nullement, Excellence, la señora ne parle jamais de fray Arsenio, et ne s'informe pas davantage s'il est ou non de retour.

— C'est étrange, murmura à part lui le jeune homme, que signifie cette mystérieuse absence?

Après cet aparté, le comte rompit brusquement l'entretien et reprit la chasse. Depuis plusieurs heures déjà ils étaient sortis du hatto et insensiblement s'étaient éloignés à une assez grande distance, le soleil baissait à l'horizon, le comte se préparait à tourner bride lorsque tout à coup il se fit un grand bruit de branches cassées sur la lisière de la forêt dont ils n'étaient séparés que par quelques buissons et un abatis d'arbres assez considérable, et plusieurs taureaux se précipitèrent en courant dans la savane, poursuivis ou pour mieux dire chassés par une douzaine de braques qui hurlaient à qui mieux mieux en les mordant avec fureur.

Les taureaux, au nombre de sept ou huit, passèrent comme un ouragan à deux longueurs de cheval du comte, auquel cette apparition imprévue causa une si grande surprise qu'il demeura un instant immobile, ne sachant ce qu'il devait faire.

Les animaux sauvages, toujours harcelés par les braques qui ne les quittaient pas, firent un crochet subit et, revenant tout à coup sur leurs pas, ils semblèrent vouloir rentrer dans la forêt par l'endroit même d'où ils s'étaient élancés; mais à peine avaient-ils repris cette direction qu'un coup de feu retentit et un taureau frappé à la tête roula foudroyé sur le sol.

Au même instant un homme émergea à son tour de la forêt et se dirigea vers l'animal qui gisait immobile, à demi-caché par les hautes herbes, sans paraître apercevoir les deux Espagnols, marchant à grands pas, tout en rechargeant le long fusil dont, selon toutes probabilités, il venait de se servir si adroitement.

Cet épisode de chasse s'était accompli plus rapidement qu'il ne nous en a fallu pour l'écrire, si bien que don Sancho n'était pas encore remis de sa surprise lorsque le mayordomo se pencha à son oreille, et d'une voix basse et entrecoupée par la terreur :

— Excellence, murmura-t-il, vous vouliez voir un ladron, eh bien ! regardez bien cet homme, car c'en est un.

Don Sancho était doué d'une bravoure à toute épreuve; sa première surprise passée, il redevint complètement maître de lui-même et reprit tout son sang-froid.

Après s'être raffermi sur sa selle, il s'avança à petits pas vers l'inconnu en l'examinant curieusement.

C'était un homme jeune encore, d'une taille moyenne mais bien prise et vigoureusement charpentée; ses traits réguliers, énergiques et assez beaux, respiraient l'audace et l'intelligence; le froid, le chaud, la pluie et le soleil, auxquels il avait depuis longtemps sans doute été exposé, avaient donné à son visage une couleur de bistre fort prononcée; bien qu'il portât toute sa barbe, elle était cependant taillée assez courte.

Son costume, d'une simplicité pour ainsi dire primitive, se composait de deux chemises, d'un haut-de-chausse et d'une casaque, le tout de grosse toile, mais tellement couvert de taches de sang et de graisse qu'il était impossible d'en reconnaître la couleur primitive. Il portait une ceinture en cuir à laquelle pendaient d'un côté un étui en peau de crocodile dans lequel étaient quatre couteaux et une baïonnette, de l'autre une grande calebasse bouchée avec de la cire et remplie de poudre et un sac en peau contenant des balles; il portait en bandoulière une petite tente en toile fine tordue et réduite au plus mince volume, et en guise de chaussure deux espèces de bottes faites de cuir de taureau non tanné; ses cheveux assez longs, attachés avec une peau de vivora, s'échappaient d'un bonnet de fourrure qui recouvrait sa tête et était par devant garni d'une visière.

Son fusil, dont le canon avait quatre pieds et demi, était facile à reconnaître à la forme étrange de sa monture pour avoir été fabriqué par Brachie, de Dieppe, qui, avec Gélin, de Nantes, avait seul le monopole de la fabrication des armes des aventuriers; ce fusil était d'un calibre de seize à la livre.

L'aspect de cet homme ainsi armé et accoutré avait réellement quelque chose d'imposant et de redoutable.

On se sentait instinctivement en face d'une nature puissante, d'une organisation d'élite, habituée à ne compter que sur elle-même et qu'un danger, si grand qu'il fût, ne devait ni étonner ni même émouvoir.

Tout en continuant à s'avancer vers le taureau, il avait jeté un regard de côté aux deux chasseurs, puis, sans autrement s'occuper d'eux, il avait sifflé ses braques et ses venteurs, qui avaient aussitôt abandonné la poursuite du troupeau et étaient docilement venus se ranger autour de lui, et, sortant un couteau de son étui, il s'était mis en devoir d'écorcher l'animal gisant à ses pieds.

En ce moment le comte arriva auprès de lui.

— Eh! lui dit-il d'une voix brève, qui êtes-vous et que faites-vous dans ce canton?

Le boucanier, car c'en était un, releva la tête, regarda d'un air narquois l'homme qui lui adressait la parole sur un ton si péremptoire, et, haussant les épaules avec dédain :

— Qui je suis? répondit-il en raillant, vous le voyez, je suis un boucanier; ce que je fais, j'écorche un taureau que j'ai tué. Après?

— Mais, de quel droit vous permettez-vous de chasser sur mes terres?

— Ah! ces terres sont à vous? j'en suis bien aise.

« Eh bien! je chasse ici parce que cela me plaît; si cela ne vous convient pas, j'en suis fâché, mon beau seigneur.

— Qu'est-ce à dire? reprit le comte avec hauteur, quel ton osez-vous prendre avec moi?

— Celui qui me convient, probablement, répondit le boucanier en se redressant vivement, passez votre chemin, beau sire, et croyez un bon conseil : si vous voulez que d'ici cinq minutes votre riche pourpoint ne soit pas rempli d'os malades, ne vous occupez pas plus de moi que je ne m'occupe de vous et laissez-moi vaquer à mes occupations.

— Il n'en sera pas ainsi, répondit le jeune homme avec violence; la terre que vous foulez si impertinemment appartient à ma sœur, doña Clara de Bejar; je ne souffrirai pas qu'elle soit impudemment envahie par des vauriens de votre espèce. *Vive Dios!* vous déguerpirez, et cela tout de suite, mon maître, ou sinon...

— Sinon? dit le boucanier dont l'œil lança un éclair, tandis que le mayordomo, pressentant une catastrophe, se glissait prudemment derrière son maître.

Quant à celui-ci, il était demeuré froid et impassible devant le boucanier, résolu à prendre vigoureusement l'offensive s'il lui voyait faire le moindre geste suspect. Mais, contre toute prévision, le regard menaçant de l'aventurier redevint presque subitement calme, ses traits reprirent leur expression habituelle d'insouciance et ce fut d'un ton presque amical malgré sa rudesse qu'il reprit :

— Eh! eh! quel nom avez-vous donc prononcé, s'il vous plaît?

— Celui de la propriétaire de cette savane.

— Apparemment, dit en riant l'aventurier; mais quel est-il, ce nom? répétez-le, je vous prie.

— Qu'à cela ne tienne, mon maître, dit le jeune homme avec dédain, car il lui sembla comprendre que son adversaire reculait devant la querelle soulevée entre eux : le nom que j'ai prononcé est celui de doña Clara de Bejar y Sousa...

— *Et cœtera*, fit en riant le boucanier, ces diables de Gavachos ont des noms pour chaque jour de l'année! Allons, ne nous fâchons pas, mon jeune coq, ajouta-t-il en remarquant la rougeur que l'expression dont il s'était servi avait étendue sur le visage du comte; nous sommes peut-être plus près de nous entendre que vous ne le supposez. Que gagneriez-vous dans un combat contre moi? Rien, et vous pourriez, au contraire, beaucoup y perdre.

— Je ne comprends pas vos paroles, répondit sèchement le jeune homme, mais j'espère que vous me les allez expliquer.

— Ce ne sera pas long, vous allez voir, fit l'autre toujours goguenard, et, se tournant vers la forêt en portant ses mains à sa bouche en forme de porte-voix :

« Hé! l'Olonnais! cria-t-il.

— Holà! répondit aussitôt un homme que l'épaisseur de la forêt dans laquelle il se tenait caché rendait invisible.

— Viens ici, mon fils, reprit le boucanier, je crois que nous avons trouvé ton affaire.

— Ah! ah! répondit l'Olonnais toujours invisible, voyons donc cela un peu.

Le jeune comte ne savait que penser de cet incident nouveau qui paraissait devoir changer la face des choses; il redoutait une grossière plaisanterie de la part de ces hommes à demi sauvages, il hésitait entre se laisser aller à la colère qui bouillonnait au dedans de lui, ou attendre patiemment les suites de cet appel fait par le boucanier; mais un pressentiment secret le poussait à se contenir et à agir avec prudence, avec ces hommes qui ne semblaient animés d'aucun mauvais dessein contre lui et dont les manières, bien que brusques et rudes, étaient cependant amicales.

En ce moment l'Olonnais parut. Il avait le même costume que le boucanier; il s'avança rapidement vers celui-ci et, sans s'occuper des deux Espagnols, il lui demanda ce qu'il lui voulait, tout en jetant sur l'herbe une peau de taureau sauvage qu'il portait sur les épaules.

— Ne m'as-tu pas parlé d'un billet que Vent-en-Panne t'a fait passer ce matin, répondit le boucanier, par l'entremise d'O-mo-poua?

— C'est vrai, le Poletais, je t'en ai parlé, dit-il, d'autant plus qu'il a même été convenu entre nous que toi qui connais le pays, tu me conduirais à la personne à laquelle je dois remettre ce satané chiffon de papier.

— Eh bien! mon fils, si tu veux, ta commission est faite, reprit le Poletais, en désignant don Sancho du doigt, voici, à ce qu'il dit du moins, le propre frère de la personne en question.

— Bah! fit l'Olonnais en fixant un regard clair sur le jeune homme, ce beau mignon?

— Oui, à ce qu'il dit du moins, car tu le sais, les Espagnols sont tellement menteurs, qu'on ne peut jamais se fier à leur parole.

Don Sancho rougit d'indignation.

— Qui vous a donné le droit de douter de la mienne? s'écria-t-il.

— Rien jusqu'à présent, aussi n'est-ce pas à vous que je m'adresse, je parle en général.

— Ainsi, lui demanda l'Olonnais, vous êtes le frère de doña Clara de Béjar, la maîtresse du hatto del Rincon?

— Encore une fois, oui, je suis son frère.

— Bon, et comment me le prouverez-vous?

Le jeune homme haussa les épaules.

— Que m'importe que vous me croyiez ou non! dit-il.

— C'est possible, mais à moi, il m'importe beaucoup d'en avoir la certitude; je suis chargé d'un billet pour cette dame et je tiens à m'acquitter convenablement de ma commission.

— Alors remettez-moi ce billet et finissons-en, je le lui porterai moi-même.

— Vous avez trouvé cela tout seul! fit l'engagé en goguenardant, que je vous donnerai ainsi cette lettre de but en blanc.

Et il éclata d'un gros rire que le Poletais partagea aussitôt.

— Ces Espagnols ne doutent de rien, dit le boucanier.

— Alors, allez au diable, vous et votre billet, s'écria le jeune homme avec colère, qu'est-ce que cela me fait à moi que vous le gardiez !

— Allons, allons, ne nous fâchons pas, que diable ! reprit l'Olonnais d'un ton conciliateur, il y a peut-être un moyen d'arranger les choses à la satisfaction générale ; je ne suis pas aussi noir que j'en ai l'air, et j'ai de bonnes intentions, seulement je ne veux pas être pris pour dupe, voilà tout.

Le jeune homme, malgré la répugnance visible que lui inspiraient les aventuriers, n'osait cependant rompre brusquement avec eux ; cette lettre pouvait être fort importante, sa sœur ne lui pardonnerait pas, sans doute, d'avoir, en cette circonstance, agi avec étourderie.

— Voyons, dit-il, parlez, mais faites vite : il est tard, je suis loin du hatto où je veux être de retour avant le coucher du soleil afin de ne pas inquiéter inutilement ma sœur.

— C'est d'un bon frère, répondit l'engagé avec un sourire ironique ; voici ce que je vous propose : dites à la petite dame en question que l'engagé de Montbars est chargé de lui remettre une lettre, et que si elle désire l'avoir, elle n'a qu'à la venir chercher.

— Comment la venir chercher, où cela ?

— Ici, pardieu ! le Poletais et moi nous allons établir un boucan à la place où nous sommes ; nous attendrons cette dame pendant toute la journée de demain, voilà ; il me semble que c'est simple et facile, ce que je vous propose-là.

— Et vous croyez, répondit-il avec ironie, que ma sœur consentira à accepter un tel rendez-vous, donné par un misérable aventurier ? Allons, vous êtes fou !

— Je ne crois rien, je vous fais une proposition que vous êtes libre de refuser ou d'accepter, voilà tout ; quant à la lettre, elle ne l'aura qu'en venant la chercher elle-même.

— Pourquoi ne m'accompagnez-vous pas au hatto ? cela serait encore plus simple, il me semble.

— C'est possible, et c'était d'abord mon intention, mais j'ai changé d'avis ; ainsi, voyez ce que vous voulez faire.

— Ma sœur se respecte trop pour tenter une pareille démarche, je suis certain d'avance qu'elle refusera avec indignation.

— Voire, vous pourriez vous tromper, mon beau galant, fit l'engagé avec un fin sourire, qui sait jamais ce que pensent les femmes !

— Enfin, pour couper court à un entretien qui n'a que trop duré déjà, je lui ferai part de ce que vous m'avez dit ; seulement je ne vous dissimule pas que je la dissuaderai par tous les moyens de venir.

— Vous ferez ce que vous voudrez, cela ne me regarde pas ; mais sachez bien que si sa volonté est de venir, et je le crois, vos raisonnements n'y feront rien.

— Nous verrons.

— Surtout n'oubliez pas de lui dire que cette lettre est de Montbars.

Pendant cet entretien, qui n'avait aucun intérêt pour lui, le Poletais, avec ce flegme et cette insouciance caractéristique des boucaniers, s'occupait à

— Oh ! l'Olonnais, cria-t-il ; viens ici, je crois que nous avons trouvé ton affaire.

couper des queues de palmistes nommées *taches* et à planter des pieux pour faire l'*ajoupa* sous lequel serait tendue la tente de campement pour la nuit.

— Vous voyez, continua l'engagé, que mon compagnon s'est déjà mis à la besogne ; ainsi adieu, à demain, je n'ai pas le temps de causer davantage, il me faut l'aider à établir le boucan.

— Faites à votre guise, mais je suis persuadé que vous avez tort de compter sur le succès de la commission dont je veux bien me charger.

— Bah! vous verrez, parlez-en toujours à la señora. Ah! un mot encore, pas de trahison surtout.

Le jeune homme ne daigna pas répondre; il haussa les épaules avec dédain, fit volter son cheval et, suivi pas à pas par le mayordomo, il reprit au galop le chemin du hatto.

Arrivé à une certaine distance, il jeta un regard en arrière; l'ajoupa était déjà terminé et, ainsi que l'avait dit l'Olonnais, les deux boucaniers s'occupaient activement à établir leur boucan, sans plus s'occuper des Espagnols qui sans doute rôdaient aux environs, que s'ils eussent été à cinq cents lieues de toute habitation.

Puis il continua à s'avancer tout pensif dans la direction du hatto.

— Eh bien! Excellence, lui dit au bout d'un instant le mayordomo, vous avez vu les ladrones, qu'en pensez-vous maintenant?

— Ce sont de rudes hommes, répondit-il en hochant tristement la tête, natures brutales et indomptables, mais franches et relativement honnêtes, du moins à leur point de vue.

— Oui, oui, vous avez raison, Excellence; aussi gagnent-ils tous les jours davantage de terrain et si on les laisse faire, bientôt toute l'île leur appartiendra, j'en ai peur.

— Oh! nous n'en sommes pas encore là, dit-il avec un sourire.

— Pardonnez-moi, Excellence, de vous adresser cette question, comptez-vous parler à la señora de cette rencontre?

— J'aurais voulu m'en dispenser; malheureusement, après ce que vous m'avez rapporté de ce qui s'est passé entre ma sœur et ces hommes, peut-être mon silence aurait-il des conséquences fort graves pour elle : mieux vaut, je crois, lui dire franchement ce qui en est; plus que moi elle saura la conduite qu'elle doit tenir.

— Je crois que vous avez raison, Excellence, la señora a peut-être un grand intérêt à connaître le contenu de cette lettre.

— Enfin, à la grâce de Dieu!

Il était nuit déjà depuis une heure, lorsqu'ils atteignirent le hatto.

Il remarquèrent avec surprise un mouvement insolite autour de la maison, plusieurs feux allumés dans la plaine jetaient de grandes lueurs dans les ténèbres; en approchant, le comte reconnut que ces feux avaient été allumés par des soldats qui avaient établi là leur bivac.

Un serviteur de confiance guettait l'arrivée du comte; aussitôt qu'il l'aperçut, il lui remit plusieurs lettres apportées pour lui, et le pria de se rendre aussitôt auprès de la señora qui l'attendait avec impatience.

— Que se passe-t-il donc de nouveau ici? demanda-t-il.

— Deux cinquantaines sont arrivées au coucher du soleil, Excellence, répondit le serviteur.

— Ah! fit-il avec un léger froncement de sourcil; c'est bien, prévenez ma sœur que dans un instant je me présenterai chez elle.

Le domestique s'inclina et s'éloigna, le jeune homme mit pied à terre et se rendit à l'appartement de doña Clara, assez intrigué de l'arrivée imprévue de ces troupes dans un endroit qui jouissait en apparence d'une grande tranquillité et où leur présence était inutile.

XXIII

COMPLICATIONS

Il nous faut maintenant revenir à un de nos personnages, qui n'a jusqu'à présent joué qu'un rôle fort secondaire dans cette histoire, mais qui, ainsi que cela arrive souvent, se trouve appelé, par les exigences de notre récit, à prendre pour quelques instants place au premier rang.

Nous voulons parler du comte don Stenio de Bejar y Sousa, grand d'Espagne de première classe, *caballero cubierto,* gouverneur pour Sa Majesté Philippe IV, roi d'Espagne et des Indes, de l'île Hispaniola, et mari de doña Clara de Peñaflor.

Le comte don Stenio de Bejar était un véritable Espagnol du temps de Charles-Quint, sec, guindé, rempli de morgue et de suffisance, toujours le poing sur la hanche et le haut du corps rejeté en arrière en parlant, lorsqu'il daignait parler, ce qui lui arrivait le moins souvent possible, non par manque d'esprit, car il était loin d'être sot, mais par paresse et mépris des autres hommes, qu'il ne regardait jamais sans cligner les yeux en relevant avec dédain le coin de ses lèvres.

Grand, bien fait, ayant des manières nobles et des traits fort distingués, le comte, à part son mutisme de parti pris, était un des cavaliers les plus accomplis de la cour d'Espagne, qui cependant, à cette époque, en possédait un grand nombre.

Son mariage avec doña Clara avait, dans le principe, été pour lui une affaire de convenance et d'ambition, mais peu à peu, à force d'admirer le charmant visage de celle qu'il avait épousée, de voir son doux regard se fixer sur lui, d'entendre le timbre mélodieux de sa voix résonner à son oreille, il en était tout doucement devenu amoureux, mais amoureux à la fureur. Comme chez tous les hommes habitués à renfermer et à concentrer intérieurement leurs sentiments, la passion qu'il éprouvait pour doña Clara avait acquis des proportions d'autant plus formidables qu'elle était sans issue et demeurait renfermée dans le cœur du malheureux gentilhomme qui avait la désespérante conviction que jamais elle ne serait partagée par celle qui en était l'objet. Toutes les avances de don Stenio avaient été si péremptoirement repoussées par sa femme, qu'il avait fini par prendre le bon parti de s'abstenir.

Mais, de même que tous les amants éconduits, celui-ci, qui de plus était mari, circonstance fort aggravante dans l'espèce, trop infatué naturellement de son mérite pour attribuer à lui-même sa déconvenue, avait cherché autour de lui quel pouvait être l'heureux rival qui lui enlevait le cœur de sa femme.

Naturellement le comte n'avait pas réussi à trouver ce fantastique rival qui n'existait réellement que dans son imagination; ce qui avait donné naissance à une jalousie d'autant plus féroce que, ne sachant à quoi s'en prendre, elle s'attaquait à tout.

Donc le comte était jaloux, non-pas comme un Espagnol, car en général les Espagnols, quoi qu'on en dise, ne sont pas atteints de cette stupide maladie, mais comme un Italien, et cette jalousie le faisait d'autant plus souffrir que, de même que son amour, il ne pouvait la laisser voir ; de peur du ridicule, il était forcé de la renfermer soigneusement dans son cœur.

Lorsque, grâce à sa protection, ainsi que cela avait été convenu lors de son mariage avec doña Clara, dont il ignorait la précédente union avec le comte de Barmont, son beau-père, le duc de Peñaflor, fut nommé vice-roi de la Nouvelle-Espagne, et que lui obtint le gouvernement de l'île Hispaniola, le comte éprouva un sentiment de joie indicible, un bien-être immense inonda son âme ; il était persuadé qu'en Amérique, sa femme, séparée de ses amis et de ses parents, contrainte de vivre seule et par conséquent de subir son influence, en arriverait, par ennui ou par désœuvrement aux pis-aller, à partager son amour, ou du moins à l'accepter ; et puis, aux îles, pas de rivalités à craindre au milieu d'une population à demi sauvage et entièrement absorbée par une passion bien autrement puissante que l'amour, la passion de l'or.

Hélas ! cette fois encore il se trompait ; doña Clara ne lui donna pas plus qu'en Espagne, il est vrai, de prétextes de jalousie, mais il ne réussit pas davantage à s'imposer à elle ; dès le premier jour de son arrivée à Santo-Domingo, elle manifesta le désir de vivre seule et retirée, livrée à des pratiques religieuses, et bon gré mal gré, le comte fut contraint, en enrageant, de se courber devant une résolution qu'il reconnut irrévocable.

Il se résigna ; cependant sa jalousie n'était pas éteinte, si l'on peut employer cette expression, elle couvait sous la cendre, une étincelle aurait suffi pour la faire renaître plus vive et plus terrible.

Cependant, à part ce léger désagrément, la vie que le comte menait à Santo-Domingo était des plus agréables. D'abord il trônait, en sa qualité de gouverneur, voyait tout le monde se courber devant sa volonté, toujours sauf sa femme, la seule peut-être qu'il eût désiré réduire. Il avait des flatteurs et tranchait du maître et seigneur suzerain avec tous ceux qui l'entouraient ; de plus, ce qui n'était nullement à dédaigner, sa position de gouverneur lui valait la perception de certains droits qui arrondissaient rapidement sa fortune à laquelle certaines folies faites pendant la première partie de sa jeunesse avaient occasionné d'assez sérieuses brèches, qu'il s'occupait, faute de mieux, à réparer le plus vite possible, de façon non seulement à les faire complètement disparaître, mais encore à ne pas laisser supposer qu'elles aient pu exister.

Cependant, peu à peu le comte avait fini, non pas par dompter, mais par endormir son amour ; il s'était servi d'une passion pour en déraciner une autre ; le soin d'augmenter sa fortune lui avait fait prendre en patience l'indifférence calculée de la comtesse ; il en était presque arrivé à croire de bonne foi qu'il n'éprouvait plus pour elle qu'une franche et sincère amitié ; d'autant plus que, de son côté, doña Clara, pour tout ce qui ne touchait pas à la passion de son mari pour elle, était charmante ; elle s'intéressait, ou du moins feignait de s'intéresser, aux spéculations commerciales que, sous des noms supposés, à l'exemple de ses prédécesseurs, le comte ne craignait pas de faire, et parfois même, avec cette netteté de jugement que possèdent si bien les femmes dont le cœur est libre, elle lui donnait, sur des affaires fort épineuses, d'excellents avis dont le comte profitait et avait naturellement toute la gloire.

Les choses étaient en cet état lorsque arriva l'épisode des flibustiers raconté par le mayordomo à don Sancho de Peñaflor.

Cette lutte insensée de cinq hommes contre toute une ville, lutte de laquelle ils étaient sortis vainqueurs, avait causé au comte une rage d'autant plus grande que les flibustiers avaient, en quittant la ville, emmené la comtesse avec eux pour s'en faire un otage. Il avait alors compris combien il s'était abusé en supposant que son amour et sa jalousie étaient éteints. Pendant les deux heures que la comtesse demeura absente, le comte souffrit une torture d'autant plus horrible que la rage qu'il éprouvait était impuissante et la vengeance impossible, du moins dans le présent.

Aussi, dès ce moment, le comte voua aux aventuriers une haine implacable et jura de leur faire une guerre sans merci.

Le retour de la comtesse saine et sauve, et traitée avec le plus grand respect par les aventuriers pendant qu'elle était demeurée en leur pouvoir, calma le courroux du comte au point de vue marital, mais l'insulte qu'il avait reçue en qualité de gouverneur était trop grave pour qu'il renonçât à la venger.

Dès ce moment les ordres les plus formels furent expédiés à tous les chefs de corps pour redoubler de surveillance et donner la chasse aux aventuriers partout où on les rencontrerait; de nouvelles cinquantaines formées d'hommes résolus furent organisées, les quelques aventuriers qu'on réussit à surprendre, impitoyablement pendus. La tranquillité se rétablit, le calme et la confiance des colons, un instant ébranlés, reparurent et tout en apparence reprit l'ordre accoutumé.

La comtesse avait manifesté le désir d'aller rétablir sa santé par un séjour de quelques semaines au hatto del Rincon, et le comte, auquel son médecin avait communiqué ce désir, n'y avait rien trouvé que de fort naturel; il avait vu assez tranquillement s'éloigner sa femme, convaincu que dans l'endroit où elle se rendait elle n'aurait aucun danger à redouter et persuadé intérieurement que cette condescendance de sa part serait appréciée par la comtesse et qu'elle lui en saurait gré.

Elle était donc partie, accompagnée seulement de quelques domestiques et esclaves de confiance, heureuse d'échapper pour quelque temps à la contrainte qu'elle était forcée de s'imposer à Santo-Domingo et nourrissant l'audacieux projet que nous lui avons vu si heureusement exécuter.

C'était une heure environ après le départ de don Sancho de Peñaflor pour aller rejoindre sa sœur au hatto del Rincon: le comte terminait son déjeuner, il se préparait à se retirer dans un boudoir intérieur pour faire la siesta, lorsqu'un huissier se présenta dans la salle à manger et, après s'être excusé de déranger en ce moment Son Excellence, il lui annonça qu'un homme qui ne voulait pas dire son nom mais qui prétendait être bien connu du gouverneur, insistait pour être introduit en sa présence, ayant, disait-il, à lui faire des communications de la plus haute importance.

Le moment était mal choisi pour demander une audience, le comte avait envie de dormir ; il répondit à l'huissier que, si sérieuses que fussent les communications de l'inconnu, il ne les croyait pas cependant assez importantes pour leur sacrifier sa siesta ; qu'en conséquence il le congédiât en lui annonçant que le gouverneur ne serait pas libre avant quatre heures du soir et que si l'inconnu voulait revenir, alors il serait reçu.

Le comte renvoya l'huissier sur ces paroles, et se leva en murmurant à part lui tout en se dirigeant vers son boudoir :

— *Dios me salve !* si on croyait tous ces bribones, on n'aurait pas un instant de repos.

Là-dessus, il s'étendit commodément sur un large hamac pendu au frais, d'un angle à l'autre du boudoir, ferma les yeux et s'endormit.

La siesta du comte dura trois heures. Ce retard de trois heures fut cause de graves complications.

En s'éveillant, don Stenio ne pensait plus à l'inconnu ; il lui arrivait ainsi d'être si souvent dérangé pour rien par des gens qui prétendaient avoir à traiter d'affaires urgentes, qu'il n'attachait plus la moindre importance à ces demandes d'audience et que les paroles de l'huissier s'étaient complètement effacées de sa mémoire.

Au moment où il entrait dans le salon où d'ordinaire il donnait ses audiences et qui en ce moment était complètement désert, l'huissier se présenta de nouveau.

— Que voulez-vous ? lui demanda-t-il.

— Excellence, répondit l'huissier en s'inclinant respectueusement, cet homme est venu.

— Quel homme ? fit le comte.

— Celui de ce matin.

— Ah ! ah ! eh bien, que veut-il ? reprit le comte, qui ne savait pas ce dont il s'agissait.

— Il désire, monseigneur, que vous lui fassiez l'honneur de le recevoir, ayant, dit-il, des choses de la plus haute gravité à vous annoncer.

— Ah ! fort bien, j'y suis maintenant ; c'est le même homme que vous m'avez annoncé ce matin ?

— Oui, Excellence, le même.

— Et quel est son nom ?

— Il désire ne le dire qu'à Votre Excellence.

— Hum ! je n'aime pas ces précautions, elles ne présagent jamais rien de bon : écoutez, José, lorsqu'il arrivera, vous lui direz que je ne reçois pas les gens qui s'obstinent à garder l'incognito.

— Mais il est là, monseigneur.

— Ah ! eh bien alors ce sera plus facile, dites-le lui tout de suite.

Et il lui tourna le dos ; l'huissier salua et sortit, mais au bout de cinq minutes à peine il rentra.

— Eh bien ! vous l'avez congédié ? demanda le comte.

— Non, monseigneur, il m'a donné cette carte en me priant de la remettre à Votre Excellence. Il prétend qu'à défaut de son nom, elle suffira pour le faire admettre en votre présence.

— Oh! oh! fit le comte, voilà qui est curieux, voyons donc ce fameux talisman.

Il prit la carte des mains de l'huissier et y jeta un regard distrait ; mais tout à coup il tressaillit, fronça les sourcils et s'adressant à l'huissier :

— Conduisez cet homme dans le salon jaune, dit-il, qu'il m'attende là, je m'y rends à l'instant. — Diable! diable! murmura-t-il, dès qu'il fut seul, il y a longtemps que ce drôle ne m'a donné de ses nouvelles, je le croyais pendu ou noyé ; c'est un coquin adroit, aurait-il en effet quelques nouvelles réellement importantes à m'annoncer? nous verrons.

Puis, quittant la pièce dans laquelle il se trouvait, il se rendit d'un pas pressé dans le salon jaune où se trouvait déjà l'homme à la carte.

En voyant le gouverneur, celui-ci se leva vivement et fit un respectueux salut.

Le comte se tourna vers le valet qui l'avait suivi pour ouvrir les portes devant lui.

— Je n'y suis pour personne, dit-il, allez.

Le valet sortit ; derrière lui la porte se referma.

— A nous deux, maintenant, dit le comte, en se laissant tomber dans un fauteuil, et en indiquant d'un geste un siège à l'inconnu.

— J'attends les ordres de monseigneur, répondit respectueusement celui-ci.

Don Stenio demeura un instant silencieux et se grattant le front :

— Voilà bien longtemps que vous êtes absent, lui dit-il ; enfin, qu'êtes-vous donc devenu depuis deux grands mois?

— J'ai exécuté les ordres de Votre Excellence, monseigneur, répondit l'homme.

— Mes ordres? je ne me souviens pas vous en avoir donné.

— Pardon, monseigneur, si je me permets de rectifier certains faits qui me semblent être sortis de votre mémoire.

— Rectifiez, mon cher, je ne demande pas mieux : seulement, je vous ferai observer que mon temps est précieux, et que d'autres que vous attendent ma présence.

— Je serai bref, monseigneur.

— C'est ce que je désire, allez.

— Quelques jours après l'affaire des ladrones, Votre Excellence ne se rappelle-t-elle pas avoir dit, dans un moment de colère ou d'impatience, que pour obtenir des renseignements positifs sur les aventuriers, leurs forces, leurs projets, etc., elle donnerait dix mille piastres?

— En effet, je me rappelle avoir dit cela ; après?

— Après, eh bien! monseigneur, j'étais là lorsque Votre Excellence a fait cette promesse. Plusieurs fois déjà Votre Excellence m'a fait l'honneur de m'employer, elle me regardait en parlant, j'ai supposé que c'était à moi qu'elle s'adressait, alors j'ai agi en conséquence.

— C'est-à-dire?

— C'est-à-dire, monseigneur, que dans mon dévouement pour le service de Votre Excellence, malgré les dangers sans nombre que j'aurais à courir, je résolus d'aller chercher ces renseignements qu'elle semblait si ardemment désirer, et...

— Et vous êtes allé les chercher? s'écria en se redressant vivement le comte, qui jusque-là n'avait attaché que fort peu d'attention aux paroles de l'inconnu.

— Mon Dieu! oui, monseigneur.

— Ah! ah! dit-il, en se caressant le menton; et vous avez appris quelque chose?

— J'ai appris une foule de choses, monseigneur.

— Tiens, tiens! voyons donc un peu cela. Seulement, ajouta-t-il en se reprenant, pas de ouï-dire ni de banalités, j'en ai les oreilles farcies.

— Les renseignements que j'aurai l'honneur de donner à Votre Excellence sont puisés à bonne source, monseigneur, puisque, pour me les procurer, je suis allé les chercher jusque dans le repaire de ces ladrones.

Le comte regarda avec admiration cet homme qui n'avait pas craint de s'exposer à un si grand danger.

— S'il en est ainsi, je suis tout oreilles, parlez, señor.

— Monseigneur, reprit l'espion, car nous pouvons lui donner désormais ce nom, j'arrive de Saint-Christophe.

— Eh! mais, n'est-ce pas dans cette île que se réfugient les bandits?

— Oui, monseigneur, et qui plus est, je suis revenu sur un de leurs navires.

— Oh! oh! fit le gouverneur, contez-moi donc cela, cher don Antonio: car c'est ainsi que vous vous nommez, je crois?

— Oui, monseigneur, don Antonio de la Rouda.

— Vous voyez, reprit en souriant le comte, que j'ai bonne mémoire parfois, et il appuya sur ces mots d'une façon qui fit tressaillir intérieurement l'espion de joie.

Celui-ci raconta alors de quelle façon il s'était introduit dans l'île, comment il avait été découvert et fait prisonnier par Montbars qui l'avait embarqué sur un de ses navires; comment une grande expédition avait été décidée par les aventuriers contre l'île de Saint-Domingue d'abord, puis contre celle de la Tortue, que les ladrones avaient le projet de surprendre et sur laquelle ils se voulaient établir; et de quelle façon, en arrivant au Port-Margot, il avait réussi à s'échapper et s'était hâté de venir apporter ces nouvelles à Son Excellence le gouverneur.

Le comte avait écouté avec la plus sérieuse attention le récit de don Antonio, et au fur et à mesure que celui-ci avançait, le front du gouverneur devenait plus soucieux : en effet, l'espion ne l'avait pas trompé, ces nouvelles étaient de la plus haute gravité.

— Hum! répondit-il, et il y a longtemps que les ladrones sont arrivés au Port-Margot?

— Huit jours, Excellence.

— *Sangre de Christo!* si longtemps déjà et je n'ai pas été prévenu!

— Malgré la plus grande diligence, contraint de prendre les plus extrêmes précautions pour ne pas retomber aux mains des ladrones qui, sans doute, se

LES ROIS DE L'OCÉAN 193

— Écoute, drôle! reprit-il d'une voix sourde et brisée par la colère, si tu as menti, tu mourras

sont mis à ma poursuite, je ne suis arrivé que ce matin et suis venu directement au palais.

Le comte se mordit les lèvres. Par sa faute, plusieurs heures avaient été perdues ; cependant il ne releva pas le reproche indirect que lui adressait l'espion, car il en comprenait toute la justesse.

— Vous avez bravement gagné les dix mille piastres promises, don Antonio, dit-il.

Liv. 106. F. ROY, édit. — Reproduction interdite.   LES AVENTURIERS. 25

L'espion tressaillit de plaisir.

— Oh! ce n'est pas tout encore, monseigneur, répondit-il avec un sourire d'intelligence.

— Qu'y a-t-il donc encore? reprit le comte; je croyais que vous n'aviez plus rien à m'apprendre?

— C'est selon, Excellence. J'ai fait mon rapport officiel au gouverneur général de Hispaniola, c'est vrai, rapport fort détaillé même, dans lequel je n'ai rien oublié de ce qui pouvait l'aider à défendre l'île confiée à ses soins.

— Eh bien?

— Eh bien! monseigneur, il me reste maintenant à donner, s'il le désire, toutefois, au comte de Bejar certains renseignements qui, je le crois, l'intéresseront.

Le comte fixa sur cet homme un regard investigateur, comme s'il eût voulu lire jusqu'au fond de son âme.

— Au comte de Bejar? dit-il avec une froideur calculée, que pouvez-vous avoir à lui dire qui l'intéresse, lui particulièrement? Comme simple gentilhomme je n'ai, que je sache, rien à démêler avec les ladrones.

— Peut-être, monseigneur; du reste, je ne parlerai que si Votre Excellence me l'ordonne, et encore, avant de m'expliquer, je la prierai de me pardonner ce qu'il pourra y avoir de blessant pour son honneur dans ce que je lui dirai.

Le comte pâlit, ses sourcils se froncèrent.

— Prenez garde, lui dit-il d'une voix sombre, prenez garde de dépasser le but, et, en voulant trop prouver, de tomber dans l'excès contraire; l'honneur de mon nom n'est pas de ceux dont on se joue, et jamais je n'y laisserai imprimer la moindre tache.

— Je n'ai aucunement l'intention de blesser Votre Excellence, monseigneur, mon zèle seul pour votre service m'a engagé à parler ainsi que je l'ai fait.

— Soit, je veux bien le croire; cependant l'honneur de mon nom me regardant seul, je ne reconnais à personne le droit d'y toucher, même dans une bonne intention.

— Monseigneur, j'en demande pardon à Votre Excellence, mais je me suis sans doute mal expliqué : ce que j'ai à vous apprendre ne se rapporte qu'à un complot tramé, à son insu, sans nul doute, contre Mme la comtesse.

— Un complot tramé contre la comtesse! s'écria don Stenio avec violence. Que voulez-vous dire, señor? expliquez-vous sans retard, je l'exige!

— Monseigneur, puisqu'il en est ainsi, je parlerai. Mme la comtesse ne se trouve-t-elle pas en ce moment aux environs de la petite ville de San-Juan?

— En effet; mais comment le savez-vous, puisque, d'après ce que vous m'avez dit, vous n'êtes arrivé que depuis quelques heures à Santo-Domingo?

— Je le présume, parce que, à bord du navire sur lequel je suis revenu à Hispaniola, j'ai entendu parler d'une entrevue que le principal chef des aventuriers devait avoir d'ici à quelques jours aux environs de l'Artibonite.

— Oh! s'écria le comte, vous mentez, misérable!

— Dans quel intérêt, monseigneur? répondit froidement l'espion.

— Que sais-je? par haine, par envie, peut-être?

— Moi! fit-il en haussant les épaules. Allons donc, monseigneur! Les hommes comme moi, les espions, puisqu'il faut appeler les choses par leur nom, ne se laissent entraîner que par une passion, celle de l'or.

— Mais ce que vous me dites là est impossible! reprit le comte avec agitation.

— Qui vous empêche de vous assurer que je dis vrai, monseigneur?

— Ainsi ferai-je, *vive Dios!* s'écria-t-il en frappant du pied avec fureur.

Puis, s'approchant de l'espion calme et immobile au milieu de la chambre, et plongeant son regard dans le sien avec une expression de rage impossible à rendre :

— Écoute, drôle! reprit-il d'une voix sourde et brisée par la colère; si tu as menti, tu mourras!

— J'accepte, monseigneur! répondit froidement l'espion; mais si j'ai dit vrai?

— Si tu as dit vrai?... s'écria-t-il; mais se remettant aussitôt : Mais non, c'est impossible, je le répète! Et voyant un fugitif sourire errer sur les lèvres de son interlocuteur : Eh bien! soit, si tu as dit vrai, toi-même tu fixeras ta récompense, et quelle qu'elle soit, sur ma foi de gentilhomme, tu l'auras!

— Merci, monseigneur, répondit-il en s'inclinant; je reçois votre parole.

Le comte marcha pendant quelques minutes à grands pas dans le salon, en proie à une vive agitation, semblant avoir complètement oublié la présence de l'espion, murmurant des paroles entrecoupées, faisant des gestes de colère, et, selon toute probabilité, roulant dans sa tête de sinistres projets de vengeance; enfin, il s'arrêta, et s'adressant de nouveau à l'espion :

— Retire-toi, dit-il, mais ne quitte pas le palais, ou plutôt attends. Et saisissant une sonnette sur la table, il l'agita violemment.

Un valet parut.

— Un sous-officier et quatre soldats! dit-il.

L'espion haussa les épaules.

— A quoi bon toutes ces précautions, monseigneur? dit-il; n'est-il pas, au contraire, de mon intérêt de ne pas m'éloigner?

Le comte l'examina un instant avec attention; puis, renvoyant le valet du geste :

— Soit, dit-il; je me fie à vous, don Antonio de la Ronda. Attendez mes ordres, bientôt j'aurai besoin de vous.

— Je ne m'éloignerai pas, monseigneur.

Et après s'être respectueusement incliné, il prit enfin congé et se retira.

Demeuré seul, le comte s'abandonna pendant quelques instants à toute la violence de sa rage si longtemps contenue; mais, peu à peu, il reprit son sang-froid, la raison lui revint.

— Oh! je me vengerai! s'écria-t-il.

Alors, avec une fiévreuse activité, il donna les ordres nécessaires pour que des troupes nombreuses fussent expédiées sur différents points, de façon à complètement investir le hatto del Rincon, vers lequel furent expédiées deux cinquantaines, commandées par des officiers résolus et expérimentés.

Ces mesures prises, les troupes parties, une heure après le coucher du soleil, le comte, enveloppé d'un épais manteau, monta à cheval, et, suivi de don Antonio de la Ronda, qui n'avait eu garde de s'éloigner, et de quelques officiers de confiance, il quitta incognito son palais, traversa la ville sans être reconnu et gagna la campagne.

Se tournant alors vers les personnes qui l'accompagnaient :

— Maintenant, caballeros, dit-il d'une voix sourde, ventre à terre, et ne craignez pas de crever vos chevaux ; des relais sont préparés de distance en distance sur la route.

Il enfonça les éperons dans les flancs de son cheval, qui hennit de douleur, et toute la troupe partit avec la vertigineuse rapidité d'un tourbillon.

— Ah ! Santiago ! ah ! Santiago ! s'écriait parfois le comte en excitant son cheval dont les efforts étaient surhumains, arriverai-je à temps !

XXIV

LE PORT-MARGOT

Nous reviendrons maintenant à la flotte flibustière que nous avons laissée appareillant de Saint-Christophe, et faisant voile, avec liberté de manœuvre, vers la Grande Caye du Nord, rendez-vous parfaitement choisi à cause de sa proximité de Saint-Domingue, et situé en face de l'île de la Tortue.

Selon leur coutume, chaque fois qu'ils entreprenaient une expédition, les aventuriers ne s'étaient occupés que de se fournir des munitions de guerre, dédaignant de prendre pour plus de deux jours de vivres, résolus à faire des descentes sur les îles qu'ils savaient devoir rencontrer sur leur passage, et à piller les colons espagnols établis sur ces îles.

Ce fut, du reste, ce qui arriva : les flibustiers laissèrent derrière eux une longue traînée de feu et de sang, massacrant sans pitié les Espagnols sans défense et que leur vue terrifiait, s'emparant de leurs bestiaux et incendiant les habitations après les avoir pillées.

Le premier navire qui atteignit le mouillage de la Grande Caye du Nord, fut le lougre monté par Montbars et commandé par Michel le Basque ; le lendemain, à quelques heures de distance l'un de l'autre, arrivèrent les deux brigantins.

Ils prirent leur mouillage à droite et à gauche de l'amiral, à deux encablures du rivage à peu près.

A cette époque, la Grande Caye était habitée par des Caraïbes rouges, transfuges de Saint-Domingue, dont les cruautés des Espagnols les avaient chassés, et réfugiés sur cet îlot sur lequel ils vivaient assez bien, grâce à la fertilité du sol et à l'alliance qu'ils avaient contractée avec les flibustiers.

A peine les trois navires furent-ils mouillés qu'ils furent entourés par une multitude de pirogues, montées par des Caraïbes, qui leur apportaient des rafraîchissements de toutes sortes.

Le soir même, l'amiral descendit à terre avec la plus grande partie de son équipage ; les autres capitaines l'imitèrent ; il ne resta à bord que le nombre d'hommes strictement nécessaire à la garde des bâtiments.

Sur un signe de l'amiral, les équipages se rangèrent en demi-cercle autour de lui, les capitaines en avant de la première ligne.

Derrière eux se tenaient les Caraïbes, intérieurement inquiets de ce débarquement formidable dont ils ne devinaient pas les motifs, attendant avec anxiété ce qui allait se passer, et ne comprenant rien à ce déploiement de forces.

Montbars, tenant d'une main la hampe d'un pavillon blanc, dont les larges plis agités par la brise flottaient au-dessus de sa tête, et de l'autre sa longue épée, jeta un regard circulaire sur les hommes qui l'entouraient.

A peine vêtus pour la plupart, mais tous bien armés, le teint hâlé, les membres vigoureux, les muscles saillants, les traits énergiques, le regard hautain, les aventuriers ainsi rangés autour de cet homme qui se tenait fièrement campé devant eux, la tête rejetée en arrière, la lèvre frémissante et l'œil altier, les aventuriers offraient, disons-nous, un aspect saisissant, dont la sauvage grandeur et l'âpre rudesse ne manquait pas d'une certaine majesté, rendue plus imposante encore par le paysage primitif qui formait le fond du tableau, et la multitude bariolée des Indiens, dont les visages inquiets et les poses caractéristiques ajoutaient encore à l'effet de cette scène.

Pendant quelque temps, on entendit, comme le bruit de la mer se brisant sur les galets, le sombre frémissement de cette foule ; puis peu à peu le bruit s'éteignit, et un silence profond régna sur la plage.

Montbars fit alors un pas en avant, et d'une voix ferme et sonore, dont les mâles accent captivèrent bientôt tous ces hommes qui écoutaient avidement ses paroles, il leur révéla le but, jusque-là ignoré par eux, de l'expédition.

— Frères de la Côte, dit-il, matelots et amis, le moment est venu de vous révéler ce que j'attends de votre courage et de votre dévouement à la cause commune. Vous n'êtes pas des mercenaires qui, pour une paye modique, se font tuer comme des brutes, sans savoir pourquoi ni pour qui ils se battent. Non ! vous êtes tous des gens de cœur, des natures d'élite, qui voulez connaître vers quel but vous marchez et quel bénéfice vous retirerez de vos efforts. Plusieurs de nos plus renommés compagnons et moi, nous avons résolu d'attaquer jusqu'au sein de leurs plus riches possessions, ces lâches Espagnols qui ont cru nous déshonorer en nous flétrissant du nom de *ladrones*, et que la vue seule de nos plus petites pirogues met en fuite comme une troupe de mouettes épeurées. Mais pour que notre vengeance soit certaine, pour que nous parvenions à nous emparer des richesses de nos ennemis, il nous faut posséder un point assez rapproché du centre de nos opérations, pour que nous puissions fondre sur eux à l'improviste, assez fort pour que toute la puissance castillane s'y vienne briser en efforts impuissants. Saint-Cristophe est trop éloigné ; d'ailleurs, la descente de l'amiral don Fernand de Tolède est pour nous la preuve que, si braves que nous soyons, nous ne parviendrons jamais à nous y fortifier assez solidement pour y braver la rage de nos ennemis. Il fallait donc absolument trouver un endroit plus favorable à nos projets, un point facile à rendre inexpugnable. Nos amis et moi, nous sommes mis à l'œuvre : longtemps nous avons cherché avec la persévérance d'hommes résolus à réussir ; Dieu a daigné enfin bénir nos efforts : ce refuge, nous l'avons trouvé dans les conditions les plus heureuses.

Ici, Montbars fit une pause de quelques secondes.

Un frémissement électrique courait dans les rangs des aventuriers, leurs yeux lançaient des éclairs, ils froissaient leurs fusils dans leurs mains nerveuses, comme s'ils eussent été impatients de commencer la lutte qui leur était promise.

Un sourire de satisfaction éclaira un instant le visage pâle de l'amiral, puis faisant un geste pour réclamer l'attention :

— Frères, reprit-il, devant nous est Saint-Domingue, et il étendit la main vers la mer ; Saint-Domingue ! la plus belle et la plus riche de toutes les îles possédées par l'Espagne. Sur cette île, plusieurs de nos frères, échappés au massacre de Saint-Christophe, se sont établis et luttent énergiquement contre les Espagnols pour se maintenir sur le territoire conquis par eux. Malheureusement, trop peu nombreux, malgré leur courage, pour résister longtemps aux troupes ennemies, bientôt ils seraient contraints d'abandonner l'île, si nous ne venions pas à leur secours. Ils nous ont appelés ; nous avons répondu à cet appel de nos frères, que l'honneur nous ordonnait de secourir à l'heure du danger ; tout en faisant une bonne action, nous exécutons le projet longtemps mûri par nous, et nous trouvons enfin ce point inexpugnable si longtemps cherché ! Vous connaissez tous l'île de la Tortue, frères ? Séparée seulement par un étroit chenal de Saint-Domingue, elle s'élève comme une sentinelle avancée au milieu de la mer. C'est le nid d'aigle d'où nous braverons en riant la rage des Espagnols. A l'île de la Tortue, frères !

— A l'île de la Tortue ! s'écrièrent les aventuriers en brandissant leurs armes avec enthousiasme.

— Bien ! reprit Montbars ; je savais que vous étiez hommes à me comprendre, et que je pouvais compter sur vous. Mais avant de nous emparer de la Tortue, défendue seulement par une garnison insignifiante d'une vingtaine de soldats qui fuiront au premier choc, il nous faut, en protégeant nos frères de Saint-Domingue et en leur assurant le territoire dont ils se sont emparés, nous conserver des ports utiles, des débouchés avantageux, et surtout les moyens de nuire facilement aux Espagnols, et, s'il est possible, de les chasser entièrement de l'île dont déjà ils ont perdu une partie. Demain, nous nous rendrons au Port-Margot ; là, nous nous entendrons avec nos frères, et nous combinerons nos plans de façon à retirer de notre expédition honneur et profit. Maintenant, frères, que chaque équipage retourne à son bord ; demain au lever du soleil, nous appareillerons pour le Port-Margot, et, d'ici quelques jours, je vous promets de beaux combats et un riche butin à partager entre tous. Vive la France et mort à l'Espagne !

— Vive la France ! mort à l'Espagne ! vive Montbars ! s'écrièrent les aventuriers.

— Embarquons, frères ! reprit Montbars ; n'oubliez pas surtout que les pauvres Indiens habitants de cette île, sont nos amis et qu'ils doivent être traités comme tels par vous !

Les aventuriers suivirent alors leurs officiers et s'embarquèrent dans l'ordre le plus parfait.

Au lever du soleil, l'escadre leva l'ancre. Il va sans dire que tous les rafraîchissements achetés par les aventuriers aux Indiens avaient été religieusement payés, et que nul n'eût à se plaindre de leur séjour à la Grande Caye du Nord.

Quelques heures plus tard, l'escadre entrait dans le canal qui sépare Saint-Domingue de la Tortue et venait mouiller au Port-Margot.

L'île espagnole apparaissait avec ses grands mornes, ses hautes falaises, ses montagnes, dont les cimes semblaient se cacher dans le ciel, tandis qu'à tribord, la Tortue, avec ses épaisses forêts verdoyantes, semblait une corbeille de fleurs s'élançant du fond de l'eau.

A peine mouillé, une pirogue montée par quatre hommes, accostait le lougre ; ces quatre hommes étaient le Poletais que déjà nous avons entrevu, un de ses engagés, l'Olonnais et O-mo-poua, le chef caraïbe.

L'Indien avait à peu près quitté le costume européen, pour reprendre celui de sa nation.

Montbars alla à la rencontre des visiteurs, les salua et les conduisit dans la cabine du lougre.

— Soyez les bienvenus, leur dit-il ; dans un instant les autres chefs de l'expédition seront ici, alors nous causerons ; en attendant, rafraîchissez-vous.

Et il donna l'ordre à un engagé de servir des liqueurs.

Le Poletais et O-mo-poua s'assirent sans se faire prier, l'Olonnais demeura modestement debout ; en sa qualité d'engagé, il n'osait se permettre de se mettre sur le pied de l'égalité avec les aventuriers ; Michel le Basque entra alors dans la cabine.

— Matelot, dit-il à Montbars, les capitaines Drack et David viennent d'accoster ; ils attendent sur le pont.

— Qu'ils descendent, j'ai à causer avec eux.

Michel le Basque sortit ; quelques instants plus tard, il rentra en compagnie des deux capitaines.

Après les premiers compliments, les deux officiers se versèrent une large rasade, puis ils prirent des sièges, et attendirent les communications que, sans doute, leur chef se préparait à leur faire.

Montbars connaissait le prix du temps, il ne mit donc pas leur patience à une longue épreuve.

— Frères, dit-il, je vous présente le Poletais, que déjà, sans doute, vous connaissez de réputation.

Les aventuriers s'inclinèrent en souriant, et tendirent spontanément la main au boucanier.

Celui-ci répondit cordialement à leur étreinte, charmé intérieurement d'une si franche réception.

— Le Poletais, continua Montbars, est délégué vers nous par nos frères les boucaniers de Port-Margot et Port-de-Paix; je préfère le laisser vous expliquer lui-même ce qu'il attend de nous; de cette manière, nous parviendrons plus facilement à nous entendre. Parlez donc, je vous prie, frère, nous vous écoutons.

Le Poletais se versa d'abord un plein verre de rhum qu'il avala ensuite d'un seul trait, sans doute pour s'éclaircir les idées; puis, après deux ou trois *hem!* sonores, il se décida enfin à prendre la parole.

— Frères, dit-il, quel que soit le nom qu'on nous donne, flibustiers, boucaniers ou habitants, notre origine est commune, n'est-ce pas? et nous sommes tous aventuriers? Donc, nous nous devons aide et protection les uns aux autres, comme de francs matelots que nous sommes; mais pour que cette protection soit efficace, que rien ne puisse affaiblir, dans l'avenir, l'alliance qu'aujourd'hui nous contractons, il faut que nous, comme vous, nous trouvions un bénéfice réel à cette alliance, n'est-il pas vrai?

— Parfaitement raisonné, appuya Michel.

— Donc voici en deux mots ce qui se passe, reprit le Poletais. Nous sommes ici, nous autres boucaniers et habitants, un peu comme l'oiseau sur la branche, pourchassés continuellement par les Gavachos, qui nous traquent comme des bêtes fauves, partout où ils nous surprennent, soutenant une lutte inégale dans laquelle nous finirions par succomber, ne sachant pas aujourd'hui si nous vivrons demain, et perdant peu à peu tout le terrain que dans le principe nous avons gagné; cet état de choses déplorable ne saurait plus longtemps durer sans amener une catastrophe, qu'avec votre aide nous espérons, non seulement conjurer, mais encore empêcher définitivement; en vous emparant de la Tortue qui est mal gardée, et sera mal défendue, vous nous procurez un abri sûr en cas de danger, un refuge toujours ouvert au moment d'une crise; mais ce n'est pas tout, il faut nous assurer des frontières, pour que la tranquillité règne dans notre colonie, que les navires marchands ne craignent pas d'entrer dans nos ports, et que nous trouvions un débouché pour l'écoulement de nos cuirs, de nos viandes boucanées et de nos suifs. Ces frontières sont faciles à assurer, il ne s'agit pour cela que de s'emparer de deux points, un dans l'intérieur, que les Espagnols appellent la *Savane grande de San-Juan*, que nous avons nommé, nous, le *Grand-Fond*. Le bourg de San-Juan n'est que médiocrement fortifié et habité seulement par des *mulatos*, ou hommes de sang mêlé dont nous aurons facilement raison.

— Ce Grand-Fond, ainsi que vous le nommez, n'est-il pas traversé par l'Artibonite? demanda Montbars, en échangeant un regard d'intelligence avec l'Olonnais, qui se tenait debout à ses côtés.

— Oui, reprit le Poletais, et, au centre, se trouve un hatto nommé le Rincon, appartenant, je crois, au gouverneur espagnol.

— Ce serait un coup de maître que de s'emparer de cet homme, dit Michel le Basque.

— Oui, mais il y a peu de probabilité que nous réussissions à le prendre, il doit être à Santo-Domingo, fit le Poletais.

— C'est possible, continuez.

— L'autre point est un port appelé Leogane, où, comme disent les Espa-

— Ce misérable Antonio de la Ronda s'est échappé.

gnols, l'Iguana, c'est-à-dire le Lézard, à cause de la forme de la langue de terre sur laquelle il est construit; la possession de ce port nous rendrait maîtres de toute la partie ouest de l'île, et nous permettrait de nous y établir solidement.

— Leogane est-il défendu? demanda David.

— Non, répondit le Poletais, les Espagnols le laissent tomber en ruines, ainsi qu'ils font, du reste, de presque tous les points qu'ils occupent; faute de bras pour travailler, depuis la presque extinction de la race indigène de l'île, ils abandonnent peu à peu les anciens établissements, et se retirent vers l'est.

— Fort bien, dit Montbars, voilà bien tout ce que vous désirez?

— Oui, tout, répondit le Poletais.

— Maintenant, que nous proposez-vous, frère?

— Ceci : nous autres boucaniers, nous chasserons pour vous les taureaux sauvages et les sangliers, et approvisionnerons vos navires, à un prix débattu entre nous, et qui ne pourra jamais être plus élevé que la moitié du prix que nous demanderons aux navires étrangers qui viendront commercer avec nous; en sus, nous vous défendrons lorsque vous serez attaqués, et pour les grandes expéditions, vous aurez le droit de réclamer un homme sur cinq pour vous accompagner, lorsque vous en aurez besoin. Les habitants cultiveront la terre ; ils vous fourniront les légumes, le tabac et les bois de construction pour radouber vos navires, aux mêmes conditions faites pour les vivres. Voilà ce que je suis chargé de vous proposer, frères, au nom des habitants et des boucaniers français de Saint-Domingue. Si ces conditions vous plaisent, et je les crois justes et équitables, acceptez-les, vous n'aurez pas à vous repentir d'avoir traité avec nous.

Ces propositions, les flibustiers les connaissaient déjà, ils en avaient entre eux débattu les avantages, aussi ne demeurèrent-ils pas longtemps à délibérer : leur parti était pris d'avance, leur présence au Port-Margot en était la preuve.

— Nous acceptons vos propositions, frère, répondit Montbars, voici ma main au nom des flibustiers que je représente.

— Et voici la mienne, répondit le Poletais, au nom des habitants et des boucaniers.

Il n'y eut pas d'autre traité que cette étreinte loyale entre les aventuriers; ainsi fut conclue cette alliance qui, jusqu'au dernier soupir de la boucanerie, demeura aussi franche et aussi vivace que le premier entre les aventuriers.

— Maintenant, reprit Montbars, procédons par ordre ; combien avez-vous de frères en état de combattre?

— Soixante-dix, répondit le Poletais.

— Fort bien, nous y ajouterons cent trente hommes des équipages de la flotte, ce qui nous donnera un effectif de deux cent bons fusils. Et vous, chef, que pouvez-vous faire pour nous?

O-mo-poua était jusqu'à ce moment demeuré silencieux, écoutant ce qui se disait avec le décorum et la gravité indiens et attendant patiemment que son tour de parler arrivât.

— O-mo-poua joindra deux cents guerriers caraïbes aux longs fusils des Visages-Pâles, répondit-il; ses fils sont prévenus, ils attendent l'ordre du chef, l'Olonnais les a vus.

— Bien, ces quatre cents hommes seront commandés par moi; comme cette expédition est la plus difficile et la plus périlleuse, je m'en charge; Michel le Basque m'accompagnera; j'ai à bord un guide qui nous conduira jusqu'au Grand-Fond. Vous, Williams Drack, et vous, David, vous attaquerez Leogane avec vos navires; Vent-en-Panne, avec quinze hommes seulement, s'emparera de la

Tortue. Combinons nos mouvements, frères, de façon à ce que nos trois attaques soient simultanées et que les Espagnols, surpris sur trois points à la fois, ne puissent se porter mutuellement secours. Demain vous remettrez sous voile, messieurs, emmenant avec vous cent quatre-vingt-cinq hommes, ce qui, je le crois, est plus que suffisant pour surprendre Leogane. Quant à toi, Vent-en-Panne, avec les quinze hommes qui te resteront, tu garderas le lougre et tu demeureras ici en ayant soin de bien surveiller la Tortue. Nous sommes au cinq du mois, frères : le quinze on attaquera, dix jours suffisent pour que chacun de nous soit rendu à son poste et que toutes les mesures soient prises. Maintenant, messieurs, retournez sur vos navires et envoyez à terre, sous les ordres d'officiers, tous les contingents que je dois emmener.

Les deux capitaines saluèrent l'amiral, quittèrent la cabine et regagnèrent leur bord.

— Quant à vous, ajouta Montbars, en se tournant vers le Poletais, voici, frère, ce que vous ferez : vous vous rendrez avec l'Olonnais dans le Grand-Fond comme si vous chassiez, seulement vous surveillerez avec soin le bourg de San-Juan et le hatto del Rincon ; il faut s'assurer, si cela est possible, des habitants de ce hatto ; ils sont riches, influents, leur capture peut avoir pour nous une certaine importance ; vous vous entendrez avec O-mo-poua au sujet des auxiliaires qu'il nous doit amener. Peut-être ne serait-il pas mauvais que le chef essayât d'attirer les Espagnols sur ses traces et les contraignît à quitter leurs positions ; nous pourrions alors, en nous y prenant bien, les battre en détail ; m'avez-vous compris, frère ?

— Pardieu ! répondit le Poletais, à moins d'être un niais ! Soyez tranquille, je manœuvrerai en conséquence.

Montbars se tourna alors vers l'Olonnais et lui fit un signe.

L'engagé s'approcha.

— Rends-toi à terre avec le Caraïbe et le Poletais, lui dit l'amiral en se penchant à son oreille, regarde tout, écoute tout, surveille tout ; tu m'entends. Dans une heure, par l'entremise de Vent-en-Panne, tu recevras une lettre, il faut que tu la remettes en mains propres à doña Clara de Bejar : elle habite un hatto dans le Grand-Fond.

— C'est facile, répondit l'Olonnais, je la lui remettrai, s'il le faut, au milieu de tous ses domestiques, dans son hatto même.

— Garde-t'en bien ; arrange-toi de façon à ce qu'elle vienne te la demander où tu seras.

— Diable ! c'est plus difficile, cela, cependant je tâcherai d'y réussir.

— Il faut que tu réussisses.

— Ah ! Eh bien ! alors, foi d'homme, vous y pouvez compter. Je ne sais pas comment je ferai, par exemple.

Le Poletais s'était levé.

— Adieu, frère, dit-il ; lorsque demain vous débarquerez, je serai déjà en route pour le Grand-Fond ; ce n'est donc que là que nous nous rencontrerons de nouveau, mais soyez sans inquiétude, vous trouverez tout en ordre en arrivant. Ah ! à propos, emmènerai-je avec moi mon corps de boucaniers auxiliaires ?

— Certes, ils vous seront de la plus grande utilité pour surveiller l'ennemi ; seulement, cachez-les bien.

— Que cela ne vous inquiète pas, dit-il.

En ce moment Michel le Basque se précipita brusquement dans la cabine ; ses traits étaient bouleversés par la colère.

— Que se passe-t-il, matelot ? Allons, remets-toi, lui dit froidement Montbars.

— Un grand malheur nous arrive, s'écria Michel, en s'arrachant de rage une poignée de cheveux.

— Lequel ? voyons, parle comme un homme, matelot.

— Ce misérable Antonio de la Ronda...

— Eh bien ? interrompit Montbars, avec un tressaillement nerveux.

— Il s'est échappé.

— Malédiction !

— Dix hommes sont lancés à sa poursuite.

— Bah ! C'est fini maintenant, ils ne le joindront pas. Que faire ?

— Que vous arrive-t-il ? demanda le Poletais.

— Notre guide s'est échappé.

— Ce n'est que cela ? je me charge de vous en fournir un autre.

— Oui, mais celui-là est peut-être l'espion le plus fin que possèdent les Espagnols ; il connaît assez de nos secrets pour nous faire manquer notre expédition.

— Dieu nous en préserve ! Bah ! ajouta le boucanier, avec insouciance, ne songez plus à cela, frères, ce qui est fait est fait, allons toujours de l'avant.

Et il sortit sans paraître autrement affecté.

XXV

FRAY ARSENIO

Disons ce que c'étaient que ces boucaniers dont déjà plusieurs fois nous avons parlé, et quelle était l'origine du nom qu'on leur donnait et qu'ils se donnaient eux-mêmes.

Les Caraïbes rouges des Antilles avaient la coutume, lorsqu'ils faisaient des prisonniers dans les combats acharnés qu'ils se livraient les uns aux autres, ou qu'ils soutenaient contre les Blancs, de couper ces prisonniers en pièces et de les étendre sur des espèces de claies au-dessous desquelles ils faisaient du feu.

Ces claies se nommaient *Barbacoas*, le lieu où ils les établissaient *boucans*, et l'action *boucaner*, pour signifier tout à la fois rôtir et fumer.

C'est de là que les boucaniers français prirent leur nom, avec cette différence que les uns faisaient aux animaux ce que les autres faisaient aux hommes.

Les premiers boucaniers furent des Espagnols établis sur les îles des Antilles, qui avaient eu des rapports suivis avec les Indiens ; aussi lorsqu'ils s'adonnèrent à la chasse, s'accoutumèrent-ils, sans y songer, à se donner à eux-mêmes ces noms indiens, caractéristiques du reste et qu'on aurait difficilement remplacés par d'autres.

Les boucaniers ne faisaient point d'autre métier que de chasser ; ils se divisaient en deux espèces, les premiers ne chassaient que les taureaux pour en avoir le cuir, les seconds les sangliers pour en avoir la viande qu'ils salaient et vendaient aux habitants.

Ces deux espèces de boucaniers avaient à peu près le même équipage et la même manière de vivre.

Les véritables boucaniers étaient ceux qui poursuivaient les taureaux, ils ne nommaient jamais les autres autrement que chasseurs.

Leur équipage se composait d'une meute de vingt-cinq chiens braques, dans laquelle ils avaient deux venteurs chargés de découvrir l'animal ; le prix de ces chiens, réglé entre eux, était de trente livres.

Ainsi que nous l'avons dit, leur arme était un long fusil fabriqué à Dieppe ou à Nantes ; ils ne chassaient jamais que deux ensemble au moins, quelquefois plus, et alors tout était commun entre eux ; au fur et à mesure que nous avancerons dans l'histoire de ces hommes singuliers, nous entrerons dans des détails plus circonstanciés sur leur manière de vivre et leurs coutumes étranges.

Lorsque don Sancho et le mayordomo les avaient quittés, le Poletais et l'Olonnais avaient longtemps suivi d'un regard moqueur la course des deux Espagnols, puis ils s'étaient remis à la construction de leur ajoupa et à l'installation de leur boucan, comme si rien n'était arrivé. Dès que le boucan fut installé, le feu allumé, la viande posée sur les barbacoas, l'Olonnais se mit en devoir de *brocheter le cuir* qu'il avait apporté tandis que le Poletais en faisait autant à celui du taureau tué par lui une heure auparavant.

Il étendit le cuir sur le sol, le dedans de la peau en dessus, il l'attacha au moyen de soixante-quatre chevilles plantées en terre, puis il le frotta vigoureusement avec de la cendre et du sel mélangés afin qu'il séchât plus vite.

Ce devoir accompli, il s'occupa du souper ; les apprêts n'en furent ni longs ni compliqués : un morceau de viande avait été mis dans une petite chaudière avec de l'eau et du sel ; comme cette chaudière avait été placée au feu dès qu'il avait été allumé, la viande ne tarda pas à être cuite ; l'Olonnais la retira de la marmite au moyen d'une longue baguette pointue et il la posa sur une *tâche* de palmier en guise de plat ; ensuite il ramassa la graisse avec une cuiller de bois et la jeta dans une calebasse. Sur cette graisse il exprima le jus d'un citron, mit un peu de piment, remua le tout, et la sauce, cette fameuse *pimentade*, si chère aux boucaniers, se trouva faite. Alors, ayant placé la viande dans une belle place devant l'ajoupa, la calebasse à côté, il appela le Poletais, et les deux hommes, s'asseyant en face l'un de l'autre, s'armèrent de leur couteau et d'une brochette de bois au lieu de fourchette et commencèrent à manger de bon appétit, trempant soigneusement chaque bouchée de viande dans la pimentade, et entourés de leurs chiens qui, sans oser rien demander, fixaient des regards de convoitise sur les provisions étalées devant eux et suivaient d'un œil ardent chaque morceau englouti par les aventuriers.

Ils mangeaient ainsi silencieusement depuis quelque temps déjà, lorsque les venteurs relevèrent la tête en aspirant l'air avec inquiétude, puis donnèrent quelques éclats de voix ; presque aussitôt la meute tout entière commença à aboyer avec fureur.

— Eh ! eh ! fit le Poletais en buvant une gorgée d'eau-de-vie coupée d'eau et passant la gourde à l'engagé, qu'est-ce que cela signifie ?

— Quelque voyageur, sans doute, répondit insoucieusement l'Olonnais.

— A cette heure, reprit le boucanier, en levant les yeux au ciel et consultant les étoiles, comment diable ! il est plus de huit heures du soir.

— Dame ! j'ignore ce que cela peut être, mais tenez, je ne sais si je me trompe, il me semble entendre le galop d'un cheval.

— C'est pardieu vrai, mon fils, tu ne te trompes pas, reprit le boucanier, c'est bien le pas d'un cheval, en effet ; allons, la paix ! vous autres, s'écria-t-il, en s'adressant aux chiens qui redoublaient leurs abois et paraissaient prêts à s'élancer en avant, la paix, couchez-vous, mille diables !

Les chiens, habitués sans doute depuis longtemps à obéir aux accents impérieux de cette voix, vinrent immédiatement reprendre leurs places et cessèrent leur étourdissant vacarme, tout en continuant cependant à gronder sourdement.

Cependant le galop du cheval que les chiens avaient entendu à une grande distance se rapprochait rapidement ; bientôt il fut parfaitement distinct et enfin au bout de quelques minutes un cavalier émergea de la forêt et devint visible bien que, à cause de l'obscurité de la nuit, il ne fût pas encore possible de reconnaître quel était cet homme.

En débouchant dans la savane, il arrêta son cheval, parut regarder autour de lui d'un air indécis, pendant quelques instants, puis, lâchant de nouveau la bride à sa monture, il se dirigea au grand trot vers le boucan.

Arrivé devant les deux hommes, qui continuaient tranquillement à souper, tout en le surveillant du coin de l'œil, il inclina la tête et leur adressa la parole en espagnol.

— Braves gens, leur dit-il, qui que vous soyez, je vous prie, au nom de Notre-Seigneur Jésus-Christ, d'accorder, pour cette nuit, l'hospitalité à un voyageur égaré.

— Voilà du feu, voilà de la viande, répondit laconiquement le boucanier dans la même langue dont s'était servi l'étranger, reposez-vous et mangez.

— Je vous remercie, répondit-il.

Il mit pied à terre ; dans le mouvement qu'il fit pour quitter la selle, son manteau s'entr'ouvrit et les boucaniers s'aperçurent que cet homme était revêtu d'un costume religieux. Cette découverte les surprit sans cependant qu'ils le laissassent paraître.

De son côté l'inconnu fit un geste de frayeur, aussitôt réprimé, en reconnaissant que, dans la précipitation qu'il avait mise à chercher un abri pour la nuit, il était venu donner dans un boucan d'aventuriers français.

Cependant ceux-ci lui avaient fait place auprès d'eux et pendant qu'il entravait son cheval et lui ôtait la bride afin qu'il pût brouter l'herbe haute et drue de la savane, ils lui avaient préparé sur une *tâche* une portion de viande suffisante par calmer l'appétit d'un homme qui depuis vingt-quatre heures aurait été à jeun.

Un peu rassuré par les manières cordiales des aventuriers et prenant, dans l'impossibilité de faire autrement, bravement son parti de la situation fâcheuse dans laquelle son étourderie l'avait jeté, l'étranger s'assit entre ses deux hôtes et se mit à manger tout en réfléchissant, à part lui, sur les moyens de sortir du mauvais pas dans lequel il croyait se trouver.

Cependant les aventuriers qui, à son arrivée, avaient presque terminé leur repas, eurent fini de manger longtemps avant lui ; ils donnèrent à leurs chiens la pâture que ceux-ci attendaient avec tant d'impatience, puis ils allumèrent leurs pipes et commencèrent à fumer sans paraître s'occuper autrement de leur convive que pour lui procurer les choses dont il avait besoin.

Enfin l'étranger s'essuya la bouche et, afin de prouver à ses hôtes qu'il ne jouissait pas d'une liberté d'esprit moins grande que la leur, il prit une feuille de papier, du tabac, tordit délicatement une cigarette, l'alluma, et fuma aussi tranquillement en apparence que les boucaniers.

— Je vous remercie de votre généreuse hospitalité, señores, dit-il au bout d'un instant, comprenant qu'un long silence pourrait être interprété à son désavantage ; j'avais grand besoin de reprendre des forces, depuis ce matin je suis à jeun.

— C'est une grande imprudence, señor, répondit le Poletais, de s'embarquer ainsi, sans biscuit, comme nous disons, nous autres matelots ; les savanes sont un peu comme la mer, on sait lorsqu'on s'y engage, on ne sait jamais quand on en sort.

— Ce que vous dites est exact, señor ; sans vous j'aurais, je le crains, passé une fort mauvaise nuit.

— Bah ! ne parlez plus de cela, señor, nous avons fait pour vous ce qu'en pareille circonstance nous voudrions qu'on fît pour nous ; l'hospitalité est un devoir sacré auquel nul n'a droit de se soustraire : d'ailleurs vous en êtes une preuve palpable.

— Comment cela ?

— Dame ! vous êtes Espagnol, si je ne me trompe, tandis que nous, au contraire, nous sommes Français ; eh bien ! nous oublions un instant notre haine pour votre nation afin de vous recevoir au foyer commun, comme tout hôte envoyé par Dieu a droit à être reçu.

— C'est vrai, señor, et je vous en remercie doublement, croyez-le bien.

— Oh ! mon Dieu, répondit le boucanier, je vous assure que vous avez tort de tant insister sur ce sujet : ce que nous faisons en ce moment est autant pour vous que dans l'intérêt de notre honneur ; ainsi, je vous en prie, señor, n'en parlons plus, cela n'en vaut réellement pas la peine.

— Pardieu ! señor, dit en riant l'Olonnais, sans que vous vous en doutiez, peut-être, nous sommes de vieilles connaissances.

— De vieilles connaissances ! s'écria l'étranger avec surprise ; je ne vous comprends pas, señor.

— Ce que je vous dis est cependant bien clair.

— Si vous daignez vous expliquer, répondit l'étranger, tout déferré, comme on disait alors, peut-être comprendrai-je, ce qui, je vous l'assure, me fera grand plaisir.

— Je ne demande pas mieux que de m'expliquer, señor, reprit l'Olonnais d'un air goguenard; et d'abord, permettez-moi de vous faire observer que, si bien fermé que soit votre manteau, il ne l'est pas assez cependant pour qu'on ne puisse deviner l'habit de franciscain que vous portez dessous.

— Je suis en effet un religieux de cet ordre, répondit l'étranger assez décontenancé; mais cela ne prouve pas que vous me connaissiez.

— En effet, mais je suis certain que d'un seul mot je rappellerai vos souvenirs.

— Je crois que vous vous trompez, cher señor, et que nous ne nous sommes jamais vus.

— En êtes-vous bien sûr?

— L'homme, vous le savez, ne peut jamais être sûr de rien; cependant, il me semble...

— Il n'y a pourtant pas bien longtemps que nous nous sommes rencontrés; il est vrai qu'il est possible que vous n'ayez pas fait grande attention à moi.

— Sur mon honneur, je ne sais ce que vous voulez dire, reprit le moine après l'avoir attentivement examiné pendant une minute ou deux.

— Allons, fit en riant l'engagé, j'ai pitié de votre embarras, et ainsi que je vous l'ai promis, d'un seul mot je dissiperai tous vos doutes; nous nous sommes vus à l'île de Nièves. Vous rappelez-vous, maintenant?

A cette révélation, le moine pâlit, il perdit contenance, pendant quelques instants il demeura comme atterré; cependant la pensée ne lui vint pas une seconde de nier que cela fût vrai.

— Où, reprit l'Olonnais, vous avez eu un long entretien avec Montbars.

— Cependant, fit le moine avec une hésitation qui n'était pas exempte de frayeur, je ne comprends pas...

— Comment je sais tout cela, interrompit en riant l'Olonnais; vous n'êtes pas au bout de votre étonnement alors.

— Comment, je ne suis pas au bout?

— Bah! señor padre, croyez-vous que je me serais donné la peine de vous intriguer pour si peu de chose; j'en sais bien d'autres, allez!

— Comment, vous en savez bien d'autres! s'écria le moine en se reculant instinctivement de cet homme qu'il n'était pas éloigné de croire sorcier, d'autant plus qu'il était Français et de plus boucanier, deux raisons péremptoires pour que le diable fût à peu près maître de son âme, si par hasard toutefois il en avait une, ce dont le digne moine doutait fort.

— Pardieu! reprit l'engagé, supposez-vous par hasard que je ne connais pas le motif de votre voyage, l'endroit d'où vous venez, le lieu où vous vous rendez, et qui plus est la personne que vous allez voir?

— Oh! pour cela, c'est impossible, dit le moine d'un air effaré.

Le Poletais riait intérieurement de la terreur mal déguisée de l'Espagnol.

— Alerte ! señor moine dit gaiement l'Olonnais, voilà votre guide.

— Prenez garde, mon père, dit-il mystérieusement à l'oreille de fray Arsenio, cet homme sait tout ; je le crois, entre nous, un peu possédé du démon.

— Oh ! s'écria-t-il, en se levant comme poussé par un ressort et faisant force signes de croix, ce qui donna encore davantage à rire aux aventuriers.

— Allons, reprenez votre place et écoutez-moi, reprit l'Olonnais en le saisissant par le bras et l'obligeant à se rasseoir, mon ami et moi nous plaisantons, voilà tout.

— Excusez-moi, nobles caballeros, balbutia le moine, je suis extraordinairement pressé, il me faut malgré moi vous quitter à l'instant.

— Bah ! où irez-vous seul à cette heure ? tomber dans quelque fondrière ?

Cette perspective peu agréable donna à réfléchir au moine, cependant la terreur qu'il éprouvait fut la plus forte.

— C'est égal, dit-il, il faut que je parte.

— Allons donc ! jamais dans ces ténèbres vous ne trouverez le chemin du hatto del Rincon.

Pour cette fois le moine fut vaincu, cette nouvelle révélation lui cassa littéralement bras et jambes, il se considéra comme en proie à un horrible cauchemar, et n'essaya pas de continuer une lutte impossible.

— Là, reprit l'engagé, vous voilà raisonnable maintenant ; reposez-vous, je ne vous tourmenterai pas davantage, et afin de vous prouver que je ne suis pas aussi méchant que vous le supposez, je me charge de vous trouver un guide.

— Un guide, balbutia fray Arsenio, Dieu me garde d'en recevoir un de votre main.

— Rassurez-vous, señor padre, ce ne sera pas un démon, bien qu'à la rigueur il se puisse faire qu'il ait quelque ressemblance morale et physique avec l'esprit malin ; le guide dont il s'agit est tout simplement un Caraïbe.

— Ah ! fit le moine en respirant avec force, comme si un grand poids lui était enlevé de dessus la poitrine, si c'est bien réellement un Caraïbe...

— Pardieu ! que diable voulez-vous que ce soit ?

Fray Arsenio se signa dévotement.

— Excusez-moi, dit-il, je ne voulais pas vous offenser.

— Allons, allons, ayez patience ; je vais moi-même chercher le guide promis, car je vois que vous êtes pressé réellement de nous fausser compagnie.

L'Olonnais se leva, prit son fusil, siffla un venteur et s'éloigna à grands pas.

— Plaignez-vous donc, dit le Poletais, vous allez pouvoir continuer votre route sans craindre de vous égarer cette fois.

— Ce digne caballero est-il donc réellement allé chercher un guide, ainsi qu'il me l'a promis ? demanda fray Arsenio, qui n'osait trop compter sur la promesse de l'engagé.

— Dame ! je ne vois pas trop où il serait allé sans cela, et pourquoi il aurait ainsi quitté le boucan.

— Vous êtes donc bien véritablement boucanier, señor ?

— A votre service, señor padre.

— Ah ! ah ! et venez-vous souvent de ce côté ?

— Je crois, le diable m'emporte, que vous me questionnez, señor padre ! dit le Poletais en fronçant le sourcil et en le regardant en face, qu'est-ce que cela vous fait que je vienne ici ou autre part ?

— A moi ? rien du tout.

— C'est juste, mais cela peut faire à d'autres, n'est-ce pas ? Et vous ne seriez pas fâché de savoir à quoi vous en tenir.

— Oh ! pouvez-vous supposer ? se hâta de dire fray Arsenio.

— Je ne suppose pas, vive Dieu ! je sais fort bien ce que je veux dire ; mais, croyez-moi, señor moine, perdez cette habitude d'interroger, surtout des boucaniers, gens qui par caractère n'aiment pas les questions : cela risquerait un jour ou l'autre de vous jouer un mauvais tour ; c'est un simple conseil que je me permets de vous donner.

— Je vous remercie, señor, je m'en souviendrai, bien que je n'aie pas eu, en vous disant cela, l'intention que vous me supposez.

— Tant mieux, faites toujours votre profit de ma recommandation.

Ainsi rebuté, le moine se renferma dans un craintif silence ; pour donner le change à ses pensées qui, nous devons le dire, n'étaient nullement couleur de rose en ce moment, il prit le chapelet pendu à sa ceinture et commença à marmotter des prières à voix basse.

Près d'une heure s'écoula ainsi sans qu'un seul mot fût échangé entre les deux hommes : le Poletais hachait du tabac en sifflotant entre ses dents, le moine priait ou du moins en avait l'air.

Enfin un léger bruit se fit entendre à une courte distance et au bout de quelques instants l'engagé parut ; un Indien le suivait, cet Indien était O-mopoua, le chef caraïbe.

— Alerte, alerte, señor moine ! dit gaiement l'Olonnais, voilà votre guide, je vous réponds de sa fidélité ; il vous conduira en sûreté jusqu'à deux portées de fusil du hatto.

Le moine ne se fit pas répéter l'invitation : tout lui semblait préférable à demeurer plus longtemps en compagnie de ces deux réprouvés ; d'ailleurs il croyait ne rien avoir à redouter d'un Indien.

Il se leva d'un bond, remit la bride à son cheval, qui avait fait un excellent souper et avait eu tout le temps nécessaire pour se reposer.

— Señores, dit-il, dès qu'il fut en selle, je vous remercie de votre cordiale hospitalité, que la bénédiction du Seigneur soit avec vous.

— Merci, répondit en riant l'engagé, mais une dernière recommandation avant votre départ : n'oubliez pas, en arrivant au hatto, de dire de ma part à doña Clara de Bejar que je l'attends demain ici, vous m'entendez ?

Le moine poussa un cri d'effroi. Sans répondre il enfonça les éperons dans les flancs de sa monture et se lança au galop du côté où déjà le Caraïbe s'était éloigné de ce pas pressé et élastique qu'un cheval au trot ne suit que difficilement.

Les deux boucaniers le regardèrent fuir en riant aux éclats, puis, s'étendant les pieds au feu et plaçant leurs armes à portée de leurs mains, ils s'accommodèrent pour dormir, sous la garde de leurs chiens, vigilantes sentinelles qui ne les laisseraient pas surprendre.

XXVI

SUITES D'UNE RENCONTRE

Fray Arsenio suivait son silencieux guide, heureux, bien qu'il se trouvât, pour ainsi dire, livré entre les mains d'un Indien qui, par instinct, devait haïr les Espagnols, ces féroces oppresseurs de sa race décimée et presque détruite, d'être parvenu à se sortir sain et sauf d'entre les mains des aventuriers qu'il redoutait non seulement comme étant des ladrones, c'est-à-dire des hommes sans foi et perdus de vices, mais encore des démons ou tout au moins des sorciers en commerce régulier avec le diable, car telles étaient les idées erronées que les Espagnols les plus éclairés se faisaient sur les flibustiers et les boucaniers.

Il avait fallu au moine tout le dévouement qu'il professait pour doña Clara, et tout l'ascendant que cette charmante femme possédait sur ceux qui l'approchaient, pour qu'il eût consenti à l'exécution d'un projet aussi insensé à son avis que celui de se mettre en rapport direct avec un des chefs les plus renommés des flibustiers, et ce n'avait été qu'en tremblant qu'il avait accompagné sa pénitente à l'île de Nièves.

Lorsque nous l'avons rencontré, il se rendait au hatto afin d'apprendre, ainsi que cela avait été convenu avec elle, à doña Clara, l'arrivée de l'escadre flibustière à Port-Margot, et par conséquent la présence de Montbars dans l'île de Saint-Domingue.

Malheureusement le moine, peu aguerri aux voyages de nuit, à travers des chemins non frayés, qu'il fallait deviner à chaque pas, s'était perdu dans la savane. Transi de crainte, mourant presque de faim et brisé de fatigue, le moine avait vu briller la lueur d'un feu à peu de distance; cette vue lui avait rendu, sinon le courage, du moins l'espoir ; il s'était en conséquence dirigé le plus rapidement possible vers le feu, et était venu donner tête baissée dans un boucan d'aventuriers français, suivant sans s'en douter, l'exemple de ces étourdis coléoptères qui se sentent fatalement entraînés vers la brillante flamme à laquelle ils brûleront leurs ailes.

Plus heureux que les insectes susdits, le digne moine n'avait rien brûlé du tout; il s'était reposé, avait bien bu, bien mangé, et à part une frayeur bien légitime de se trouver en pareille compagnie ainsi à l'improviste, il s'était assez bien, du moins il le supposait, sorti de ce grand danger, et avait même réussi à obtenir un guide; tout était donc pour le mieux, Dieu n'avait cessé de veiller sur son serviteur, et celui-ci n'avait autre chose à faire que de se laisser diriger par lui. Du reste, ce qui concourait encore à augmenter la confiance du moine, c'était la taciturne insouciance de son guide, qui, sans prononcer un mot, ni paraître s'occuper de lui le moins du monde, marchait en avant du cheval, traversant la savane en biais, se frayant un chemin à travers les hautes herbes, et paraissant se diriger aussi sûrement au milieu des ténèbres qui l'entouraient que s'il eût été éclairé par les éblouissants rayons du soleil.

Ils marchèrent assez longtemps ainsi à la suite l'un de l'autre sans échanger une parole; de même que tous les Espagnols, Fray Arsenio professait un profond mépris pour les Indiens, ce n'était qu'à son corps défendant que parfois il entamait des rapports avec eux. De son côté, le Caraïbe ne se souciait nullement d'engager avec cet homme, qu'il considérait comme un ennemi né de sa race, une conversation qui n'aurait été qu'un bavardage sans importance.

Ils avaient atteint le sommet d'un petit monticule, du haut duquel on commençait à apercevoir briller dans le lointain, comme des points lumineux, les feux de bivac des soldats campés autour du hatto, lorsque tout à coup, au lieu de redescendre le monticule et de continuer à s'avancer, O-mo-poua s'arrêta en jetant autour de lui des regards inquiets et en humant l'air avec force, tout en ordonnant d'un signe de la main à l'Espagnol de s'arrêter.

Celui-ci obéit et demeura immobile comme une statue équestre, observant, avec une curiosité mêlée d'un certain malaise, les gestes de son guide.

Le Caraïbe s'était étendu sur le sol et, l'oreille appuyée à terre, il écoutait.

Au bout de quelques instants, il se releva sans cependant cesser d'écouter.

— Que se passe-t-il donc? demanda à voix basse le moine, que ce manège commençait à sérieusement inquiéter.

— Des cavaliers arrivent sur nous à toute bride.

— Des cavaliers à cette heure de nuit dans la savane? reprit fray Arsenio d'un ton incrédule, c'est impossible!

— Vous y êtes bien, vous! fit l'Indien avec un sourire moqueur.

— Hum! c'est vrai, murmura le moine frappé de la logique de cette réponse; qui peuvent-ils être?

— Je ne sais, mais bientôt je vous le dirai, répliqua le Caraïbe.

Et, avant que le moine eût eu le temps de lui demander quel était son projet, O-mo-poua se glissa à travers les hautes herbes et disparut, laissant fray Arsenio tout déconcerté de cette fuite rapide et surtout fort empêché de se voir ainsi abandonné seul au milieu du désert.

Quelques minutes s'écoulèrent pendant lesquelles le moine essaya d'entendre, mais vainement, le bruit que l'acuité de perception dont était doué l'Indien lui avait fait saisir depuis longtemps déjà au milieu des rumeurs confuses de la savane.

Le moine, se croyant décidément abandonné par son guide, se préparait à continuer sa route, s'en remettant à la Providence du soin de le conduire à son port, lorsqu'un léger bruissement se fit dans les broussailles tout auprès de lui et l'Indien reparut.

— Je les ai vus, dit-il.

— Ah! fit le moine, et quels sont ces hommes?

— Des Blancs comme vous.

— Des Espagnols, alors?

— Oui, des Espagnols.

— Tant mieux, reprit fray Arsenio que cette bonne nouvelle acheva de rassurer; sont-ils nombreux?

— Cinq ou six tout au plus; ils se dirigent comme vous vers le hatto où, d'après ce que j'ai compris, ils ont grande hâte d'arriver.

— Oh! bien, c'est parfait; où sont-ils en ce moment?

— A deux jets de pierre tout au plus; d'après la direction qu'ils suivent, ils passeront à la place même où vous êtes.

— De mieux en mieux alors, nous n'avons qu'à les attendre.

— Vous, oui, si cela vous convient, quant à moi, je n'ai que faire de les rencontrer.

— C'est juste, mon ami, reprit le moine d'un air paterne, peut-être même cette rencontre ne serait-elle pas agréable pour vous : agréez donc tous mes remerciements pour la façon dont vous m'avez guidé jusqu'ici.

— Vous êtes bien résolu à les attendre alors? Je puis, si vous voulez, vous les faire éviter.

— Je n'ai aucun motif pour me cacher des hommes de ma couleur; quels qu'ils soient je trouverai, j'en suis sûr, des amis en eux.

— Fort bien, vos affaires vous regardent, je n'ai pas à m'en mêler; mais le bruit se rapproche, ils ne tarderont pas à arriver; je vous quitte, il est inutile qu'ils me trouvent ici.

— Adieu.

— Une dernière recommandation : si par hasard il leur prenait fantaisie de vous demander qui vous a servi de guide, ne le dites pas.

— Il n'est guère probable qu'ils me demandent cela.

— N'importe, promettez-moi, le cas échéant, de me garder le secret.

— Soit, je me tairai, puisque vous l'exigez, bien que je ne comprenne pas bien le motif d'une telle recommandation.

Le moine n'avait pas fini sa phrase que l'Indien avait disparu.

Les cavaliers se rapprochaient rapidement, le galop de leurs chevaux retentissait sur le sol comme un roulement de tonnerre. Soudain plusieurs ombres, à peine distinctes dans l'obscurité, surgirent, pour ainsi dire, du milieu des ténèbres, et une voix brève fit entendre ce seul mot :

— Qui vive?

— Ami, répondit le moine.

— Dites votre nom, *sangre de Dios!* reprit la voix avec un accent de colère, tandis que le claquement sec de la batterie d'un pistolet qu'on armait résonna désagréablement aux oreilles du moine; il n'y a pas d'amis au désert pendant la nuit.

— Je suis un pauvre religieux franciscain, je me rends au hatto del Rincon, et je me nomme fray Arsenio Mendoza.

Un cri strident répondit à ces paroles du moine, cri dont celui-ci n'eut pas le temps de chercher à deviner la nature, c'est-à-dire s'il était de joie ou de colère, car les cavaliers arrivèrent sur lui comme la foudre et l'enveloppèrent avant même qu'il eût compris le motif d'une aussi fougueuse rapidité à le joindre.

— Eh! señores, s'écria-t-il d'une voix tremblante d'émotion, que signifie cela? Ai-je donc affaire à des ladrones?

— Bon, bon, tranquillez-vous, señor padre, répondit une voix rude, qu'il crut reconnaître, nous ne sommes pas des ladrones, mais bien des Espagnols comme vous, et rien ne pouvait nous faire plus de plaisir que de vous rencontrer en ce moment.

— Je suis charmé de ce que vous me dites, caballero, j'avoue que tout d'abord la brusquerie de vos manières m'avait fort inquiété, mais maintenant je suis complètement rassuré.

— Tant mieux, reprit l'inconnu avec ironie, d'autant plus que j'ai à causer avec vous.

— Causer avec moi, señor? fit-il avec étonnement. L'endroit et l'heure sont mal choisis pour un entretien, il me semble; si vous voulez attendre jusqu'au hatto, dès mon arrivée je me mettrai à votre disposition.

— Trêve de verbiage et descendez de cheval, répondit rudement l'inconnu, si vous ne préférez que je vous fasse descendre, moi.

Le moine jeta un regard effrayé autour de lui: les cavaliers le fixaient d'un air sombre, ils ne semblaient nullement disposés à lui venir en aide.

Fray Arsenio, par état et par complexion, était tout le contraire d'un homme brave; la façon dont débutait cette aventure commençait à l'effrayer sérieusement; il ne savait pas encore entre les mains de quels individus il était tombé, mais tout lui faisait supposer que ces individus, quels qu'ils fussent, n'étaient pas animés de bons sentiments à son égard.

Cependant, toute résistance était impossible, il se résigna à obéir; mais ce ne fut pas sans exhaler un soupir de regret à l'adresse du Caraïbe, dont il avait méprisé le conseil, cependant si judicieux, qu'il descendit enfin de cheval et se plaça en face de son sévère interlocuteur.

— Allumez une torche, dit l'étrange cavalier, je veux que cet homme me reconnaisse, que sachant qui je suis, il comprenne qu'il n'a aucun faux-fuyant à employer vis-à-vis de moi et que la franchise seule le peut sauver du sort qui le menace.

Le moine comprenait de moins en moins; de bonne foi, il se croyait en proie à un cauchemar horrible.

Cependant, sur l'ordre du cavalier, un des hommes de sa suite avait allumé une torche en bois d'ocote.

Aussitôt que la flamme se projeta sur les traits de l'étranger et éclaira son visage, le moine fit un bond de surprise et joignant les mains en même temps que les traits de son visage se rassérénaient presque subitement:

— Dieu soit loué! s'écria-t-il avec un accent de béatitude impossible à rendre; est-il possible que ce soit vous, señor don Stenio de Bejar! j'étais si loin de croire avoir cette nuit le bonheur de vous rencontrer, señor conde, que, sur ma foi, je ne vous ai pas reconnu et j'ai presque eu peur.

Le comte, car c'était lui effectivement que le moine avait si malencontreusement rencontré, ne répondit pas tout d'abord et se contenta de sourire.

Don Stenio de Bejar, parti de Santo-Domingo à franc étrier pour se rendre au hatto del Rincon, afin de s'assurer de la vérité des renseignements donnés par don Antonio de la Ronda, venait ainsi, par le plus grand des hasards, au moment d'atteindre le but de son voyage, de se trouver, lorsqu'il s'y attendait le moins, face à face avec fray Arsenio Mendoza, c'est-à-dire avec le seul homme en état de lui prouver péremptoirement la vérité ou la fausseté des assertions de l'espion qui avait dénoncé doña Clara à son mari.

La réputation de poltronnerie de fray Arsenio était faite de longue main parmi ses compatriotes, rien ne paraissait donc plus facile que d'obtenir de lui la vérité dans tous ses détails.

Le comte se croyait à peu près certain, en employant l'intimidation, de parvenir à faire avouer à fray Arsenio ce qu'il savait; aussi, dès que celui-ci avait eu prononcé son nom, averti par l'espion qui galopait à son côté, don Stenio résolut-il d'effrayer le religieux et de le mettre ainsi dans l'impossibilité de résister aux ordres qu'il lui intimerait.

Nous nous plaisons à croire qu'en agissant ainsi, le comte n'avait nullement, nous ne dirons pas l'intention, mais la pensée d'en arriver avec le pauvre moine à des voies de fait toujours regrettables, mais surtout déshonorantes de la part d'un homme dans sa position; malheureusement, devant la résistance imprévue et incompréhensible que, contre toute probabilité, lui opposa le moine, le comte se laissa emporter par la colère et malgré lui donna des ordres dont la dureté et même la cruauté ne sauraient être en aucun cas justifiées.

Après un silence de quelques secondes, don Stenio fixa un regard perçant sur le moine, comme s'il eût voulu découvrir sa pensée jusqu'au fond de son cœur, et le saisissant brutalement par le bras:

— D'où venez-vous? lui demanda-t-il d'une voix rude; est-ce donc la coutume que les moines de votre ordre courent la campagne à cette heure de nuit?

— Monseigneur! balbutia fray Arsenio, pris à l'improviste par cette question à laquelle il était loin de s'attendre.

— Voyons, voyons, reprit le comte, répondez à l'instant, et surtout pas de faux-fuyant ni de tergiversations.

— Mais, monseigneur, je ne comprends rien à cette grande colère que vous semblez avoir contre moi, je suis innocent, je vous le jure.

— Ah! ah! fit-il avec un rire ironique, vous êtes innocent, vive Dios! vous vous hâtez de vous défendre avant qu'on vous accuse; vous vous sentez donc coupable?

Fray Arsenio connaissait la jalousie du comte, jalousie que celui-ci cachait si mal, qu'à chaque instant, quelque effort qu'il fît, elle éclatait aux yeux de tous; il comprit alors que le secret de doña Clara avait été révélé à son mari, entrevit le péril qui le menaçait comme lui ayant servi de complice. Cependant il espéra que le comte ne connaîtrait que certains faits tout en ignorant les détails du voyage de la comtesse; bien qu'il tremblât intérieurement à la pensée des dangers auxquels sans doute il était exposé, seul et sans défense aux mains d'un homme aveuglé par la colère et le désir de se venger de ce qu'il considérait comme une tache à son honneur, il résolut, quoi qu'il dût arriver, de ne pas trahir la confiance qu'une femme malheureuse avait placée en lui.

Une voix brève fit entendre ce seul mot : « Qui vive ! — Ami ! » répondit le moine.

Il releva la tête et avec une voix ferme et un accent dont il fut lui-même étonné :
— Monseigneur, répondit-il, vous êtes gouverneur de Santo-Domingo ; vous avez droit de haute et basse justice sur les gens placés sous votre domination ; vous disposez d'un pouvoir presque souverain ; mais vous n'avez pas que je sache, qualité pour me maltraiter, soit en paroles, soit en actions, ni pour me faire à votre caprice subir un interrogatoire ; j'ai des supérieurs des-

quels je dépends, faites-moi conduire près d'eux, livrez-moi à leur justice : si j'ai commis quelque faute ils me puniront, car à eux seuls appartient le droit de me condamner ou de m'absoudre.

Le comte avait écouté cette longue réponse du moine en se mordant les lèvres avec dépit et en frappant du pied avec colère. Il ne croyait pas trouver chez cet homme une si rude résistance.

— C'est ainsi ! s'écria-t-il, lorsque enfin fray Arsenio se tut, vous refusez de me répondre ?

— Je refuse, monseigneur, dit-il froidement, parce que vous n'avez pas qualité pour m'interroger.

— Seulement vous oubliez, señor padre, que si je n'ai pas le droit, j'ai la force ; en ce moment, du moins.

— Libre à vous, monseigneur, d'abuser de cette force contre un malheureux sans défense ; je ne suis pas homme de guerre, la douleur physique me fait peur ; je ne sais comment j'endurerai les tortures que peut-être vous m'infligerez, mais il y a une chose dont je suis certain.

— Laquelle, s'il vous plaît, señor padre ?

— C'est que je mourrai, monseigneur, avant que de répondre à une de vos questions.

— C'est ce que nous verrons, fit-il avec un accent railleur, si vous me contraignez à recourir à la violence.

— Vous le verrez donc, reprit-il d'une voix douce mais ferme, qui dénotait une résolution irrévocable.

— Pour la dernière fois, je consens à vous avertir ; prenez garde, réfléchissez.

— Toutes mes réflexions sont faites, monseigneur, je suis en votre pouvoir, abusez de ma faiblesse comme bon vous semblera, je n'essayerai même pas une défense inutile ; je ne serai pas le premier religieux de mon ordre qui sera tombé martyr du devoir, d'autres m'ont précédé et d'autres sans doute me suivront dans cette voie douloureuse.

Le comte frappa du pied avec colère. Les assistants, muets et immobiles, échangeaient entre eux des regards atterrés ; ils prévoyaient que cette scène allait bientôt avoir un dénouement terrible entre ces deux hommes dont ni l'un ni l'autre ne voulait faire de concessions et dont le premier, aveuglé par la rage, ne serait plus bientôt en état d'obéir aux salutaires conseils de la raison.

— Monseigneur, murmura don Antonio de la Ronda, les étoiles commencent à pâlir dans le ciel, le jour ne tardera pas à se lever, nous sommes loin du batto encore ; ne vaudrait-il pas mieux nous remettre en route sans plus tarder ?

— Silence ! répondit le comte avec un sourire de mépris ; Pedro, ajouta-t-il en s'adressant à un de ses domestiques, une mèche.

Le valet mit pied à terre et s'avança, une longue mèche soufrée à la main.

— Les deux pouces, dit laconiquement le comte.

Le domestique s'approcha du moine ; celui-ci lui tendit les mains sans hésiter, bien que son visage fût d'une pâleur effrayante et que tout son corps frissonnât.

Pedro lui roula froidement la mèche entre les deux pouces sous les ongles, puis il se tourna vers le comte.

— Pour la dernière fois, moine, dit celui-ci, veux-tu parler ?

— Je n'ai rien à vous dire, monseigneur, répondit fray Arsenio d'une voix douce.

— Allume, commanda le comte en se mordant les lèvres jusqu'au sang.

Le valet, avec cette obéissance passive qui distingue cette sorte de gens, mit le feu à la mèche.

Le moine tomba à genoux en levant les yeux au ciel ; son visage avait pris une teinte terreuse, une sueur froide perlait à ses tempes, ses cheveux se hérissaient ; la souffrance qu'il éprouvait devait être horrible, car sa poitrine se soulevait avec effort par un mouvement saccadé, cependant ses lèvres entr'ouvertes demeuraient muettes.

Le comte l'épiait avec anxiété.

— Parleras-tu enfin, moine ? lui dit-il d'une voix sourde.

Fray Arsenio tourna vers lui son visage dont les traits étaient contractés par la douleur et lui jetant un regard empreint d'une inexprimable douceur :

— Je vous remercie, monseigneur, dit-il, de m'avoir appris que la douleur n'existe pas pour l'homme dont la foi est vive.

— Sois maudit, misérable ! s'écria le comte en le renversant d'un coup de sa botte dans la poitrine ; à cheval, señores, à cheval, soyons au hatto avant le lever du soleil.

Les cavaliers se remirent en selle et s'éloignèrent à toute bride, abandonnant sans un regard de pitié le pauvre moine qui, vaincu par la souffrance, avait roulé évanoui sur le sol.

XXVII

ORGANISATION DE LA COLONIE

Une triple expédition aussi sérieuse que celle conçue par Montbars demandait, pour réussir, des soins et des précautions extrêmes.

Les quelques points occupés par les boucaniers sur l'île espagnole ne ressemblaient nullement à des villes ; c'étaient des agglomérations de cases construites sans ordre, au gré et au caprice des propriétaires, occupant un espace vingt fois plus grand que celui que, logiquement, vu la population, elles auraient dû prendre, ce qui faisait de ces points des endroits presque impossibles à défendre contre une attaque bien combinée des Espagnols, si la pensée venait à ceux-ci d'en finir une fois pour toutes avec leurs redoutables voisins.

Le Port-Margot, par exemple, le point le plus important comme position stratégique des possessions françaises, n'était qu'un bourg misérable, ouvert à tous venants, sans police, sans organisation régulière, où se parlaient toutes les langues, et dans lequel, avec la plus grande facilité, les espions espagnols s'introduisaient sans courir le risque d'être découverts, et éventaient ainsi tous les projets des flibustiers.

Montbars, avant de marcher en avant et d'attaquer les Espagnols, qu'il soupçonnait, avec raison, d'avoir été instruits déjà des motifs de sa présence dans l'île, soit par don Antonio de la Ronda, soit par d'autres espions, et ne voulant pas, lorsqu'il se préparait à surprendre l'ennemi, être surpris lui-même et voir sa retraite coupée par une attaque imprévue, résolut de mettre le Port-Margot à l'abri d'un coup de main.

Le grand conseil des flibustiers fut convoqué à bord du lougre amiral. De cette façon les résolutions prises dans le conseil ne transpireraient pas dans des oreilles ennemies, toujours ouvertes pour les entendre.

Deux jours après le départ du Poletais, le conseil se réunit donc sur le pont même du navire qui avait été disposé à cet effet, la chambre de l'amiral ayant été jugée trop petite pour contenir tous ceux que leur richesse ou leur réputation autorisaient à faire partie de la réunion.

A dix heures du matin, de nombreuses pirogues se détachèrent du rivage et vinrent, à force de rames, accoster le lougre, non seulement par la hanche de tribord, mais encore par tous les côtés à la fois.

Montbars recevait les délégués au fur et à mesure qu'ils se présentaient et les introduisait sous la tente préparée pour eux.

Bientôt tous les délégués se trouvèrent réunis à bord ; ils étaient au nombre de quarante, flibustiers, boucaniers ou habitants ; tous, aventuriers depuis de longues années aux îles, ennemis acharnés des Espagnols, dont le teint bronzé par le soleil des tropiques, les traits énergiques et les regards ardents les faisaient plus ressembler à des bandits qu'à de paisibles colons, mais dont l'allure franchement décidée laissait deviner les prodiges d'incroyable audace que déjà ils avaient accomplis et ceux que, le moment venu d'agir, ils accompliraient encore.

Lorsque tous les membres du conseil furent à bord, Michel le Basque donna l'ordre aux pirogues de retourner à terre, et de n'accoster le navire de nouveau, que lorsqu'elles apercevraient un pavillon quadrillé de rouge et de noir hissé à la tête du grand mât du lougre.

Un splendide déjeuner précéda le conseil qui ne fut tenu qu'à table et au moment du dessert, afin de mieux déjouer les regards indiscrets qui, du haut des mornes, surveillaient sans doute ce qui se passait à bord.

Lorsque le repas fut terminé, que l'eau-de-vie, les pipes et le tabac eurent été servis par les engagés, ordre fut donné d'enlever les rideaux de la tente ; tout l'équipage du lougre se retira sur l'avant du bâtiment, et Montbars, sans quitter son siège, frappa de son couteau sur la table pour réclamer le silence.

Les délégués savaient vaguement que de graves intérêts allaient être traités, aussi n'avaient-ils bu et mangé que pour la forme, et bien que la table offrît toutes les apparences d'une véritable orgie flibustière, les têtes étaient saines, les cerveaux parfaitement froids.

La rade de Port-Margot offrait en ce moment un spectacle étrange, qui ne manquait pas d'une certaine grandeur pittoresque et sauvage.

Des milliers de pirogues se tenaient sur les avirons, formant un immense cercle, dont l'escadre flibustière était le centre.

A terre, les mornes et les pointes de rochers disparaissaient littéralement sous la masse compacte et confuse des spectateurs accourus de toutes les habitations pour assister de loin à ce gigantesque et homérique festin, dont ils étaient loin de soupçonner, sous son apparence frivole, le motif sérieux.

Montbars, après avoir, par quelques mots, fait remarquer à ses amis l'affluence énorme des spectateurs qui les entouraient et combien il avait eu raison de prendre ses précautions en conséquence, remplit sa coupe, se leva et tendant son verre :

— Frères, cria-t-il d'une voix sonore, à la santé du roi !

— A la santé du roi ! répondirent les flibustiers en se levant et choquant leurs verres.

Au même instant, tous les canons du lougre éclatèrent à la fois avec un bruit formidable; une longue clameur partie du rivage prouva que les spectateurs s'associaient de cœur à ce toast patriotique.

— Maintenant, reprit l'amiral en s'asseyant, mouvement imité par les convives, parlons de nos affaires, et surtout parlons-en de façon à ce que nos gestes, à défaut de nos paroles, que nul ne peut entendre, ne laissent pas soupçonner ce qui nous occupe.

Le conseil commença. Alors Montbars, avec cette hauteur de vues et cette clarté d'expressions qu'il possédait, expliqua en quelques mots la situation critique dans laquelle se trouvait la colonie si l'on ne prenait pas des mesures énergiques pour la mettre en état, non seulement de se défendre, mais encore de se suffire à elle-même pendant l'absence des membres de l'expédition.

— Je comprends, dit-il en se résumant, que tant que nous n'avons eu d'autre intention que celle de chasser les taureaux sauvages, ces précautions étaient inutiles, nos poitrines étaient de sûrs remparts pour nos habitations; mais aujourd'hui la position est changée, nous voulons nous créer un refuge inexpugnable; nous allons attaquer les Espagnols chez eux, nous devons donc nous attendre à des représailles terribles de la part d'ennemis qui, à la façon dont nous agirons envers eux, comprendront bientôt que nous voulons demeurer seuls possesseurs de cette terre qu'ils se sont habitués à considérer comme leur appartenant légitimement; il faut donc que nous soyons en état, non seulement de leur résister, mais de leur infliger un châtiment tel pour leur outrecuidance, qu'ils soient à jamais dégoûtés de venir de nouveau essayer de reprendre le territoire que nous avons conquis. Pour cela, il nous faut construire une ville véritable, à la place du camp provisoire qui jusqu'à présent nous a suffi; il faut, en outre, que, à part les membres de notre association, nul étranger ne puisse s'introduire parmi nous, nous espionner et aller redire à nos ennemis nos secrets, quels qu'ils soient.

Les flibustiers applaudirent chaleureusement à ces paroles, dont ils reconnurent la vérité; ils comprenaient enfin la nécessité de mettre l'ordre dans leur désordre et d'entrer dans la grande famille humaine, en acceptant quelques-unes de ces lois dont ils avaient cru pouvoir s'affranchir à tout jamais, et qui sont les seules conditions de viabilité des sociétés.

Sous l'influence toute-puissante de Montbars et des membres de l'association des Douze, disséminés dans l'assemblée, on discuta et on arrêta immédiatement les mesures urgentes; mais lorsque tout fut convenu, le conseil se trouva soudain arrêté net par une difficulté à laquelle il n'avait nullement songé : qui serait chargé de mettre ces mesures à exécution, nul des boucaniers n'ayant d'autorité reconnue sur les autres?

La difficulté était grande, presque insurmontable; cependant ce fut encore Montbars qui réussit à l'aplanir à la satisfaction générale.

— Rien de plus facile, dit-il, que de trouver l'homme dont nous avons besoin. C'est ici un cas exceptionnel, agissons donc selon les circonstances, élisons un chef; comme pour une expédition dangereuse, prenons-le énergique et intelligent, ce qui nous est la moindre des choses puisque nous n'avons que l'embarras du choix; ce chef sera élu par nous, le premier pour un an, ceux qui le suivront ne le seront que pour six mois, afin de parer aux abus de pouvoir que plus tard ils pourraient avoir l'intention de commettre. Ce chef prendra le titre de gouverneur, et gouvernera en réalité toutes les affaires civiles, aidé par un conseil composé de sept membres, choisis par les habitants, plus des agents subalternes nommés par lui; les lois qu'il appliquera existent, ce sont celles de notre association; il est bien entendu que le gouverneur veillera, comme un capitaine à son bord, sur la sûreté de la colonie et sera passible, en cas de trahison, de la peine de mort. Cette proposition est, je le crois, la seule que nous puissions prendre en considération; vous agrée-t-elle, frères; l'acceptez-vous?

Les délégués répondirent par une affirmation unanime.

— Alors procédons sans retard à l'élection.

— Pardonnez, frères, dit Belle-Tête, j'ai, si vous me le permettez, quelques observations à soumettre au conseil.

— Parlez, frère, nous vous écoutons, répondit Montbars.

— Je me propose, reprit nettement Belle-Tête, pour être gouverneur, non point par ambition, cette ambition serait absurde, mais parce que je crois être en ce moment le seul homme de la situation: tous vous me connaissez, je ne ferai donc pas mon apologie. Certaines raisons m'engagent à essayer, si cela est possible, de retirer ma parole et de ne pas suivre l'expédition à laquelle cependant je suis convaincu que je rendrai de grands services, si vous me choisissez pour gouverneur.

— Vous avez entendu, frères, dit Montbars; consultez-vous; mais d'abord remplissez vos verres; vous avez dix minutes pour réfléchir; dans dix minutes, tous les verres qui n'auront pas été vidés seront considérés comme des votes négatifs.

— Ah! traître, dit Michel le Basque en se penchant, en riant, à l'oreille de Belle-Tête, auprès duquel il était assis; je sais pourquoi vous voulez rester au Port-Margot.

— Vous? allons donc! reprit-il avec embarras.

— Pardieu! ce n'est pas difficile à deviner : vous êtes pris, compagnon.

— Eh bien ! c'est vrai, vous avez raison, cette diablesse de femme que j'ai achetée à Saint-Cristophe, m'a tourné la cervelle, elle me fait marcher comme un braque.

— Ah ! l'amour ! fit ironiquement Michel le Basque.

— Que le diable emporte l'amour et la femme avec, une fillette pas plus grosse que ça, que je tuerais d'un coup de poing.

— Elle est fort jolie, vous avez eu bon goût ; c'est Louise qu'elle se nomme, je crois ?

— Louise, oui. C'est une mauvaise affaire que j'ai faite là.

— Bah ! fit Michel avec un sérieux parfait, eh bien ! mais, il y a un moyen d'arranger cela.

— Vous croyez ?

— Pardieu ! j'en suis sûr.

— Je voudrais bien le connaître, car je vous avoue qu'elle a complètement bouleversé mes idées ; cette diablesse de fille, avec sa voix d'oiseau et son sourire mutin, me fait tourner comme une girouette. Vrai Dieu ! je suis le plus malheureux des hommes. Voyons votre moyen, frère.

— Le voici, vendez-la-moi.

Belle-Tête pâlit subitement à cette offre à brûle-pourpoint, qui en effet arrangeait tout, mais que bien qu'il ne s'en doutât pas, Michel ne lui faisait qu'en plaisantant et simplement pour l'éprouver ; ses sourcils se froncèrent et ce fut d'une voix tremblante d'émotion et en frappant du poing sur la table qu'il répondit avec colère :

— Vive Dieu ! compagnon, le magnifique moyen que vous avez trouvé là ! mais du diable si je l'accepte ! Non, non, quelque chagrin que me donne cette diablesse, ne vous ai-je pas dit qu'elle m'a ensorcelé ; je l'aime ! sang et tonnerre ! comprenez-vous cela ?

— Pardieu ! si je le comprends ! Allons, rassurez-vous, je n'ai nullement l'intention de vous enlever Louise : que ferais-je d'une femme, moi ? D'ailleurs, ce que j'ai vu en fait d'amour chez les autres ne m'engage nullement à en essayer pour mon compte.

— A la bonne heure ! répondit Belle-Tête, rasséréné par cette franche déclaration, voilà qui est parler en homme ; et puis, vous avez raison, frère, bien que pour rien au monde je consente à me séparer de Louise. Si, avec l'expérience qu'elle m'a donnée, le marché était à refaire, le diable m'emporte si je la rachèterais !

— Ah ! fit Michel en haussant les épaules, on dit toujours ça et, le moment arrivé, on ne manque pas de recommencer la même sottise.

Belle-Tête réfléchit un instant, puis il frappa amicalement sur l'épaule de Michel en lui disant en riant :

— Eh bien ! ma foi, c'est vrai, frère, vous avez raison, je crois qu'en effet j'agirais ainsi que vous le dites.

— Je le sais bien, répondit Michel en haussant les épaules.

Pendant cet aparté entre les deux aventuriers, les dix minutes s'étaient écoulées.

— Frères, dit Montbars, nous allons procéder à l'examen des votes.

Il regarda : tous les verres étaient vides.

— Il y a unanimité, dit-il, c'est bien ; frère Belle-Tête, vous êtes élu gouverneur de Port-Margot.

— Frères, dit celui-ci en saluant à la ronde, je vous remercie de m'avoir donné vos suffrages, je ne tromperai pas votre attente. Notre colonie, dussé-je m'ensevelir sous ses ruines, ne tombera jamais entre les mains des Espagnols ; vous savez trop bien qui je suis pour douter de mon serment. Je compte aujourd'hui même me mettre à ma besogne ; ainsi que nous l'a fort bien dit l'amiral, nous n'avons pas un instant à perdre ; rapportez-vous-en à moi du soin de sauvegarder vos intérêts.

— Avant de nous séparer, dit Montbars, il serait bon, je crois, de convenir de garder, pendant quelques jours encore, nos déterminations secrètes.

— Demain, on pourra les divulguer sans danger, reprit Belle-Tête, seulement laissez-moi, frères, choisir parmi vous les quelques auxiliaires dont j'ai besoin.

— Faites, dirent les flibustiers.

Belle-Tête nomma huit aventuriers dont il connaissait la bravoure aveugle ; puis il s'adressa une dernière fois aux délégués, qui déjà se levaient et se préparaient à quitter le bord.

— Vous vous souvenez bien, n'est-ce pas, que je suis considéré comme chef d'une expédition.

— Oui, répondirent-ils.

— En conséquence, vous me devez la plus complète obéissance pour tous les ordres que je vous donnerai, dans l'intérêt commun.

— Oui, firent-il encore.

— Vous me jurez donc de m'obéir sans hésitation comme sans murmures ?

— Nous le jugerons.

— C'est bien, maintenant, au revoir, frères.

Les pirogues avaient été rappelées par le pavillon hissé au grand mât ; quelques minutes plus tard, tous les délégués avaient quitté le navire, excepté Belle-Tête et les huit officiers choisis par lui.

Montbars et Belle-Tête demeurèrent enfermés ensemble pendant plusieurs heures, convenant sans doute entre eux des mesures qu'il fallait adopter pour obtenir le plus tôt possible le résultat désiré ; puis, un peu avant le coucher du soleil, le nouveau gouverneur prit congé de l'amiral, s'embarqua dans un canot préparé exprès pour lui, et retourna à terre suivi par ses officiers.

Vers onze heures du soir, lorsque la ville paraissait complètement endormie, que toutes les portes étaient fermées, toutes les lumières éteintes, un observateur auquel il aurait été permis de voir ce qui se passait, aurait assisté à un étrange spectacle.

Des hommes armés se glissaient sournoisement hors des maisons en jetant à droite et à gauche des regards interrogateurs qui semblaient vouloir percer les ténèbres profondes dont ils étaient entourés, ils se rendaient isolément, en étouffant le bruit de leurs pas, sur la grande place et là se joignaient à d'autres

Le Port-Margot vers 1600, d'après une vieille estampe.

hommes armés comme eux et qui, arrivés les premiers, les attendaient.

Bientôt le nombre de ces hommes, qui s'augmentait de minute en minute, devint considérable; à un ordre donné à voix basse, ils se fractionnèrent en plusieurs troupes, quittèrent la place par différentes issues, sortirent de la ville et, s'échelonnant de distance en distance, ils formèrent autour d'elle un immense réseau qui l'enserra tout entière.

Cependant un dernier groupe d'une quarantaine d'hommes environ, était demeuré sur la place ; celui-là se fractionna à son tour, mais au lieu de sortir aussi de la ville, les pelotons, composés de dix hommes chaque, quittèrent la place par quatre points opposés, et s'enfoncèrent dans l'intérieur des rues.

Ceux-ci procédaient à des visites domiciliaires : aucune maison n'échappa à leur vigilance ; ils entrèrent dans toutes, les visitant avec la plus scrupuleuse exactitude, sondant les murs et les planchers, ouvrant jusqu'aux armoires et aux placards.

Des recherches aussi minutieuses devaient être longues, elles le furent en effet et ne cessèrent qu'au lever du soleil.

Huit espions espagnols avaient été découverts dans les maisons, trois arrêtés par les sentinelles au moment où ils essayaient de s'enfuir, en tout onze.

Le gouverneur les fit provisoirement mettre aux fers à bord du lougre afin qu'ils ne pussent s'évader.

Au lever du soleil, boucaniers, habitants, engagés et flibustiers, tous armés de pelles, de pioches, de haches, etc., se mirent en devoir de creuser un fossé autour de la ville.

Ce travail, accompli avec une ardeur extraordinaire, dura trois jours ; le fossé avait douze pieds de large sur quinze de profondeur, la terre avait été relevée en talus du côté de la ville ; sur ce talus on planta des pieux reliés entre eux par de forts crampons de fer, en ayant soin de laisser de distance en distance des embrasures pour placer des canons et des meurtrières.

Pendant que toute la population travaillait ainsi avec cette ardeur fébrile qui fait accomplir des prodiges, de grandes éclaircies avaient été pratiquées dans les bois entourant le port, puis on avait mis le feu à la forêt, en prenant bien soin que l'incendie ne s'étendît pas à plus d'une demi-lieue dans toutes les directions.

Ces travaux gigantesques qui, en temps ordinaire, demanderaient un laps de temps considérable, furent terminés au bout de dix jours, ce qui semblerait incroyable si le fait n'était pas consigné dans plusieurs ouvrages dignes de foi.

Le Port-Margot se trouvait donc, grâce à l'énergie de son gouverneur et à l'obéissance passive avec laquelle les flibustiers avaient exécuté ses ordres, mis non seulement à l'abri d'un coup de main, mais encore en état de résister à un siège en règle, et cela assez secrètement pour que rien de ce qui s'était fait n'eût transpiré au dehors et que, à cause des précautions prises tout d'abord, les Espagnols ne soupçonnassent point ce changement si menaçant pour eux et qui leur présageait une guerre à outrance.

Lorsque les fortifications furent terminées, le gouverneur fit dresser onze potences à une certaine distance les unes des autres sur les glacis, les malheureux espions espagnols y furent pendus et leurs corps demeurèrent attachés aux potences par des chaînes de fer, afin, dit Belle-Tête avec un sourire sinistre, que la vue des cadavres des suppliciés effrayât ceux de leurs compatriotes qui seraient tentés de suivre leur exemple et de s'introduire dans la ville.

Tous les habitants furent ensuite convoqués sur la grande place et Belle-Tête, monté sur une estrade préparée à cet effet, les instruisit des déterminations prises dans le conseil à bord du lougre, de sa nomination au poste de gouverneur, des mesures qu'il avait cru devoir prendre dans l'intérêt général, et il leur demanda leur approbation.

Approbation que les habitants refusèrent d'autant moins, qu'ils se trouvaient en présence de faits accomplis et que ces faits n'avaient rien de froissant pour eux.

Le gouverneur, voyant ainsi son mandat sanctionné, engagea les habitants à nommer un conseil de sept membres pris dans leur sein, proposition qu'ils acceptèrent avec joie, supposant avec raison que ces conseillers se chargeraient de défendre leurs intérêts.

Les sept conseillers municipaux furent donc élus sans désemparer et vinrent immédiatement, sur l'invitation du gouverneur, prendre place à ses côtés sur l'estrade.

Alors celui-ci annonça à la foule que rien n'était changé dans la colonie, qui toujours serait gouvernée d'après les lois en vigueur parmi les flibustiers, que chacun continuerait à vivre avec la même liberté que par le passé, que les mesures prises ne l'avaient été que dans le but de sauvegarder les intérêts de tous, mais nullement dans l'intention de vexer les colons et de les soumettre à un joug humiliant.

Cette dernière assurance produisit le meilleur effet sur la foule et le gouverneur se retira au milieu des vivats et des protestations les plus chaleureuses de dévouement.

Bien qu'il se fût obstiné à demeurer dans l'ombre, c'était à Montbars lui seul que toutes ces améliorations étaient dues; Belle-Tête n'avait été dans ses mains qu'un agent passif et soumis.

Lorsque l'amiral vit les choses au point où il les désirait, il résolut de partir; en effet, après avoir eu un dernier entretien avec le gouverneur, il se mit à la tête de ses flibustiers et quitta la ville.

Michel le Basque était parti plusieurs heures auparavant, chargé d'une mission secrète et accompagné de quatre-vingt-dix hommes résolus.

Dès lors l'expédition était réellement commencée. Quel en serait le résultat? c'est ce que nul ne pouvait prévoir.

XXVIII

LA FUITE DU BATTO

Sans même prendre le temps de jeter un coup d'œil sur les lettres qu'on lui avait remises, don Sancho les cacha dans son pourpoint et se rendit en toute hâte à l'appartement de sa sœur.

Celle-ci l'attendait avec anxiété.

— Enfin te voilà, mon frère! s'écria-t-elle en l'apercevant.

— Eh! répondit le jeune homme en lui baisant la main, ne m'attendais-tu pas, chère sœur?

— Si, oh! si, je t'attendais, mon frère, mais tu as bien tardé à arriver : d'où viens-tu donc si tard? demanda-t-elle avec agitation.

— D'où je viens? Parbleu! de la chasse, seul plaisir permis à un gentilhomme dans cet horrible pays.

— Comment, à cette heure!

— Dame! ma chère Clara, on revient quand on peut, surtout dans cette contrée, où l'on doit parfois être bien heureux de revenir.

— Tu parles par énigmes, mon frère, je ne te comprends pas du tout; sois donc assez bon pour t'expliquer clairement. Aurais-tu fait de mauvaises rencontres?

— Oui, plusieurs, fort mauvaises même; mais, pardon, ma chère Clara, si cela ne te fait rien, procédons par ordre, je te prie; tu as désiré me voir aussitôt mon retour, me voici à tes ordres, sois donc assez bonne pour me dire en quoi il est possible de te servir, puis je te raconterai la série d'événements singuliers dont ma chasse d'aujourd'hui a été émaillée ; j'ai même, je ne te le cache pas, certains renseignements à te demander, ainsi que quelques explications que tu ne refuseras sans doute pas de me donner.

— Que veux-tu dire, Sancho?

— Rien, quant à présent, ma sœur; parle la première, je t'en prie.

— Puisque tu l'exiges...

— Je n'ai rien à exiger de toi, ma sœur, je ne puis que te prier et c'est ce que je fais.

— Soit, je me rends à ta prière; j'ai reçu plusieurs lettres.

— Moi aussi, mais j'avoue que je ne les ai pas lues encore, d'ailleurs je ne les suppose pas fort importantes.

— Moi, j'ai lu les miennes, et sais-tu ce que l'on m'annonce entre autres nouvelles?

— Ma foi, non, à moins que ce soit ma nomination au poste d'alcade mayor de l'île espagnole, ce qui, je l'avoue, m'étonnerait considérablement, fit-il en riant.

— Ne plaisante pas, Sancho, la chose est fort sérieuse.

— Vrai? alors, parle, petite sœur, j'ai, tu le vois, la mine aussi rogue que ton cher époux.

— C'est justement de lui qu'il s'agit.

— Bah! mon beau-frère! Lui serait-il arrivé malheur dans l'exercice de ses nobles et ennuyeuses fonctions?

— Non, au contraire, il se porte mieux que jamais.

— Alors, tant mieux pour lui, je ne lui veux pas de mal, bien qu'il soit le plus fastidieux gentilhomme que je connaisse.

— Veux-tu m'écouter, oui ou non? fit-elle avec impatience.

— Mais je ne fais que cela, chère sœur.

— Tu es réellement insupportable.

— Allons, ne te fâche pas, c'est fini, je ne rirai plus.

— Tu as vu les deux cinquantaines campées devant le hatto?

— Oui, j'ai même été fort étonné de les voir là, je l'avoue.
— Tu le seras bien davantage, lorsque tu sauras que mon mari arrive
— Lui ? impossible, ma sœur, il ne m'a pas dit un mot de ce voyage.
— Parce qu'il est secret.
— Ah ! ah ! fit le jeune homme en fronçant le sourcil, et tu es sûre qu'il arrive ?
— Certaine, la personne qui m'écrit était là au moment de son départ que nul ne soupçonne; le courrier qui m'a apporté cette nouvelle et à qui la plus grande diligence était recommandée, ne le précède que de quelques heures à peine.
— Voilà qui est sérieux, en effet, murmura le jeune homme.
— Que faire ?
— Dame ! répondit insoucieusement le jeune homme, mais en fixant un regard interrogateur sur doña Clara, le recevoir.
— Oh ! s'écria la jeune femme en se tordant les mains avec désespoir, j'ai été trahie, il vient dans un désir de vengeance.
— Se venger ! et de quoi donc, ma sœur ?
Elle lui lança un regard d'une expression étrange, et se penchant vers lui :
— Je suis perdue, mon frère, dit-elle d'une voix sourde, perdue, car cet homme sait tout et il me tuera.
Don Sancho fut malgré lui attendri par cette douleur; il adorait sa sœur, il eut honte du rôle qu'il jouait en ce moment devant elle.
— Et moi aussi, Clara, dit-il, je sais tout.
— Toi! toi ! oh ! tu railles, mon frère.
— Non, je ne raille pas, je t'aime et je veux te sauver, fallût-il pour cela donner ma vie; ainsi rassure-toi et ne fixe pas sur moi tes yeux égarés par la douleur.
— Mais que sais-tu ? au nom du Ciel !
— Je sais ce que probablement un traître, ainsi que tu l'as dit, a vendu à ton mari, c'est-à-dire que tu as quitté le hatto, que tu t'es embarquée sur un bâtiment léger qui t'a conduite à l'île de Nièves, que là...
— Oh ! pas un mot de plus, mon frère, s'écria-t-elle en tombant éplorée dans ses bras, tu es bien instruit, en effet, mais je te le jure à toi, frère, au nom de ce qui existe de plus sacré au monde, bien que les apparences me condamnent, je suis innocente.
— Je le savais, ma sœur, je n'en ai jamais douté ; quelle est ton intention, attendras-tu ton mari ici ?
— Jamais ! jamais ! ne t'ai-je pas dit qu'il me tuerait ?
— Que faire alors ?
— Fuir, fuir sans retard, à l'instant.
— Mais où aller ?
— Que sais-je ! dans les mornes, dans les forêts, avec les bêtes sauvages, plutôt que de demeurer plus longtemps ici.
— Soit, partons, je sais où te conduire.
— Toi ?

— Oui, ne t'ai-je pas dit que divers accidents me sont arrivés aujourd'hui pendant la chasse.
— En effet, mais quel rapport ?
— Un grand, interrompit-il : le mayordomo qui m'accompagnait et moi, nous sommes tombés à l'improviste dans un campement de boucaniers.
— Ah ! fit-elle, en devenant encore plus pâle qu'elle l'était déjà.
— Oui, et c'est à ce campement que je compte te conduire ; d'ailleurs, un de ces boucaniers m'avait chargé d'une commission pour toi.
— Que veux-tu dire ?
— Rien que ce que je dis, ma sœur.

Elle sembla réfléchir un instant, puis se tournant résolument vers le jeune homme :
— Eh bien ! soit, frère, allons trouver ces hommes ; si cruels qu'on les représente, peut-être tout sentiment humain n'est-il pas éteint dans leurs cœurs et auront-ils pitié de moi.
— Quand partons-nous ?
— Le plus tôt possible.
— C'est juste, mais le hatto doit être surveillé, les soldats ont sans doute des ordres secrets ; il est probable que, sans t'en douter, tu es prisonnière, pauvre sœur ; pour quelle autre raison ces deux cinquantaines seraient-elles ici ?
— Oh ! alors, je suis perdue.
— Peut-être existe-t-il un moyen. La consigne donnée pour toi te regarde seule, sans doute ; malheureusement la course qu'il te faut entreprendre sera longue, fatigante, semée de périls sans nombre.
— Qu'importe, frère, je suis forte, va ! ne t'inquiète pas de moi.
— Soit, nous essayerons ; d'ailleurs tu veux absolument fuir, n'est-ce pas ?
— Oui, quoi qu'il arrive.
— Alors, à la grâce de Dieu ! attends-moi un instant.

Le jeune homme sortit et rentra au bout de quelques minutes, portant un volumineux paquet sous son bras.
— Voici des habits à mon page, je ne sais comment ils se trouvent en ma possession ; mon domestique les aura sans doute mis par mégarde dans ma valise, car je me rappelle que le tailleur me les a apportés quelques minutes seulement avant mon départ de Santo-Domingo, mais je remercie le hasard qui me fait les avoir. Habille-toi, enveloppe-toi dans un manteau, mets ce chapeau sur ta tête, je réponds de tout ; d'ailleurs, ce costume est préférable à des habits de femme pour courir à travers la savane ; surtout n'oublie pas de placer ces pistolets et ce poignard à ta ceinture, on ne sait pas ce qui peut arriver.
— Merci, frère, dans un quart d'heure je serai prête.
— Bon, pendant ce temps-là, je vais, moi, reconnaître le terrain. Surtout n'ouvre qu'à moi.
— Sois tranquille.

Le jeune homme alluma une cigarette et quitta l'appartement de l'air le plus insouciant qu'il put feindre.

En arrivant dans le saguan, le comte se trouva face à face avec le mayordomo. Le señor Birbomono avait une physionomie inquiète qui n'échappa pas à don Sancho, cependant il continua à s'avancer en feignant de ne pas l'avoir aperçu.

Mais le mayordomo vint droit à lui.

— Je suis heureux de vous rencontrer, Seigneurie, dit-il. Si d'ici à dix minutes vous n'étiez pas venu, j'aurais été frapper à la porte de votre appartement.

— Ah! fit don Sancho, et quel motif si pressant vous poussait à une telle démarche?

— Votre Seigneurie sait ce qui se passe? reprit le mayordomo, sans paraître remarquer le ton ironique du jeune homme.

— Bah! il se passe donc quelque chose?

— Votre Seigneurie ne le sait pas?

— Probablement, puisque je vous le demande; après cela, comme cette confidence m'intéresse sans doute fort peu, libre à vous de ne pas me la faire.

— Au contraire, Seigneurie, elle vous intéresse comme tous les habitants du hatto.

— Ah! ah! qu'y a-t-il donc?

— Il paraît que le commandant des deux cinquantaines a mis des sentinelles tout autour du hatto.

— Bon, nous ne craindrons pas d'être attaqués par les boucaniers, dont vous avez si grand'peur; alors, j'en ferai mon compliment au commandant.

— Vous êtes libre d'agir ainsi, Seigneurie, mais cela vous sera difficile.

— Pourquoi donc?

— Parce que ordre est donné de laisser pénétrer tout le monde dans le hatto, mais de n'en laisser sortir personne.

Un frisson courut dans les veines du jeune homme à cette parole; il pâlit affreusement, mais faisant un effort sur lui-même:

— Bah! reprit-il d'un ton léger, cette consigne ne peut me regarder, moi.

— Pardonnez-moi, Seigneurie, elle est générale.

— Ainsi, vous croyez que si je voulais sortir?...

— On vous en empêcherait.

— Diable! ceci est assez contrariant, non que j'aie l'intention de sortir, mais comme par caractère j'aime assez à faire ce qu'on me défend...

— Vous feriez volontiers une promenade, n'est-ce pas, Seigneurie?

Don Sancho regarda Birbomono, comme s'il eût voulu lire sa pensée au fond de son cœur.

— Et si telle était mon intention? dit-il enfin.

— Je me chargerais de vous faire sortir.

— Vous?

— Moi. Ne suis-je pas le mayordomo du hatto?

— C'est vrai, la défense n'est pas pour vous, alors?

— Pour moi comme pour les autres, Seigneurie, mais les soldats ne connaissent pas le hatto comme je le connais; je leur glisserai entre les mains lorsque cela me plaira.

— J'ai bien envie d'essayer.

— Essayez, Seigneurie ; j'ai préparé trois chevaux dans un endroit où nul autre que moi ne les saurait trouver.

— Pourquoi trois chevaux ? demanda le jeune homme, en dressant l'oreille.

— Parce que vous ne comptez pas, sans doute, vous promener seul avec moi, et que vous emmènerez quelqu'un.

Don Sancho comprit que le mayordomo avait pénétré sa pensée ; sa résolution fut prise aussitôt.

— Jouons cartes sur table, dit-il, peux-tu être fidèle ?

— Je le suis, dévoué aussi, Excellence, vous en avez la preuve.

— Qui me répond que tu ne me tends pas un piège ?

— Dans quel intérêt ?

— Celui d'une récompense de la part du comte ?

— Non, Seigneurie, aucune récompense ne me fera trahir ma maîtresse ; je puis être tout ce qu'on voudra, mais j'aime doña Clara qui toujours a été bonne pour moi, et souvent m'a protégé.

— Je veux bien te croire, je n'ai pas d'ailleurs le temps de discuter avec toi ; seulement voici mes conditions : une balle dans la tête si tu me trahis, mille piastres si tu es fidèle ; acceptes-tu ?

— J'accepte, Seigneurie, les mille piastres sont gagnées.

— Tu sais que je ne te menace pas en vain.

— Je vous connais.

— C'est bien, que faut-il faire ?

— Me suivre, seulement ; notre fuite sera des plus faciles : j'ai tout préparé dès mon arrivée, j'avais des soupçons en voyant ces démons de soldats, soupçons qui se sont vite changés en certitude, dès que j'eus adroitement interrogé à droite et à gauche ; mon dévouement pour ma maîtresse m'a rendu clairvoyant, vous voyez que j'ai bien fait de prendre mes précautions.

L'accent avec lequel le mayordomo prononça ces paroles avait un tel cachet de vérité, sa physionomie était si franche et si ouverte, que les derniers soupçons du jeune comte se dissipèrent.

— Attends-moi, dit-il, je vais chercher ma sœur.

Et il s'éloigna à grands pas.

— Eh ! fit Birbomono en ricanant, dès qu'il fut seul, je ne sais pas si le señor don Stenio de Bejar sera satisfait de voir ainsi lui échapper sa femme lorsqu'il la croyait si bien tenir ; pauvre señora ! elle qui est si bonne pour nous tous, ce serait infâme de la trahir ; et puis, en résumé de compte, voilà une bonne action qui me rapporte mille piastres, ajouta-t-il en se frottant les mains, c'est un assez joli chiffre, cela.

Il était environ onze heures du soir, toutes les lumières du hatto étaient éteintes par les soins du mayordomo qui avait tout prévu ; les esclaves avaient été renvoyés à leurs cases, un silence solennel pesait sur la nature, silence interrompu seulement, à intervalles égaux, par les sentinelles qui se renvoyaient d'une voix monotone le cri de garde.

Don Sancho ne tarda pas à revenir accompagné de sa sœur, enveloppée comme lui d'un long manteau.

LES ROIS DE L'OCÉAN

— D'où viens-tu donc si tard ? s'écria-t-elle en l'apercevant.

Doña Clara ne parla pas, mais en arrivant auprès du mayordomo, elle lui tendit gracieusement la main droite, sur laquelle celui-ci imprima respectueusement ses lèvres.

Bien que les officiers eussent recommandé aux soldats de faire bonne garde et de surveiller avec soin, non seulement le hatto, mais encore les environs, ceux-ci, peu rassurés par l'obscurité d'une part et de l'autre par la sombre et mystérieuse profondeur des forêts qui les entouraient, se tenaient immobiles, embusqués derrière les arbres, se contentant de répondre tant bien que mal chaque demi-heure au cri d'appel, mais ne se risquant pas à s'écarter de quelques pas seulement de l'abri qu'ils avaient choisi, pour sonder les ténèbres.

Les raisons de cette apparente couardise étaient simples ; bien que déjà nous les ayons expliquées, nous les répèterons pour plus de clarté.

Dans les premiers temps du débarquement des boucaniers à Saint-Domingue, les cinquantaines que les gouverneur envoyaient à leur poursuite étaient armées de mousquets ; mais après plusieurs rencontres avec les Français, rencontres où ceux-ci les avaient effroyablement battus, leur terreur des aventuriers était devenue tellement grande que, dès qu'on les envoyait en expédition contre ces hommes qu'ils considéraient presque comme des démons, aussitôt qu'ils entraient soit dans les forêts, soit dans les défilés des montagnes ou même dans les savanes où ils pouvaient supposer que les boucaniers étaient embusqués, ils commençaient à décharger leurs armes à tort et à travers dans le but de donner l'éveil à leurs ennemis et de les engager à s'éloigner.

Il était résulté de cette habile manœuvre que les aventuriers avertis décampaient en effet, et devenaient ainsi insaisissables ; le gouverneur, s'apercevant de ce résultat, finit par en deviner la cause ; alors, pour éviter que pareil fait se renouvelât à l'avenir, il avait retiré les mousquets aux soldats et les avait remplacés par des lances ; changement, hâtons-nous de le constater, qui n'avait été nullement du goût de ces braves militaires qui par là voyaient leur ruse déjouée et se trouvaient de nouveau exposés aux coups de leurs formidables ennemis.

Ce fut presque sans être obligés de prendre d'autre précaution que celle de marcher sans bruit et de ne pas parler, que le mayordomo et les deux personnes auxquelles il servait de guide parvinrent à quitter le hatto en passant par le côté opposé à celui où les cinquantaines avaient établi leur bivac.

Une fois la ligne des sentinelles traversée, les fugitifs marchèrent d'un pas plus pressé et ne tardèrent pas à atteindre un fourré au milieu duquel trois chevaux complètement harnachés étaient si bien cachés, qu'à moins de les savoir là, il était bien réellement impossible de les découvrir ; pour plus grande précaution et afin de les empêcher de hennir, le mayordomo leur avait lié une corde autour des naseaux.

Dès que les trois cavaliers furent en selle, avant que de partir, Birbomono se tourna vers don Sancho :

— Où allons-nous, Seigneurie ? demanda-t-il.

— Vous savez où les boucaniers que nous avons rencontrés aujourd'hui ont établi leur campement ? répondit le jeune homme.

— Oui, Seigneurie.

— Croyez-vous réussir à retrouver ce campement au milieu des ténèbres ?

Le mayordomo sourit.

— Rien de plus facile, dit-il.

— Alors, conduisez-nous auprès de ces hommes.

— C'est bien ; seulement, Seigneurie, veuillez pendant quelque temps ne pas presser l'allure de votre cheval : nous sommes encore près de l'habitation, la moindre imprudence suffirait pour donner l'éveil.

— Pensez-vous donc qu'ils se hasarderaient à nous poursuivre ?

— Isolément, non, sans doute, mais nombreux comme ils le sont, ils n'hésiteraient pas, d'autant plus que, d'après ce que je leur ai entendu dire, ils se croient certains que les boucaniers ne sont jamais venus dans ces parages, ce qui double leur bravoure, dont ils ne seraient peut-être pas fâchés de donner une preuve à nos dépens.

— Parfaitement raisonné ; réglez notre marche comme vous le jugerez convenable, nous n'agirons que d'après vos avis.

Ils se mirent en route ; à part les précautions qu'ils étaient obligés de prendre pour ne pas être découverts, ce voyage n'avait rien de désagréable, par une nuit claire et embaumée, sous un ciel pailleté d'étoiles brillantes, au milieu du plus délicieux paysage dont la transparence de l'atmosphère laissait deviner les plus simples accidents.

Après une heure passée ainsi à un trot modéré, la marche devint insensiblement plus rapide, et les chevaux, s'excitant peu à peu, finirent par prendre le galop, train auquel, pendant un laps de temps assez considérable, leurs cavaliers les maintinrent.

Doña Clara, penchée sur le cou de sa monture, les regards avidement fixés en avant, semblait accuser la lenteur de cette course qui cependant avait acquis la rapidité fiévreuse d'une poursuite ; parfois elle se penchait vers son frère qui se tenait sans cesse à ses côtés, et d'une voix entrecoupée :

— Arriverons-nous bientôt ? lui demandait-elle.

— Bientôt, patience, ma sœur, répondait le jeune homme en étouffant un soupir de pitié pour cette angoisse qui serrait le cœur de sa sœur.

Et la course continuait plus rapide encore.

Déjà les étoiles s'éteignaient dans le ciel, l'atmosphère se rafraîchissait, l'horizon s'irisait de larges bandes nacrées, une légère brise de mer apportait aux voyageurs ses senteurs alcalines, la nuit tout entière était écoulée ; tout à coup, au moment où les cavaliers allaient émerger d'un bois touffu dans lequel depuis une heure environ ils suivaient une sente de taureaux sauvages, et allaient entrer dans la savane, le mayordomo, qui marchait quelques pas en avant, fit subitement cabrer son cheval, et se penchant en arrière :

— Arrêtez, au nom du Ciel ! s'écria-t-il d'une voix étouffée, que l'émotion rendait chevrotante.

Les jeunes gens obéirent, tout frémissants, ne comprenant rien à cet ordre.

Le mayordomo se pencha vers eux :

— Regardez ! murmura-t-il, en étendant le bras vers la savane.

Un galop rapide qui se rapprochait de seconde en seconde, mais que le bruit de leur marche les avait empêchés d'entendre, frappa alors leurs oreilles, puis, presque aussitôt, ils virent, à travers le rideau de feuillage qui les dérobait aux regards, passer plusieurs cavaliers emportés comme par un ouragan.

Une branche enleva au passage le chapeau d'un des cavaliers.
— Don Stenio! s'écria doña Clara avec épouvante.
— Vive Dieu! fit don Sancho, il était juste temps!

XXIX

LES ÉVÉNEMENTS SE PRESSENT

Les cavaliers avaient continué leur course affolée sans apercevoir les fugitifs; un d'eux cependant, au cri poussé par doña Clara, avait fait un geste comme pour retenir sa monture; mais supposant sans doute avoir été le jouet d'une illusion, après une seconde d'hésitation il avait suivi ses compagnons, ce qui avait été heureux pour lui, car déjà don Sancho avait saisi un pistolet, résolu à lui brûler la cervelle.

Pendant plusieurs minutes les fugitifs demeurèrent immobiles, la tête penchée en avant, écoutant avec anxiété le galop des chevaux dont le bruit décroissait rapidement et ne tarda pas à se perdre dans le lointain, confondu avec les autres bruits de la nuit.

Alors ils respirèrent et don Sancho replaça à ses arçons le pistolet que jusqu'à ce moment il avait conservé à la main.

— Hum! murmura-t-il, l'alerte a été chaude, il ne s'en est fallu que de l'épaisseur d'un buisson que nous fussions découverts.

— Dieu soit loué! murmura doña Clara, nous sommes sauvés!

— C'est-à-dire que nous nous sauvons, petite sœur, répondit le jeune homme, incapable de garder son sérieux pendant cinq minutes, si graves que fussent les circonstances.

— Ils courent comme emportés sur l'aile de la brise, dit alors le mayordomo, nous n'avons plus rien à redouter d'eux.

— Alors, en route! reprit don Sancho.

— Oui, oui, partons, murmura doña Clara.

Ils s'élancèrent hors du fourré qui leur avait offert un si sûr abri et débouchèrent dans la plaine.

Le ciel s'éclaircissait de plus en plus, et bien que le soleil fût encore au-dessous de l'horizon, cependant son influence se faisait déjà sentir: la nature semblait sortir de son sommeil nocturne, déjà quelques oiseaux s'éveillaient sous la feuillée et préludaient par de doux gazouillements à leurs chants du matin; les sombres silhouettes des animaux sauvages bondissaient à travers les hautes herbes perlées de rosée; les oiseaux de proie, déployant leurs ailes puissantes, s'élevaient à grand bruit au plus haut des airs comme s'ils eussent voulu aller au-devant du soleil et le saluer à son lever; enfin ce n'était déjà plus la nuit, sans être encore tout à fait le jour.

— Eh! mais, que vois-je là-bas au sommet de ce monticule? dit tout à coup don Sancho.

— Où donc? demanda Birbomono.

— Là, tenez, devant vous.

Le moyordomo plaça sa main au-dessus de ses yeux afin de concentrer les rayons visuels et regarda attentivement.

— Vive Dios! s'écria-t-il au bout d'un instant, c'est un homme.

— Un homme?

— Ma foi oui, Seigneurie, et autant que je le puis distinguer à cette distance, c'est un Caraïbe *bravo*.

— Diable! et que fait-il là, sur ce monticule?

— C'est ce dont il nous sera facile de nous assurer dans un instant, s'il ne juge pas convenable, toutefois, de nous fausser compagnie.

— Allons donc, alors, au nom du Ciel!

— Mon frère, objecta doña Clara, à quoi bon allonger notre route lorsque nous sommes si pressés?

— C'est vrai, dit le jeune homme.

— Rassurez-vous, señora, reprit le mayordomo, ce monticule se trouve juste sur la route qu'il nous faut suivre, nous ne pouvons faire autrement que de passer là.

Doña Clara baissa la tête sans répondre et on repartit, car pendant cet échange de paroles, les cavaliers s'étaient arrêtés.

Ils atteignirent bientôt le monticule qu'ils gravirent au galop.

Le Caraïbe n'avait pas quitté la place, mais les cavaliers s'arrêtèrent frappés de stupeur, en reconnaissant qu'il n'était pas seul.

L'Indien, agenouillé sur le sol, paraissait prodiguer des soins à un homme étendu près de lui, et qui commençait à reprendre connaissance.

— Fray Arsenio! s'écria doña Clara à la vue de cet homme. Mon Dieu! il est mort!

— Non, répondit l'Indien d'une voix douce, en se tournant vers elle, mais il a été bien horriblement torturé.

— Torturé, lui? s'écrièrent les assistants.

— Regardez ses mains, reprit le Caraïbe.

Les Espagnols poussèrent un cri d'horreur et de pitié à la vue des pouces sanglants et tuméfiés du pauvre moine.

— Oh! c'est affreux! murmurèrent-ils avec douleur.

— Misérable! dit Sancho avec indignation, c'est toi qui l'as mis en cet état!

— Le Visage-Pâle est fou, dit-il, mes frères ne torturent pas les chefs de la prière, ils les respectent; ce sont des Blancs comme lui qui lui ont infligé cet atroce supplice.

— Expliquez-vous, au nom du Ciel, reprit doña Clara. Comment se fait-il que ce digne religieux se trouve ici et dans un état aussi pitoyable?

— Mieux vaut le laisser s'expliquer lui-même lorsqu'il aura repris connaissance. O-mo-poua ne sait que peu de chose, objecta le Caraïbe.

— C'est vrai, répondit doña Clara en mettant pied à terre et s'agenouillant auprès du blessé. Pauvre homme! quelle affreuse souffrance il doit endurer!

— Ne pouvez-vous donc rien nous dire? demanda don Sancho.

— Presque rien, répondit le chef, voici tout ce que je sais.

Et il raconta de quelle façon le moine lui avait été confié, comment il lui avait servi de guide jusqu'à ce que, ayant rencontré des Blancs, le moine l'ayait congédié pour se joindre à eux.

— Mais, ajouta-t-il, je ne sais pourquoi un secret pressentiment me semblait avertir de ne pas m'éloigner; donc, au lieu de partir, je me blottis dans les broussailles et j'assistai, invisible, à la torture qu'ils lui firent subir, eux, s'obstinant à l'obliger à révéler un secret que lui ne voulait pas consentir à divulguer; de guerre lasse et vaincus par sa constance, ils l'abandonnèrent, à demi mort; alors je m'élançai de ma cachette et je volai à son secours. Voilà tout ce que je sais. Je suis un chef, je n'ai pas la langue fourchue, le mensonge n'a jamais souillé les lèvres d'O-mo-poua.

— Pardonnez-moi, chef, les paroles regrettables que, dans le premier moment, j'ai prononcées; j'étais aveuglé par la colère et la douleur, dit don Sancho en lui tendant la main.

— Le Visage-Pâle est jeune, répondit en souriant le chef, sa langue marche plus vite que son cœur.

Il prit la main qui lui était si franchement tendue et la serra cordialement.

— Oh! oh! fit le mayordomo, en hochant la tête et se penchant à l'oreille de don Sancho, je me trompe fort ou il y a du don Stenio là-dessous.

— Cela n'est pas possible, fit don Sancho avec horreur.

— Vous ne connaissez pas votre beau-frère, Seigneurie, c'est une nature faible et toutes les natures faibles sont méchantes; croyez-moi, je suis certain de ce que j'avance.

— Non, non, ce serait trop épouvantable.

— Mon Dieu! dit alors doña Clara, nous ne pouvons demeurer ici plus longtemps; cependant je ne voudrais pas abandonner ainsi ce pauvre homme.

— Emmenons-le avec nous, dit vivement don Sancho.

— Mais ses blessures lui permettront-elles de supporter les fatigues d'une longue course?

— Nous sommes presque rendus, dit le mayordomo, et s'adressant au Caraïbe : Nous allons au campement des deux boucaniers qui depuis hier chassent dans la savane.

— Bien, fit le chef, je conduirai les Visages-Pâles par un chemin *étroit*, ils arriveront avant que le soleil atteigne le niveau de l'horizon.

Doña Clara remonta à cheval ainsi que son frère; le moine fut placé avec précaution devant le mayordomo et la petite troupe se remit en marche, au pas, sous la conduite du chef caraïbe.

Le pauvre fray Arsenio ne donnait d'autre signe d'existence que de profonds soupirs qui par intervalles soulevaient sa poitrine et des gémissements étouffés arrachés par la douleur.

Après trois quarts d'heure de marche au plus, grâce au chemin que le Caraïbe leur avait fait suivre, ils atteignirent le boucan.

Il était solitaire, mais non abandonné, ainsi que le montraient les peaux de taureaux encore étendues sur le sol et retenues par des chevilles et la chair boucanée suspendue à des fourches.

Les aventuriers étaient à la chasse probablement.

Les voyageurs furent assez contrariés de ce contretemps, mais O-mo-poua les tira d'embarras.

— Que les Visages-Pâles ne soient pas inquiets, dit-il, le chef préviendra ses amis les blancs *franiis*[1]; en leur absence les Visages-Pâles peuvent user sans crainte de tout ce qui se trouve ici.

Et, joignant l'exemple au précepte, le Caraïbe prépara un lit de feuilles sèches qu'il recouvrit de fourrures, sur lequel, aidé par le mayordomo, il étendit avec précaution le blessé; il alluma ensuite un grand feu, puis, après avoir une dernière fois réitéré aux fugitifs l'assurance qu'ils n'avaient rien à craindre, il s'éloigna en se glissant comme un serpent à travers les hautes herbes.

Le mayordomo, assez au fait des mœurs des aventuriers avec lesquels il avait eu quelques relations, bien que toujours à son corps défendant, car tout brave qu'il était, ou qu'il se vantait d'être, ils lui inspiraient une terreur superstitieuse, rassura ses maîtres sur leur position, en leur certifiant que l'hospitalité était tellement sacrée parmi les boucaniers, que fussent-ils leurs ennemis les plus acharnés, au lieu d'être presque leurs hôtes, puisqu'ils n'étaient venus là que sur leur invitation formelle, ils n'auraient rien à redouter de leur part.

Cependant, grâce aux soins que n'avait cessé de lui prodiguer doñ Clara, le pauvre moine était revenu à lui. Bien faible d'abord, cependant il acquit peu à peu assez de forces pour faire, en s'y reprenant à plusieurs fois, à doña Clara le récit de ce qui lui était arrivé depuis leur séparation. Ce récit, dont la fin coïncidait dans les plus légers détails avec celui fait précédemment par le Caraïbe, plongea doña Clara dans une stupéfaction qui se changea bientôt en épouvante, lorsqu'elle réfléchit aux dangers terribles qui la menaçaient.

En effet, quel secours pouvait-elle attendre? qui oserait la protéger contre son mari, dont la haute position et la toute-puissance réduiraient à néant tous les efforts qu'elle tenterait pour se soustraire à sa vengeance?

— Courage! murmura le moine avec une tendre commisération, courage, ma fille! au-dessus de l'homme, il y a Dieu! Ayez confiance en lui, il ne vous abandonnera pas; et si tout vous manque, lui viendra à votre secours et interviendra en votre faveur.

Doña Clara, malgré sa foi entière dans le pouvoir de la Providence, ne répondit à ces consolations que par des pleurs et des sanglots; elle se sentait condamnée.

Don Sancho marchait à grands pas devant l'ajoupa des boucaniers, mordant sa moustache, frappant du pied avec colère et roulant dans sa tête les projets les plus insensés.

— Bah! murmura-t-il à la fin, si ce démon ne veut pas entendre raison, eh bien! je lui brûlerai la cervelle; de cette façon tout sera fini.

Et, fort satisfait d'avoir, après tant de vaines recherches, trouvé ce moyen expéditif de soustraire sa sœur aux violences que le désir de la vengeance

---

[1]. Nom donné aux Français par les Caraïbes.

inspirerait peut-être à don Stenio, le jeune homme alluma une cigarette et attendit patiemment le retour des boucaniers, tranquille désormais et parfaitement rassuré sur l'avenir.

Le mayordomo, à peu près indifférent à ce qui se passait autour de lui, et rendu joyeux par l'espoir des mille piastres promises, avait mis le temps à profit; réfléchissant qu'à leur retour les boucaniers ne seraient sans doute pas fâchés de trouver leur déjeuner prêt, il avait placé devant le feu une marmite de fer dans laquelle il avait mis bouillir un énorme morceau de viande avec une quantité raisonnable d'eau ; en guise de pain il avait glissé quelques ignames sous la cendre, puis il s'était occupé à préparer la *pimentade*, cette sauce obligée de tout repas boucanier.

Les fugitifs se trouvaient depuis plus d'une heure et demie à peu près en possession du boucan, lorsqu'ils entendirent des aboiements furieux et une vingtaine de chiens se précipitèrent en hurlant de leur côté; mais un coup de sifflet strident, bien qu'assez éloigné, les rappela, et ils repartirent aussi vite qu'ils étaient venus.

Quelques minutes plus tard, les Espagnols aperçurent les deux boucaniers; ils accouraient de leur côté avec une rapidité surprenante, bien que tous deux portassent chacun une charge dépassant au moins cent livres sur leurs épaules, et fussent en outre embarrassés de leurs armes et de tout leur attirail de chasse.

Leur premier soin, en arrivant au boucan, fut de jeter à terre les huit ou dix peaux de taureaux fraîches et dégouttantes de sang et de graisse qu'ils apportaient, puis ils s'avancèrent vers les étrangers qui de leur côté s'étaient levés pour les recevoir.

Les chiens, comme s'ils eussent compris qu'ils devaient garder une stricte neutralité, s'étaient couchés dans l'herbe, fixant cependant leurs yeux ardents sur les Espagnols, prêts probablement à leur sauter à la gorge au premier signal.

— Soyez les bienvenus dans cet ajoupa, dit le Poletais en ôtant son chapeau avec une politesse qu'on aurait été loin de supposer en voyant sa rude apparence; tant qu'il vous plaira de demeurer ici, vous serez considérés comme nos frères : ce que nous possédons est à vous, disposez-en à votre guise, ainsi que de nos bras si l'occasion se présentait pour vous de réclamer notre appui.

— Je vous remercie au nom de mes compagnons, caballero, j'accepte votre gracieuse proposition, répondit doña Clara.

— Une femme! s'écria le Poletais avec surprise, pardonnez-moi, madame, de ne pas vous avoir reconnue tout d'abord.

— Je suis, caballero, doña Clara de Béjar, la personne à laquelle, m'a-t-on dit, vous avez à remettre un billet.

— Soyez alors doublement la bienvenue, madame; quant au billet en question, je n'en suis pas chargé, mais mon compagnon.

— Sacredieu ! s'écria l'Olonnais qui s'était approché du blessé, O-mo-poua nous avait bien dit que ce pauvre diable de moine avait été à peu près *déralingué*, mais je ne m'attendais pas à le trouver en si piteux état.

LES ROIS DE L'OCÉAN

Doña Clara arrivant auprès du mayordomo, il lui tendit gracieusement la main.

— En effet, reprit le Poletais en fronçant le sourcil. Je ne suis pas fort religieux, moi, par tous les diables! mais je me ferais scrupule de traiter ainsi un moine; il n'y a qu'un païen capable de commettre un pareil crime.

Alors, avec une sollicitude véritablement filiale et que les Espagnols admirèrent, le rude aventurier se mit en devoir d'apporter quelque soulagement aux souffrances intolérables du blessé, ce à quoi, grâce à une longue pratique du traitement de toutes espèces de plaies, il réussit parfaitement, et fray Arsenio s'endormit d'un sommeil réparateur.

Pendant ce temps-là l'Olonnais avait remis à doña Clara la lettre que Montbars lui avait confiée pour elle, et la jeune femme s'était retirée un peu à l'écart pour la lire.

— Tiens, tiens, tiens, dit gaiement l'Olonnais en frappant sur l'épaule du mayordomo, voilà ce que j'appelle un garçon sensé, il a songé au solide; le déjeuner est prêt.

— S'il en est ainsi, dit le Poletais avec un clignement d'yeux significatif à son compagnon, mangeons *en double*, car nous aurons avant peu de la besogne.

— Est-ce que nous n'attendons pas le retour du chef indien ? demanda don Sancho.

— Pourquoi faire? dit en riant l'Olonnais ; ne vous inquiétez pas de lui, mon gentilhomme, il est loin s'il court toujours; chacun de nous a sa besogne tracée.

— C'est égal, dit le Poletais, vous avez eu le nez diablement fin, señor, de vous rendre aussi vite à notre invitation.

— Pourquoi donc cela?

— Vous le saurez bientôt ; mais, croyez-moi, prenez des forces, mangez.

En ce moment doña Clara vint se joindre à la société ; son maintien était plus ferme et son visage presque riant.

Le couvert fut bientôt dressé, des feuilles servirent d'assiettes; on se mit à table, c'est-à-dire qu'on s'assit en rond par terre et l'on attaqua bravement les vivres.

Don Sancho avait repris toute sa gaieté, cette vie lui paraissait charmante, il riait comme un fou en mangeant de bon appétit; doña Clara elle-même, malgré ses préoccupations intérieures, faisait honneur à ce festin improvisé.

— Holà ! mes bellots, avait dit le Poletais à ses chiens, sus! sus! pas de paresse, allez surveiller les environs, pendant que nous déjeunerons; on vous gardera votre part.

Les chiens s'étaient alors levés avec un ensemble admirable et, tournant le dos au boucan, ils s'étaient éparpillés dans toutes les directions et n'avaient pas tardé à disparaître.

— Vous avez là d'excellents chiens, dit Sancho.

— Vous vous y connaissez, vous autres Espagnols, répondit le boucanier d'un air narquois.

Le gentilhomme sentit l'épigramme et ne jugea pas à propos d'insister. En effet, c'est à Saint-Domingue que les Espagnols inaugurèrent l'affreuse coutume de dresser des molosses à la chasse aux Indiens et à s'en servir comme auxiliaires dans leurs guerres.

Le déjeuner se termina sans nouvel incident digne de remarque, la plus franche cordialité ne cessa de régner pendant tout le repas.

Lorsque les maîtres eurent fini, ce fut le tour des domestiques, c'est-à-dire que l'Olonnais siffla les chiens qui en un instant se trouvèrent réunis autour de lui, et il leur distribua leur pitance par portions égales.

Les boucaniers, laissant leurs hôtes libres d'employer le temps comme bon leur semblerait, s'occupèrent alors activement à préparer leurs peaux.

Plusieurs heures s'écoulèrent ainsi.

Vers trois heures de l'après-midi, un chien donna un éclat de voix et se tut.

Nous avons oublié de dire qu'après le repas, sur un signe de l'engagé, les bonnes bêtes étaient retournées à leur poste.

Les deux boucaniers échangèrent un regard.

— Un! dit l'Olonnais.

— Deux! répondit presque aussitôt le Poletais à un second éclat de voix parti dans une direction différente.

Bientôt, comme un courant électrique, les appels des chiens se succédèrent avec une rapidité extrême, partant de toutes les directions.

Cependant, rien en apparence ne venait justifier ces avertissements donnés par les sentinelles; aucun bruit suspect ne se faisait entendre, la savane paraissait plongée dans la solitude la plus complète.

— Pardon, caballero, dit don Sancho au Poletais qui continuait son travail avec la même ardeur tout en riant sournoisement avec son compagnon, me permettez-vous de vous adresser une question?

— Adressez toujours, mon gentilhomme, il est parfois bon d'interroger; d'ailleurs, si cette question ne me convient pas, je serai libre de ne pas y répondre, n'est-ce pas?

— Oh! parfaitement.

— Alors parlez sans crainte, je vous écoute.

— Depuis quelques minutes vos chiens semblent vous donner des signaux, à ce que je suppose du moins.

— Vous supposez juste, caballero, ce sont effectivement des signaux.

— Et y aurait-il indiscrétion à vous demander ce que signifient ces signaux?

— Pas le moins du monde, señor, d'autant plus qu'ils vous intéressent presque autant que nous.

— Je ne vous comprends pas.

— Vous allez me comprendre; ces signaux signifient que la savane est en ce moment envahie par plusieurs cinquantaines qui manœuvrent pour nous cerner.

— Diablos! s'écria le jeune homme avec un bond de surprise, et cela ne vous émeut pas davantage?

— Pourquoi prendre du souci à l'avance? mon compagnon et moi nous avions un travail pressé, qu'il nous fallait terminer; maintenant, voilà qui est fini, nous allons songer aux *señores*.

— Mais il est impossible que nous résistions à tant d'ennemis!

— Ah! ah! avez-vous réellement envie d'en découdre?

— Pardieu! ma sœur et moi nous courons un aussi grand danger que vous au moins, seulement nous n'avons pas un instant à perdre pour essayer de fuir.

— Fuir? dit le boucanier en ricanant; allons donc! vous voulez rire, mon gentilhomme : nous sommes enfermés dans un cercle infranchissable, en apparence du moins.

— Alors nous sommes perdus.
— Comme vous y allez vous ! Au contraire, ce sont eux.
— Eux ? mais nous ne sommes que quatre contre cent.
— Vous vous trompez, deux cents hommes, à chacun de nous cinquante. Siffle les bellots, l'Olonnais, ils sont inutiles maintenant ; tenez, regardez, commencez-vous à les voir ?

Et il étendit le bras juste devant lui.

En effet, les longues lances des soldats espagnols apparaissaient au-dessus des hautes herbes ; le Poletais n'avait pas menti, ces lances formaient un cercle qui se rétrécissait de plus en plus autour du boucan.

— Hein ! est-ce assez joli ? ajouta le boucanier en caressant doucement la crosse de son long fusil ; señora, ajouta-t-il, tenez-vous près du blessé.

— Oh ! laissez-moi me livrer, s'écria-t-elle avec élan, c'est à cause de moi que ce danger terrible vous menace.

— Señora, répondit le boucanier en se frappant la poitrine avec un geste d'une majesté suprême, vous êtes sous la sauvegarde de mon honneur, et je jure Dieu que nul, moi vivant, n'osera vous toucher du bout du doigt ! Allez près du blessé.

Dominée malgré elle par le ton dont le boucanier avait prononcé ces paroles, doña Clara s'inclina sans répondre et fut toute pensive s'asseoir dans l'ajoupa au chevet de fray Arsenio, qui dormait toujours.

— Maintenant, caballeros, dit le Poletais à don Sancho, si vous n'avez jamais assisté à une expédition de boucaniers, je vous promets que vous allez voir une belle fête et que vous aurez de l'agrément.

— Ma foi, répondit insoucieusement le jeune homme, bataille, puisqu'il le faut, c'est une belle mort pour un gentilhomme de tomber dans un combat.

— Allons ! fit le boucanier en lui frappant amicalement sur l'épaule, vous êtes un joli garçon, on fera quelque chose de vous.

Les cinquantaines approchaient toujours et le cercle se resserrait de plus en plus.

XXX

MONTBARS L'EXTERMINATEUR

Pendant quelques minutes, un silence funèbre, un calme complet mais chargé de menace, pesa lourdement sur la savane.

Au sifflet de l'engagé, les chiens étaient venus se ranger derrière leurs maîtres ; la tête basse, les lèvres retroussées, montrant leurs dents aiguës, les yeux ardents, ils attendaient l'ordre de s'élancer en avant, sans cependant donner le moindre éclat de voix, sans même gronder sourdement.

L'Olonnais, appuyé sur son long fusil, fumait paisiblement sa pipe, en jetant autour de lui des regards railleurs.

Le Poletais s'occupait avec le plus beau sang-froid à remettre en ordre quelques ustensiles du boucan dérangés par suite des travaux auxquels il s'était livré pendant la matinée.

Le mayordomo, bien qu'il fût intérieurement assez peu rassuré sur la suite de ce combat en apparence si disproportionné, faisait, ainsi qu'on le dit vulgairement, contre fortune bon cœur, car il comprenait que s'il retombait aux mains de son maître, il n'avait aucune grâce à attendre de lui, après la façon dont il avait contrecarré ses projets, en favorisant la fuite de la comtesse.

Don Sancho de Peñaflor, malgré son insouciance naturelle et son caractère batailleur, n'était pas non plus sans inquiétude, car, officier de l'armée espagnole, sa place n'était pas dans les rangs des boucaniers, mais bien dans ceux des soldats qui se préparaient à les attaquer.

Doña Clara, agenouillée auprès du moine, les mains jointes, les regards levés vers le ciel, le visage baigné de larmes, implorait avec ferveur la protection du Tout-Puissant.

Quant à fray Arsenio, il dormait paisiblement.

Tel était l'aspect pittoresque et imposant à la fois dans sa simplicité qu'offrait en ce moment le camp des aventuriers, de ces quatre hommes qui se préparaient froidement et comme par partie de plaisir à lutter contre plus de deux cents hommes de troupes réglées, desquels, ils le savaient, ils n'avaient à la vérité aucun quartier à espérer, mais que leur folle résistance risquait d'exaspérer et de pousser à des mesures de violence cruelle.

Cependant le cercle se rétrécissait de plus en plus, et déjà les têtes des soldats commençaient à apparaître au-dessus des hautes herbes.

— Eh! eh! fit le Poletais en frottant ses mains calleuses l'une contre l'autre avec un air de jubilation, je crois qu'il est temps de commencer la danse; qu'en dis-tu, mon gars?

— Oui, voici le bon moment, répondit l'engagé en allant prendre un tison au feu.

— Surtout ne bougez pas de la place où vous êtes, recommanda le Poletais aux deux Espagnols, sacrebleu! faites-y attention, il pourrait vous en *cuire*, et il accentua ce dernier mot avec une attention évidemment railleuse.

Les boucaniers, avant d'établir leur campement, avaient arraché l'herbe sur un espace de trente pas environ, tout autour de l'ajoupa; cette herbe séchée et calcinée par l'ardeur du soleil, avait été relevée en bottes à l'extrémité du terrain déblayé.

L'engagé déposa son fusil, marcha droit à cette herbe, y mit le feu, puis il revint à petits pas rejoindre ses compagnons.

L'effet de cette manœuvre fut instantané, un jet de flammes jaillit subitement, s'étendit dans toutes les directions et bientôt une grande partie de la savane présenta l'aspect d'une vaste fournaise.

Les boucaniers riaient de bon cœur de ce qu'ils trouvaient une excellente plaisanterie.

Les Espagnols, surpris à l'improviste, poussèrent des cris d'effroi et se rejetèrent rapidement en arrière, poursuivis par la flamme qui s'étendait toujours et s'avançait continuellement de leur côté.

Cependant il était évident que les aventuriers n'avaient pas eu l'intention de brûler vifs les malheureux Espagnols; l'incendie allumé par eux n'avait pas assez de consistance pour cela, l'herbe brûlait et s'éteignait avec une rapidité extrême. Le seul résultat sans doute que les boucaniers avaient voulu obtenir, était de causer une terreur panique à leurs ennemis, et de jeter le désordre parmi eux, ce à quoi ils avaient complètement réussi.

Les soldats, à demi roussis par la flamme, fuyaient en poussant des cris de terreur, devant cette mer de feu qui semblait incessamment les poursuivre, ne songeant pas à regarder en arrière, n'obéissant plus aux ordres de leurs chefs et n'ayant qu'une pensée : échapper au danger terrible qui les menaçait.

Pendant ce temps-là, le Poletais expliquait froidement à don Sancho les résultats probables de l'expédient dont il s'était servi.

— Voyez-vous, señor, disait-il, cet incendie n'est rien, c'est un feu de paille presque inoffensif; dans quelques minutes, une demi-heure au plus, tout sera éteint. Si ces hommes sont lâches, nous en voilà débarrassés, sinon ils reviendront et alors l'affaire sera sérieuse.

— Mais puisque vous reconnaissez l'inefficacité de ce moyen, pourquoi l'avoir employé? Il est à mon avis plus nuisible qu'utile à notre défense.

Le boucanier hocha la tête à plusieurs reprises.

— Vous n'y êtes pas, dit-il, j'ai eu plusieurs motifs pour agir ainsi. D'abord, quelque braves que vous supposiez ces hommes qui sont vos compatriotes, ils sont maintenant démoralisés et il sera très difficile de leur redonner ce courage qu'ils n'ont plus; d'un autre côté, je n'étais pas fâché de voir clair autour de moi et de nettoyer un peu la savane; ensuite, ajouta-t-il d'un air narquois, qui vous dit que ce feu que j'ai allumé n'est pas un signal?

— Un signal! s'écria don Sancho, vous avez donc des amis près d'ici?

— Qui sait? señor, mes compagnons sont fort remuants de leur nature et souvent on les rencontre là où on les attend le moins.

— Je vous avoue que je ne comprends pas un mot de ce que vous me dites.

— Patience, señor, patience! vous comprendrez bientôt, je vous l'affirme, et vous n'aurez pas grand effort d'intelligence à faire pour cela. L'Olonnais, ajouta-t-il en se tournant vers son compagnon, je crois que tu ferais bien de te rendre là-bas, maintenant.

— C'est juste, répondit l'Olonnais en jetant nonchalamment son fusil sur l'épaule, il doit m'attendre.

— Prends avec toi quelques venteurs.

— Pouquoi faire?

— Pour te guider, mon gars; il n'est pas facile maintenant de se reconnaitre au milieu de cette cendre, toutes les pistes sont brouillées.

L'engagé appela plusieurs chiens par leurs noms et s'éloigna sans répondre, suivi par une partie de la meute.

— Tenez, continua le Poletais en désignant l'engagé, qui semblait courir, tant sa course était rapide, regardez-moi ce garçon-là : quel beau brin d'homme, hein? et comme il se comporte! Il n'a cependant que deux mois tout au plus d'Amérique dans le ventre ; dans trois ans d'ici, je vous prédis que ce sera un de nos plus célèbres aventuriers.

— Vous l'avez acheté? demanda don Sancho, assez peu intéressé par ces détails sans importance pour lui.

— Malheureusement non, il m'a été prêté pour quelques jours seulement; il est l'engagé de Montbars l'Exterminateur; je lui en ai offert deux cents gourdes, il n'a pas voulu me le vendre.

— Comment! s'écria le jeune homme, Montbars, le célèbre flibustier?

— Lui-même, c'est mon ami.

— Il se trouve donc aux environs alors?

— Ceci, señor, rentre dans la catégorie des choses que vous apprendrez bientôt.

Ainsi que le boucanier l'avait prévu, l'incendie s'était éteint presque aussi vite qu'il s'était allumé, faute d'aliments, dans cette savane où il ne poussait seulement que de l'herbe et quelques broussailles sans importance.

Les Espagnols s'étaient réfugiés sur les bords de la rivière, dont les rives sablonneuses les avaient préservés du contact du feu. Les forêts, trop éloignées du centre de l'incendie, n'avaient pas été atteintes, bien que quelques langues de flammes fussent allées en mourant lécher leurs premiers contreforts.

Du boucan il était facile d'apercevoir les officiers espagnols essayant de remettre un peu d'ordre parmi leurs troupes, afin sans doute de tenter une nouvelle attaque dont cependant le Poletais ne semblait aucunement s'inquiéter. Parmi les officiers, un surtout se faisait remarquer : il était à cheval et se donnait un mouvement extrême afin de reformer les rangs; les autres officiers venaient à tour de rôle prendre ses ordres.

Cet officier, don Sancho le reconnut du premier coup d'œil.

— Voilà ce que je craignais, murmura-t-il, le comte s'est mis lui-même à la tête de cette expédition, nous sommes perdus!

En effet, c'était don Stenio de Béjar qui, arrivé au hatto au point du jour et apprenant la fuite de la comtesse, avait voulu commander l'expédition.

La position des aventuriers était critique, réduits à trois par le départ de l'Olonnais, campés au milieu d'une plaine nue, sans retranchements d'aucune sorte; cependant la confiance du boucanier ne paraissait pas diminuer, et c'était d'un air ironique qu'il examinait les préparatifs que l'ennemi faisait contre lui.

Les Espagnols, reformés à grand'peine, grâce à l'active initiative de leurs officiers, se remirent enfin en marche et se dirigèrent de nouveau sur le boucan, en prenant les mêmes précautions que précédemment, c'est-à-dire en ayant soin d'étendre leur front de bataille de façon à former un cercle complet et à envelopper entièrement le campement.

Mais la marche des cinquantaines était lente, mesurée; ce n'était qu'avec une extrême prudence que les soldats s'aventuraient sur ce terrain à peine refroidi et qui pouvait recéler de nouvelles embûches.

Le comte, désignant de la pointe de son épée le boucan, excitait en vain ses soldats à presser leur marche et à en finir avec cette poignée de misérables qui osaient tenir tête aux troupes de Sa Majesté; les soldats faisaient la sourde oreille et n'avançaient qu'avec plus de précaution; le calme et l'apparente insouciance de leurs ennemis les effrayaient davantage qu'une démonstration hostile, et devait, à leur avis, recéler quelque piège terrible.

En ce moment la situation se compliqua par un épisode étrange : une pirogue traversa la rivière et vint aborder juste à l'endroit que les Espagnols avaient quitté depuis quelques minutes à peine.

Cette pirogue contenait cinq personnes, trois aventuriers et deux Espagnols.

Les aventuriers mirent pied à terre aussi tranquillement que s'ils eussent été seuls, et poussant les deux Espagnols devant eux, ils s'avancèrent résolument du côté des soldats.

Ceux-ci, étonnés, confondus de tant d'audace, les regardaient venir sans oser faire un mouvement pour s'opposer à leur passage.

Ces trois aventuriers étaient Montbars, Michel le Basque et l'Olonnais, sept ou huit venteurs les suivaient; les deux Espagnols marchaient sans armes devant eux, assez inquiets sur leur sort, ainsi que le démontraient la pâleur de leur visage et les regards effarés qu'ils jetaient autour d'eux.

Le comte, en apercevant les aventuriers, poussa un cri de rage et bondit l'épée haute à leur rencontre.

— Sus aux ladrones! cria-t-il.

Les soldats, honteux d'être tenus en échec par trois hommes, firent volte-face et s'élancèrent résolument.

Les aventuriers furent entourés en un instant ; sans être autrement surpris de cette manœuvre, ceux-ci s'arrêtèrent aussitôt, et s'appuyant épaule contre épaule ils firent ainsi face de tous les côtés à la fois.

Instinctivement les soldats s'arrêtèrent.

— A mort! cria le comte, pas de pitié pour les ladrones!

— Silence, répondit Montbars; avant de menacer, écoutez d'abord les nouvelles que vous apportent ces deux courriers.

— Saisissez ces misérables! s'écria de nouveau le comte, tuez-les comme des chiens!

— Allons donc, reprit Montbars avec ironie, vous êtes fou, mon gentilhomme ; nous saisir, nous, je vous en défie!

Alors les trois aventuriers, débouchant les gourdes pleines de poudre pendues à leur ceinture, en vidèrent le contenu dans leur bonnet, par-dessus cette poudre ils jetèrent les balles de leurs fusils, et, tenant d'une main leur bonnet transformé ainsi en brûlot, de l'autre une pipe allumée, après avoir rejeté négligemment leur fusil en bandoulière :

— Attention, frères! reprit Montbars, et vous, passage, misérables! si vous ne voulez pas que nous vous fassions tous sauter[1]!

---

[1]. Cette action, attribuée à tort à différents boucaniers, appartient au premier Montbars, qui employa ce moyen avec le même succès dans une occasion identique.

— Oh ! laissez-moi me livrer ! s'écria-t-elle, c'est à cause de moi que ce danger terrible vous menace...

Et d'un pas ferme et mesuré les trois aventuriers s'avancèrent vers les Espagnols frappés de terreur, et dont les rangs s'ouvrirent en effet pour leur livrer passage.

— Oh ! ajouta en ricanant Montbars, ne craignez pas que nous essayions de fuir, nous ne voulons que rejoindre nos compagnons.

Alors, on vit ce fait extraordinaire de deux cents hommes suivant craintivement, à distance respectueuse, trois flibustiers qui, tout en marchant et en fumant pour empêcher leurs pipes de s'éteindre, ne se faisaient pas faute de les railler de leur couardise.

Le Poletais était au comble de la jubilation ; quant à don Sancho, il ne savait s'il devait s'étonner le plus de la folle témérité des Français ou de la lâcheté de ses compatriotes.

Les trois aventuriers firent ainsi on ne peut plus facilement leur jonction avec leurs compagnons, sans avoir, pendant une course assez longue, été un seul instant inquiétés par les Espagnols. Malgré les prières et les exhortations du comte à ses soldats, la seule chose qu'il obtint d'eux fut qu'ils continuassent à marcher en avant au lieu de se mettre en retraite ainsi qu'ils en avaient l'intention manifeste.

Mais, pendant que les aventuriers attiraient les soldats à leur suite et concentraient toute l'attention sur eux, il se passait une chose dont le comte s'aperçut trop tard et qui commença à lui donner de sérieuses inquiétudes sur le résultat de cette expédition.

En arrière du cercle formé par les soldats espagnols, un autre cercle s'était formé comme par enchantement, mais celui-là composé de boucaniers et de Caraïbes rouges, à la tête desquels se faisait remarquer O-mo-poua.

Les aventuriers et les Indiens avaient manœuvré avec tant d'intelligence, de vivacité, et surtout de silence, que les Espagnols étaient déjà enveloppés dans un réseau de fer avant d'avoir seulement soupçonné le danger qui les menaçait.

Le comte poussa une exclamation de rage, à laquelle les soldats répondirent par un cri de terreur.

La situation était en effet extrêmement critique pour les malheureux Espagnols, et à moins d'un miracle, il leur était littéralement impossible d'échapper à la mort.

En effet, il ne s'agissait plus ici de lutter contre quelques hommes seulement, résolus il est vrai, mais dont le nombre pouvait finir, à force de sacrifices, par avoir raison ; les flibustiers étaient au moins deux cents, et, avec leurs alliés les Caraïbes, ils complétaient un effectif de cinq cents hommes, tous braves comme des lions, trois cents de plus que les Espagnols ; ceux-ci comprirent qu'ils étaient perdus.

Arrivé au boucan, aussitôt après avoir serré la main au Poletais et l'avoir félicité sur la façon dont il avait su gagner du temps, Montbars s'occupa gravement, ainsi que ses compagnons, à remettre la poudre et les balles de leurs brûlots improvisés dans leurs récipients respectifs, jugeant probablement qu'ils étaient désormais devenus inutiles.

Pendant que le flibustier se livrait à cette occupation, doña Clara, pâle comme un cadavre, fixait sur lui des regards ardents, sans cependant oser s'approcher de lui ; enfin elle s'enhardit, fit quelques pas, et d'une voix tremblante, en joignant les mains avec prière :

— Je suis ici, monsieur, murmura-t-elle avec peine.

Montbars tressaillit au son de cette voix, son front pâlit, mais faisant un effort sur lui-même et adoucissant l'expression un peu dure de son regard :

— C'est à cause de vous seule que je suis venu, madame, répondit-il en s'inclinant avec politesse, j'aurai l'honneur de me mettre à vos ordres dans un instant; permettez-moi seulement, je vous prie, d'assurer le calme de notre entretien.

Doña Clara baissa la tête et retourna s'asseoir au chevet du blessé.

Les aventuriers avançaient toujours, ils ne furent plus bientôt qu'à une dizaine de pas des Espagnols dont ce fâcheux voisinage ne faisait qu'augmenter l'épouvante.

— Holà, frères! cria Montbars d'une voix puissante, halte! s'il vous plaît.

Instantanément les flibustiers restèrent immobiles.

— Vous autres, continua l'amiral en s'adressant aux soldats, jetez vos armes si vous ne voulez être immédiatement fusillés.

Toutes les lances et toutes les épées des soldats tombèrent à terre à la fois avec un ensemble qui témoignait de leur désir de voir cette menace ne pas être mise à exécution.

— Rendez votre épée, monsieur, dit Montbars au comte.

— Jamais! s'écria celui-ci en faisant bondir son cheval et s'élançant l'épée haute sur le boucanier dont il n'était éloigné que de trois ou quatre pas au plus.

Au même instant un coup de fusil fut tiré, et la lame de l'épée, frappée à un pouce de la poignée, fut brisée en éclats; le comte se trouva désarmé. Par un mouvement brusque, tout en saisissant d'une main le cheval par la bride, Montbars enleva de l'autre le comte de la selle et le renversa sur le sol.

— Patatras! fit en riant le Poletais tout en rechargeant son fusil, quelle diable d'idée aussi de vouloir seul tenir tête à cinq cents hommes.

Le comte s'était relevé tout confus de sa chute; une pâleur livide couvrait son visage, ses traits étaient contractés par la colère; tout à coup ses regards tombèrent sur la comtesse.

— Ah! s'écria-t-il avec un rugissement de tigre en s'élançant vers elle, au moins je me vengerai!

Mais Montbars le saisit par le bras et l'obligea à demeurer immobile.

— Un mot, un geste, et je vous brûle la cervelle comme à une bête féroce que vous êtes! lui dit-il.

Il y avait un tel accent de menace dans les paroles du flibustier, son intervention avait été si rapide, que le comte, dominé malgré lui, fit un pas en arrière en croisant ses bras sur la poitrine et demeura calme en apparence, bien qu'un volcan grondât dans son cœur, et que son regard demeurât opiniâtrement fixé sur la comtesse.

Montbars considéra un instant son ennemi avec une expression de tristesse et de dédain.

— Monsieur, lui dit-il enfin avec ironie, vous avez voulu vous mesurer avec les flibustiers, vous apprendrez à vos dépens ce qu'il en coûte; pendant que, poussé par un fou désir de vengeance, inspiré par une imaginaire jalousie, vous vous acharniez à poursuivre une femme dont vous êtes indigne d'apprécier le noble cœur et les éclatantes vertus, la moitié de l'île dont vous êtes gouverneur était par moi et mes compagnons enlevée pour jamais au pouvoir de votre souverain; l'île de la Tortue, Leogane, San Juan de Goava, jusqu'à votre hatto del Rincon, surpris à l'improviste, ont été conquis presque sans coup férir.

Le comte redressa la tête, une rougeur fébrile envahit son visage, il fit un pas en avant et d'une voix brisée par la rage :

— Vous mentez, misérable, s'écria-t-il ; si grande que soit votre audace, il est impossible que vous ayez réussi à vous emparer des points dont vous parlez.

Montbars haussa les épaules.

— Une insulte venant d'une bouche comme la vôtre est sans portée, dit-il, vous aurez bientôt la confirmation de ce que je vous annonce; mais assez sur ce sujet; j'ai voulu vous avoir en mon pouvoir afin de vous rendre témoin de ce que j'ai à dire à madame; venez, ajouta-t-il en s'adressant à doña Clara, venez, madame, et pardonnez-moi si je n'ai voulu me trouver devant vous qu'en présence de celui que vous nommez votre mari.

Doña Clara se leva toute tremblante et se rendit en chancelant à l'appel du flibustier.

Il y eut un instant de silence. Montbars, la tête penchée sur la poitrine, semblait plongé dans d'amères pensées; enfin, il releva la tête, passa sa main sur son front comme pour en chasser les derniers nuages qui obscurcissaient sa raison et s'adressant à doña Clara :

— Madame, lui dit-il d'une voix douce, vous avez désiré me voir pour me rappeler le souvenir d'un temps à jamais passé et me confier un secret; ce secret je n'ai pas le droit de le connaître ; le comte de Barmont est mort, mort pour tous, pour vous surtout, qui n'avez pas eu honte de le renier et, lui appartenant par de légitimes liens et surtout celui plus légitime encore d'un amour puissant, vous êtes lâchement laissée entraîner à un autre; ceci est un crime, madame, que nul pardon ne saurait effacer dans le présent comme dans le passé.

— Monsieur ! s'écria la malheureuse femme en tombant brisée sous cet anathème et en fondant en larmes, pitié au nom de mes remords et de mes souffrances.

— Que faites-vous, madame ! s'écria le comte, relevez-vous.

— Silence, dit Montbars d'une voix dure, laissez se courber cette coupable sous le poids de son repentir; moins qu'un autre, vous qui avez été son bourreau, vous n'avez le droit de la protéger.

Don Sancho s'était précipité vers sa sœur et repoussant brusquement le comte, il l'avait relevée.

Montbars reprit :

— Je n'ajouterai qu'un mot, madame : le comte de Barmont avait un enfant; le jour où cet enfant viendra réclamer près de moi le pardon de sa mère, ce pardon je l'accorderai... peut-être, ajouta-t-il d'une voix faible.

— Oh ! s'écria la jeune femme avec une énergie fébrile en s'emparant malgré lui de la main que le flibustier n'eut pas le courage de lui retirer, oh !

Tous les assistants frissonnèrent d'épouvante.

monsieur, vous êtes grand et noble, cette promesse me rend tout mon espoir et mon courage. Mon enfant! je vous le jure, monsieur, je le retrouverai.

— Assez, madame, reprit Montbars avec une émotion mal contenue, cet entretien n'a que trop duré; voici votre frère, il vous aime, il saura vous protéger; il est une autre personne encore que je regrette de ne pas voir ici, car elle vous aurait conseillée et soutenue dans votre affliction.

— De qui voulez-vous parler? demanda don Sancho.

— Du confesseur de madame.

Le jeune homme détourna la tête sans répondre.

— Tiens, frère, dit alors le Poletais, le voilà à demi mort, regarde ses mains brûlées.

— Oh! s'écria Montbars, en effet, quel est le monstre qui a osé...

— Le voilà! reprit le boucanier en frappant sur l'épaule du comte, muet de stupeur et d'épouvante, car à ce moment seulement il aperçut sa victime.

Deux jets de flamme jaillirent des yeux de Montbars.

— Misérable ! s'écria-t-il, la torture à un homme inoffensif ! Oh ! Espagnols, race de vipères ! quel supplice assez horrible pourrai-je vous infliger !

Tous les assistants frissonnèrent d'épouvante devant cette colère si longtemps contenue et qui avait enfin brisé ses digues et débordait avec une violence irrésistible.

— Vive Dieu ! fit le flibustier avec un éclat sinistre dans la voix, malheur à toi, bourreau, puisque tu me rappelles que je suis Montbars l'Exterminateur ; l'Olonnais, prépare le feu sous les *barbacoas* du boucan.

Une terreur indicible s'empara de tous les assistants à cet ordre qui disait clairement à quel épouvantable supplice le comte était condamné ; don Stenio lui-même, malgré son indomptable orgueil, se sentit froid au cœur.

Mais en ce moment, le moine, qui jusque-là était demeuré immobile sur sa couche, insensible en apparence à ce qui se passait, se leva péniblement et, appuyé sur doña Clara et son frère, qui le soutenaient sous les épaules, il vint en chancelant s'agenouiller avec eux devant le flibustier.

— Pitié ! s'écria-t-il, pitié au nom de Dieu !

— Non, répondit durement Montbars, cet homme est condamné !

— Je vous en supplie, mon frère, soyez miséricordieux, reprit le moine avec insistance.

Tout à coup le comte sortit vivement deux pistolets cachés sous son pourpoint, et en dirigeant un sur doña Clara tandis qu'il appuyait l'autre sur son front :

— A quoi bon supplier un tigre ! dit-il, je meurs, mais par ma volonté, et je meurs vengé ! et il lâcha les détentes.

La double détonation se confondit en une seule.

Le comte roula le crâne fracassé sur le sol ; le second coup, mal dirigé, n'atteignit pas doña Clara, mais il frappa fray Arsenio en pleine poitrine et le renversa mourant aux pieds de son assassin. Le dernier mot du pauvre religieux fut :

— Pitié ! Et il expira les yeux fixés vers le ciel, comme pour une dernière prière adressée en faveur de son bourreau. . . . .

. . . .

Au coucher du soleil, la savane était rentrée dans sa solitude habituelle ; Montbars, après avoir fait enterrer dans la même fosse la victime et l'assassin, pour que le juste protégeât sans doute le coupable devant le Très-Haut, était reparti pour le Port-Margot à la tête des flibustiers et des Caraïbes.

Doña Clara et son frère étaient retournés au hatto del Pincon, accompagnés des soldats espagnols auxquels Montbars, par considération pour les deux jeunes gens, avait consenti à rendre la liberté.

Un jour prochain nous continuerons l'histoire de ces célèbres flibustiers qui furent les premiers fondateurs de nos colonies américaines, si le récit qui précède et qui n'en est en quelque sorte que le prologue, a trouvé grâce devant le lecteur.

TABLE DES MATIÈRES

LES
AVENTURIERS

		Pages.
I.	L'auberge de la Cour de France	2
II.	Une scène de famille	10
III.	L'arrestation	18
IV.	L'île Sainte-Marguérite	26
V.	Coup d'œil en arrière	34
VI.	Entraînement	43
VII.	Désespoir	51
VIII.	Le prisonnier	59
IX.	M. de l'Oursière	68
X.	Le lougre *La Mouette*	76
XI.	France, adieu!	85
XII.	Le commencement de l'aventure	94
XIII.	Le conseil des flibustiers	102
XIV.	La seconde proposition	111
XV.	L'espion	120
XVI.	La vente des esclaves	128
XVII.	L'enrôlement	136
XVIII.	Nièves	145
XIX.	L'expédition	152
XX.	Le hatto	160
XXI.	Le récit du mayordomo	168
XXII.	A travers chemins	179
XXIII.	Complications	187
XXIV.	Le Port-Margot	196
XXV.	Fray Arsenio	204

TABLE DES MATIÈRES

		Pages
XXVI.	Suites d'une rencontre	212
XXVII.	Organisation de la colonie	219
XXVIII.	La fuite du hatto	227
XXIX.	Les événements se pressent	236
XXX.	Montbars l'Exterminateur	244

FIN DE LA TABLE DES MATIÈRES

Sceaux. — Imp. Charaire et Cⁱᵉ.

CATALOGUE DES OUVRAGES DE LA MAISON F. ROY,
222, Boulevard Saint-Germain, PARIS

OUVRAGES DE XAVIER DE MONTÉPIN

		francs.
Le Mari de Marguerite	complet. 9 »	10 50
Le Bigame	» 6 »	7 »
Les Tragédies de Paris	» 8 »	9 50
La Vicomtesse Germaine (Suite des *Tragédies de Paris*)	» 6 »	7 »
Le Secret de la Comtesse	» 5 50	6 »
La Bâtarde	» 11 »	12 »
Le Médecin des folles	» 10 »	11 »
Sa Majesté l'Argent	» 12 »	13 »
Son Altesse l'Amour	» 8 »	9 »
Les Maris de Valentine	» 12 »	13 »
Les Filles de bronze	» 12 »	13 »
Le Fiacre N° 13	» 13 »	14 »
La Fille de Marguerite	» 12 »	13 »
La Porteuse de pain	» 15 »	16 »
La Belle Angèle	» 12 »	13 »
Simone et Marie	» 15 »	16 »
Drames de la folie. *Le duc d'Allai*. » 9 »		10 »

OUVRAGES D'ÉTIENNE ÉNAULT

L'Enfant trouvé	complet. 6 »	7 »
Le Vagabond	» 3 »	3 50
L'Homme de minuit	» 3 »	3 50
Les Jeunes Filles de Paris	» 9 »	10 »
Les Drames d'une conscience	» 3 »	3 50

OUVRAGES D'ÉMILE RICHEBOURG

La Dame voilée	complet. 4 »	4 50
L'Enfant du faubourg	» 6 »	7 »
La Fille maudite	» 8 »	9 »
Les Deux Berceaux	» 6 »	6 50
Deux Mères	» 7 50	8 »
Le Fils	» 8 »	9 »
Andréa la charmeuse	» 7 »	8 »
L'Idiote	» 9 »	10 »
La Comtesse Paule	» 10 »	

SIRVEN ET LEVERDIER

La Fille de Nana	complet. 9 »	10 »

ADOLPHE BELOT

Fleur-de-Crime	complet. 5 50	6 50
Reine de beauté	» 7 »	8 »
Hélène et Mathilde	» 1 50	2 »
Mademoiselle Giraud (édition de luxe)	» 8 »	
La Femme de feu (édition de luxe)	» 8 »	
Mélinite (édition de luxe)	» 8 »	
La Bouche de M⁰ᵉ X. (édition de luxe)	» 8 »	

OUVRAGE DE PIERRE ZACCONE

Les Pieuvres de Paris	complet. 6 50	7 »

OUVRAGE DE A. MORTIER

Le Monstre amoureux	complet. 3 »	3 50

OUVRAGE DE A. LAPOINTE

L'Abandonnée	complet. 3 50	4 »

OUVRAGE D'EUGÈNE SCRIBE

Piquillo Alliaga	complet. 10 »	11 50

OUVRAGES D'ÉLIE BERTHET

Les Catacombes de Paris	complet. 5 »	5 50
La Jeunesse de Cartouche. 2ᵉ partie	» 3 »	3 50
Les Crimes du sorcier	» 3 »	3 50

GABRIEL FERRY

Le Coureur des bois	complet. 10 »	11 »

RICHARD CORTAMBERT

Un Drame au fond de la mer	2 50	3 »

G. DE LA LANDELLE — ROMANS MARITIMES

Une Reine à bord	complet. 3 50	4 »
La Gorgone	» 8 »	9 »

MICHEL MASSON

Les Contes de l'atelier	complet. 7 »	8 »

ARNOLD BOSCOWITZ

Les Tremblements de terre	4 »	5 »
Les Volcans, édition de luxe	5 »	6 »

OUVRAGES DE GUSTAVE AIMARD

		francs.
Le Cœur loyal	complet. 1 60	1 80
Les Rôdeurs de frontières	» 1 60	1 80
Les Francs-tireurs	» 1 90	2 »
Le Scalpeur blanc	» 1 80	»
L'Éclaireur	» 2 10	2 30
Balle-Franche	» 1 90	2 20
Les Outlaws du Missouri	» 1 95	2 20
Le Batteur de sentiers. Sacramenta	» 1 30	1 50
Les Gambusinos	» 1 60	1 80
Le Grand Chef des Aucas (1ʳᵉ Partie)	3 »	3 25

OUVRAGES DE PAUL SAUNIÈRE

Flamberge	complet. 6 »	7 »
La Belle Argentière	» 6 »	7 »
La Meunière du Moulin-Galant	» 7 »	8 »
Le Roi Misère	» 4 50	5 »

CH. MÉROUVEL

Le Roi Crésus	9 »	10 »

OUVRAGES DE PAUL FÉVAL

Le Bossu	complet. 6 »	7 »
Le Fils du diable	10 »	11 50

H. GOURDON DE GENOUILLAC

Histoire nationale de la Bastille, comp. » 75. 1 »

PAUL MAX

Les Drapeaux français avec gravures coloriées. Complet à 75 franco. 1 »

OUVRAGE DE CLÉMENCE ROBERT

Les Quatre Sergents de la Rochelle. 1 vol. orné du médaillon des quatre sergents, d'après David d'Angers. Franco. 4 »

Les Mille et une Nuits, Contes arabes, traduits en français par Galland. 2 beaux vol. illustrés. Complets, 10 fr.; franco, 11 fr.
— Cartonnés, tranches dorées.......... 16 fr.

Les Mémoires de Canler, ancien chef de la police de sûreté. Complet en 2 volumes. 6 fr.; franco, 7 fr.

Romans comiques pour rire et dépouiller la rate

PAR A. HUMBERT

Auteur de la *Lanterne de Boquillon*

Les Noces de Coquibus	2 »	2 50
Le Carnaval d'un pharmacien	1 50	2 »
Vie et aventures d'Onésime Boquillon. 2 volumes		5 »

OUVRAGES HISTORIQUES

Éditions splendidement illustrées

Paris à travers les siècles, histoire de Paris et des Parisiens depuis la fondation de Lutèce jusqu'à nos jours, par H. Gourdon de Genouillac, avec une préface de M. Henri Martin. 5 vol. Chaque volume contient 120 gravures dans le texte, 25 belles gravures hors texte et 16 costumes coloriés avec soin. Chaque volume broché......... 12 fr.; franco, 13 fr.
En série......... 75 centimes; franco, 80 »

La France et les Français à travers les siècles, par Auguste Challamel. (Ouvrage couronné par l'Académie française.) En vente les quatre volumes illustrés chacun de 130 gravures dans le texte, 65 gravures tirées à part et de 24 costumes coloriés. Le volume broché......... 15 fr.; franco, 16 fr.
En série......... 75 centimes; franco, 80 »

Les Costumes civils et militaires des Français à toutes les époques, belle édition de luxe; coloriés avec soin, représentant les personnages célèbres de tous les siècles. Chaque série......... 60 centimes; franco, 65 »
Sont parues 24 séries.

Histoire populaire des ballons et ascensions célèbres, avec préface de Nadar, dessins de Tissandier. Un beau volume illustré, broché......... 6 fr.
— Cartonné, tranches dorées.......... 10 fr.

La Belle Gabrielle, par Auguste Maquet. Le vol. broché	7 »	
La Maison du baigneur (suite de la Belle Gabrielle), par Auguste Maquet. Le volume broché	4 »	
Les Confessions de Marion Delorme, par Eugène de Mirecourt. Prix, broché	10 50	
Mémoires de Ninon de Lenclos, par Eugène de Mirecourt. Prix du volume broché	9 50	
L'Article 47, par Adolphe Belot. Prix du volume broché	1 60	
Parricide, par Adolphe Belot et Jules Dautin. Prix	3 50	
Les Contes de Boccace. 1 beau volume broché	10 »	
Vies des Dames galantes, par le seigneur de Brantôme. Prix du volume broché	3 »	
Histoire des amoureux et amoureuses célèbres de tous les temps et de tous les pays, par Henri de Kock. Prix du volume broché	5 »	
Les Femmes infidèles, par Henri de Kock, Port volume de 100 livraison, orné de 100 magnifiques gravures. Prix	10 »	
La Belle Gabrielle, nouvelle édition de luxe avec nombreuses gravures inédites. Complet	15 »	
Histoire des Bagnes depuis leur création jusqu'à nos jours, par Pierre Zaccone. Un magnifique volume	12 50	
Histoire de la Bastille depuis sa fondation, 1374, jusqu'à sa destruction, 1789, par MM. Arnould, Auguste et A. Maquet. Prix du volume broché		
Le Donjon de Vincennes (suite de la Bastille). Un beau volume	4 »	
Histoire des Conspirateurs anciens et modernes, par Pierre Zaccone et Constant Guéroult. 1 volume broché		
Les Grands Drames de l'Inde. Procès des Thugs étrangleurs, par René de Pont-Jest. Prix	7 »	
Réimpression *in-extenso* du Journal officiel de la Commune, des numéros du dimanche 19 mars au mercredi 24 mai 1871, dernier numéro paru. Ouvrage complet	10 »	

Sceaux. — Imprimerie Charaire et fils.

www.ingramcontent.com/pod-product-compliance
Lightning Source LLC
Chambersburg PA
CBHW050656170426
43200CB00008B/1312